现代设备综合管理学

（第 2 版）

梁三星　梁工谦　郗　英　编

西北工业大学出版社

【内容简介】 设备管理是现代企业管理的重要内容。本书介绍了现代设备综合管理学的概念、目的、意义和理论，以及设备寿命周期中各阶段的科学管理方法和企业实用的管理经验，并结合我国企业实际对新时期现代设备综合管理进行了新思考和观念（理念）创新。

本书是大专院校工商管理专业和设备工程专业学生的教科书，也可供高校相关专业教师、各类企业的设备管理人员参考使用。本书也可以作为企业设备管理人员培训的教材。

图书在版编目（CIP）数据

现代设备综合管理学/梁三星，梁工谦，郗英编. —2版. —西安:西北工业大学出版社,2013.12
ISBN 978 - 7 - 5612 - 3876 - 9

Ⅰ.①现… Ⅱ.①梁…②梁…③郗… Ⅲ.①设备管理 Ⅳ.①F273.4

中国版本图书馆 CIP 数据核字（2013）第 315304 号

出版发行:西北工业大学出版社
通信地址:西安市友谊西路 127 号　　　邮编:710072
电　话:(029)88493844　88491757
网　址:http://www.nwpup.com
印 刷 者:兴平市博闻印务有限公司
开　本:787 mm×1 092 mm　　1/16
印　张:11.75
字　数:284 千字
版　次:2013 年 12 月第 2 版　　2013 年 12 月第 1 次印刷
定　价:26.00 元

前　言

　　本书是在《设备综合管理学》(西北工业大学出版社出版,梁三星、梁工谦、郗英编写)一书基础上根据教学和培训的需要修订而成的。

　　本书介绍了现代设备综合管理学的基本概念、目的、意义和理论,以及设备寿命周期中各个阶段的科学管理方法和企业实用的管理经验,并辅以实例和思考题,使读者对现代设备综合管理学有一定的理性和感性认识,达到"了解""理解"和"掌握"不同程度要求的目的。本书为拓宽读者的现代企业设备综合管理实际工作能力、更新设备管理观念理念、博采众长地学习国内外设备管理理论和经验,进而创新和做好我国企业的设备管理工作创造了必要的条件。

　　本书是大专院校工商管理专业和设备工程专业学生的教科书,也可供企业培训选用以及工业企业设备管理人员参考。

　　本书修订工作由梁三星、梁工谦和郗英共同完成。梁三星负责第一、四、五章的修订,在第一章中增加了第五、六两节;在第四章中增加了第四节;在第五章中作了较大的调整和补充,由原书的四节调整为六节。梁工谦负责第二章的修订,增加了第四、五两节。郗英负责第三章的修订,增加了第二、三两节,将原书的第二、三节调整为第四、五节。

　　本书在编写修订中参考了一些文献资料,特别参考了我国设备管理界的知名专家、学者沈亮安、赵维印、胡先荣、陈学楚、甘茂治、李葆文等教授们的著作,借鉴了他们的学术观点,在此表示衷心感谢。对"参考文献"的作者们表示衷心感谢。

　　本书得到了西北工业大学出版社的大力支持,特别是杨军老师对本书的修订和出版给予了具体的指导和帮助,在此表示衷心感谢!

　　鉴于水平有限,书中不足和不妥之处在所难免,恳请读者批评指正。

编　者
2013 年 2 月

目　录

第一章 概　　述

第一节　设备和设备管理在企业中的重要地位

一、几个名词术语

1.设备

设备是人们在生产或生活上所需的机械、装置和设施等可供长期使用并在使用中基本保持原有实物形态的物质资料,是固定资产的主要组成部分。设备是现代企业的主要生产工具,是发展国民经济的物质技术基础,是企业参与竞争的重要物质条件。

2.生产设备

生产设备是指工业企业直接或间接用来参加生产过程的设备。它必须直接作用于加工对象,使之改变物质形态或化学成分,而转化为一定的工业产品或辅助完成产品的加工。

3.生产技术装备

生产技术装备是生产设备、试验设备、仪器仪表与工艺装备(包括刀具、夹具、量具、模具、检具和工位器具等)的总称。

4.设备管理

设备管理是指以设备为研究对象,追求设备综合效率和设备寿命周期费用的经济性,应用一系列理论、方法,通过一系列技术、经济、组织措施,对设备的物质运动和价值运动进行全过程(从规划、设计、制造、选型、购置、安装、使用、维修、改造、报废直至更新)的科学管理。

二、设备在企业中的重要地位

设备是现代企业进行生产活动的物质技术基础,是企业生产力发展水平与企业现代化程度的主要标志。正如马克思所说,"设备是工业革命的起点","设备是经济时代的标志","设备是社会生产关系的发生器"。也正如马克思所评价的那样,机器设备是"生产的骨骼和肌肉系统",化工生产中使用的炉、塔、罐、传输管道是"生产的脉管系统"。可见,没有机器设备就没有现代化的大生产,就没有现代化的企业。以上描述足见设备在现代企业中具有重要地位。当然,从现代企业自主经营来讲,设备是企业固定资产的主体,是"将本求利"的本钱的重要组成部分。

三、设备管理在企业中的重要地位

设备管理是工业企业管理中的一个重要领域,而且是技术性最强的领域之一;设备管理是企业产品质量的保证;设备管理是实现安全生产和环境保护的前提;设备管理是降低产品成本、提高企业经济效益的重要途径;设备管理是企业能否按期交货的重要条件;设备管理是保持企业员工高昂的劳动热情的基本前提。因此,企业应该自觉做好设备管理工作,实现满负荷运转,做到机尽其速,在社会主义市场经济条件下,本着向设备管理要效益、要质量、要安全的宗旨开展设备管理工作。对于作为设备管理重要组成部分的设备维修而言,也应该按照马克思所提出的"机器必须经常擦洗。这里说的是一种追加劳动,没有这种追加劳动,机器就会变得不能使用"的要求去精心做好。当然,对于设备管理在企业中的重要地位,很多企业都有深刻体会和感受,并且在实践中总结出了很有企业(或行业)特色的生动语言,这里就不列举了。

第二节　企业设备管理的主要任务

从宏观上讲,设备管理既涉及设备设计研究单位、制造工厂、使用部门,也涉及政府管理部门和社会中介机构等,应该说设备管理应形成由企业设备管理部门、企业各有关技术和经济部门、行业有关主管部门和政府管理部门组成的多层管理循环。但是,在社会主义市场经济中,设备管理主要是企业行为,企业设备管理的主要任务如下:

(1)对设备进行综合管理(将在本章第四节中做较详细的论述)。

(2)保持设备完好。这是企业设备管理工作的一项基本任务,也是对企业设备管理的一项基本要求,通过正确使用、精心维护和适时的科学检修去实现。设备完好有其客观标准,尽管不同类型的设备有不同的完好标准,但保持设备性能良好、运转正常、原材料及能源消耗正常应该是衡量设备完好与否的基本标准。对于机械制造企业来讲,应该使设备完好率达到较高的水平。对于化工、石油化工等企业来讲,应该加强密封管理,减小泄漏率,创建"无泄漏文明工厂",实现设备完好、有效。

(3)不断改善和提高企业技术装备素质。这既是保证产品质量、提高企业市场竞争力的需要,也是基于我国企业技术装备素质不高这一现状而提出的企业设备管理工作方向。只有通过抓好设备的技术改造,特别是用微电子技术改造设备和做好设备技术更新工作才能保证这项工作任务完成。

(4)充分发挥设备效能。设备效能是指设备的生产效率和功能。从一定意义上讲,就是要通过加强设备管理去提高设备利用率。这既是考虑到我国企业(特别是国有企业)设备利用率偏低的现状,也是考虑企业实现集约经营、提高经济效益的需要。

(5)取得良好的投资效益。这项任务也可以认为是企业设备管理工作的目的,应当成为企业设备管理工作的出发点和归宿。事实上,这也是企业在设备管理工作中,从理论与实际的结合上学习和贯彻邓小平理论、端正设备管理工作方向、把效益作为衡量设备管理工作成效的重要标准的突出体现,这是企业在做好设备技术管理的基础上,加强设备经济管理的突出体现。

(6)实现设备保值增值。这项任务要求企业要做好设备价值形态的管理、盘活设备存量资产、做好设备资产运营。但由于设备的价值形态管理与实物形态管理是相辅相成的,不可分割的,所以这项任务应该以完成前面几项任务为基础,从而实现企业设备资产保值增值。

第三节　设备管理的形成和发展

一、设备管理的形成

设备管理是在人们的生产实践中逐步形成的。机器设备在使用中会发生磨损,即使不使用也会磨损(如会生锈等),科学技术进步也会使设备产生经济磨损。人们在实践中发现,对设备加强维护、进行必要的润滑可以减少磨损,延长使用寿命。而对设备的维护、润滑又都必须在科学的管理下进行,于是设备管理便在生产实践中应运而生了。

二、设备管理的发展

回顾设备管理的发展过程,可以分为 3 个主要阶段:

(1)事后维修阶段。所谓事后维修,是指机器设备在生产过程中发生故障或损坏之后再进行修理,也可以称为坏了再修。这是设备管理发展过程中的初级阶段,是比较消极被动的阶段,这与生产力发展的水平和人们的认识能力有关。

(2)预防性定期修理阶段。20 世纪以来,随着科技进步和工业生产的发展,设备技术水平提高了,企业管理进入了科学管理阶段。设备管理再沿用事后维修已不能适应生产的需要,且会造成较大的损失。于是,在实践中出现了为防止意外故障而预先安排修理,以减少停机损失的"预防性定期修理"的新阶段。由于这种修理安排在故障发生之前,是可以计划的,所以也可称为"计划预防修理"。

在这个阶段,世界上形成了两大设备维修体系。一个是苏联的"计划预修制",并在中国、东欧一些国家中得到应用,另一个是美国的"预防维修制",在北美、日本、西欧得到了推广。

(3)综合管理阶段。预防性定期修理仅局限于设备维修与维修管理的范围,不能适应现代设备与现代企业管理发展的需要,于是在 20 世纪 60 年代后期,一些工业发达国家提出了对设备进行综合管理的新思想、新观念,从而把设备管理推进到一个新阶段。

在这个阶段,具有代表性的是英国的设备综合工程学和日本的全员生产维修。

三、国外设备管理简介

1. 英国的设备综合工程学

(1)设备综合工程学的基本概念。

1)设备综合工程学的定义。1970 年英国工商部建立了"设备综合工程学委员会"。1971年在美国洛杉矶召开的国际设备工程学术会议上,英国的 Dennis Parkes 发表了题为"设备综合工程学(Terotechnology)"的论文,阐明了设备综合工程学的定义为"把管理、财务、工程和其他业务综合应用到固定资产上,以求得经济的寿命周期费用"。

设备综合工程学的业务涉及成套机械设备、机器、装备、建筑物和结构的可靠性和维修性的技术规范和设计,涉及它们的安装、使用、维修、改装和更换,也涉及设计、性能和费用诸方面的信息反馈。

设备综合工程学从实质上讲是多学科对优化寿命周期费用所起的作用,实施中需要许多专业人员的经验和技巧。它易于被生产线上的管理部门、工程技术人员、会计和其他专业人员在他们的日常工作中所理解和应用。但是，只有在公司的高级管理部门参与及理解的情况下，才能应用成功。当在一家企业内部应用它的基本原理时，无须改变组织机构（除非这些机构本身有缺陷），也不须增加新的专业人员。

2）寿命周期和寿命周期费用。寿命周期（Life Cycle）是一个时间周期，它指固定资产的全寿命过程，包括论证、研制、制造、使用、报废几个阶段。设备综合工程学与典型的寿命周期的关系，如图1－1所示。

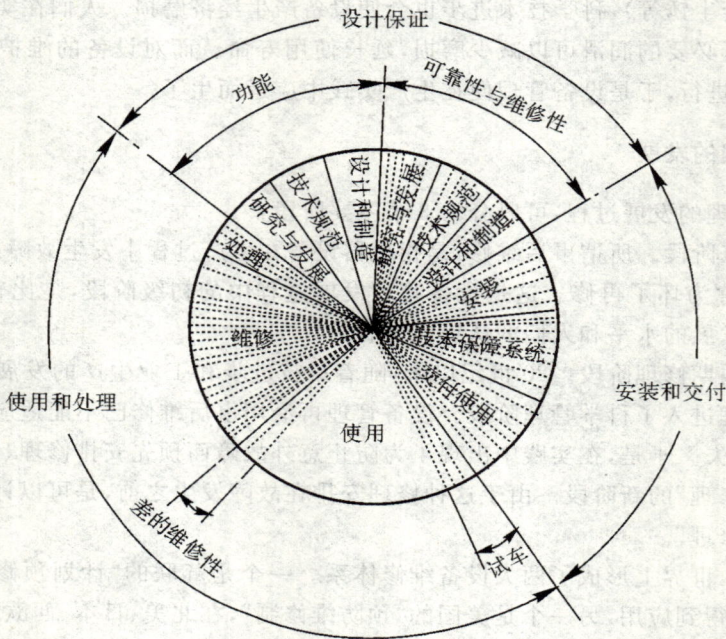

图1－1　设备综合工程学与典型的寿命周期的关系
▨　设备综合工程学

寿命周期费用（Life Cycle Cost，LCC），指固定资产的全寿命过程的总费用，即固定资产的获得、使用、维护、修理和处理的各种费用。它由原始费用（设置费）和使用费（维持费）两大部分组成。具体来讲，它包括可行性调查研究、设计、生产、维修、更换和处理，以及从购买、使用、维修和更换所产生的有关保障和训练诸方面的费用。

由于设备综合工程学涉及的是有助于优化寿命周期费用的问题，因此当选择能满足规定要求的机器设备时，要对原始费用和使用费进行权衡，要避免出现单纯追求"购买便宜货"的倾向。事实上，由于机器设备的可靠性、维修性差，会导致高的寿命周期费用。设备综合工程学与各种使用费用之间的典型关系，如图1－2所示。

（2）设备综合工程学的实施及应用。

1）实施设备综合工程学必须进行的工作。设备综合工程学的核心如下：选择用于生产的固定资产，有效地、高效率地管理这些资源；协调它们的关系，争取实现最优寿命周期费用；反馈信息，以便改进这些资源。围绕这个核心，实施设备综合工程学必须进行的工作如下：决定应达到的生产目标和费用目标；决定在规定时间内需要什么样的资源，如何使用它们才能实现目标,并考虑到预测的原始费用;规定资产的性能;获得、安装这些资产并交付使用;照管这些资产;监控它们的使用;通过使用进行更换、改进,以减少总的寿命周期费用。

设备综合工程学的实施涉及各个职能部门之间的了解和合作。在应用中要求高级管理部门对每一个专业人员的作用有着彻底的了解和合作。这也意味着专业人员对自己的作用和同事们在推行设备综合工程学的实施中有着广泛的共识。

实践证明,当高级管理部门做出购买新设备的决策时,如果对过去设备的性能和使用费知之不多、甚至完全不知,那会导致资源废弃、高费用和停机时间加长。一般,设备综合工程学的工作循环开始于投资估价阶段、结束于资产处理之时。但是,也可以在任何一点上进入"循环"。

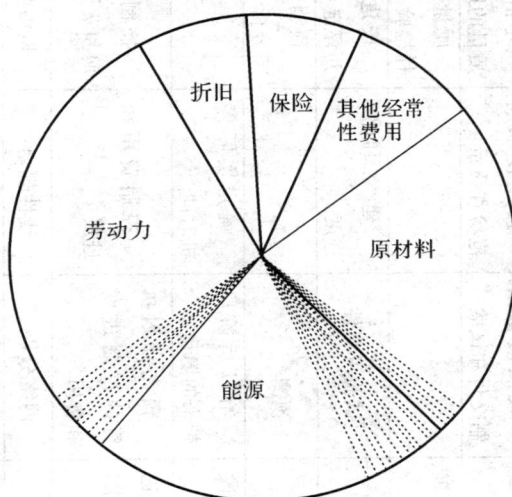

图1-2 设备综合工程学与各种使用费用之间的典型关系

设备综合工程学,由于维修性和可靠性差,费用高于正常情况

2)设备寿命周期功能与有关技术的关系。设备综合工程学的成功应用取决于平衡各因素的能力,它要求了解管理科学和会计学,以及把相应的工程专业技术组合在一起的综合知识。掌握这些知识,在设备寿命周期各阶段中合理地处理好寿命周期功能与有关技术之间的关系是非常重要的,见表1-1。

3)用户与设备供货单位的关系。设备综合工程学的合理实施,要求协调用户与设备供货单位的业务关系。实践表明,许多在固定资产寿命过程后期出现的问题,往往是由于技术规范要求不适当以及用户与供货单位之间联系不完善引起的。一般说,只有用户才能规定总的要求,但是供货单位应尽可能对这些要求负责到底。设备供货单位对用户的工作效率起着重要作用,因为他们决定着所供应资产的可靠性,从而确保用户得到满足他们要求的设备。用户与设备供货单位应较好地计划各自的业务,而且应在设备寿命过程早期和关键阶段相互协调好。当然,由于双方各自的主、客观原因,也会存在联系上的差距,并带来不良后果。比如,设备有时被用户购买并改装,可能怕泄漏商业上的秘密没有把情况通知供货单位,结果是更多的相同型号的设备设计、制造出来,但带有相同的缺陷。

表1-1 设备寿命周期功能与有关技术之间的关系

寿命周期功能		系统技术规范	设备设计	设备制造	交付、安装	设备使用	维修	更换
性能	任务	为技术性能定义参数	按时间、费用平衡性能	评估样机性能	按技术规范和可靠性评定性能		评定未来性能需要	
	技巧	性能评估	环境计划	摩擦、腐蚀				
质量	任务		实施价值工程研究	建立质量限制	按照质量制订交付和试验	按照技术规范检查质量	评估维修对质量的影响	确定未来质量要求
	技巧	销售因素	概率论原理，灵敏性分析	质量保险、价值工程			质量保险、抽样检验	腐蚀、摩擦、抽样检验
可靠性	任务	规定实际限度	评定故障概率		试验可靠性	建立维修进度	按进度维修并评定可靠性	确定未来的可靠性
	技巧	销售预测	价值工程模拟	价值工程	预测		预测维修、概率分析	
停机时间	任务	从过去设备记录中收集数据	按照技术规范评估维修需要	给以后阶段带来的隐患	给以后阶段带来的隐患	确定实际停机时间		评估渐发的未来停机时间
控制	任务	评估方案，建立控制和记录	控制设计进度时间和费用	控制制造进度时间、费用、质量	预先计划执行的控制进度和费用	控制费用和进展	控制维修周期和费用	估价核对寿命周期费用
	技巧	方案评定	网络分析		网络分析	线性规划	网络分析	方案估价
费用	任务	计算整个寿命周期费用	核对设计费用	核对、确定制造价格	核对安装费用	评估使用和停机时间费用	评估维修费用	评估经济性
	技巧	投资及寿命周期费用估计，灵敏性分析	投资、费用会计学、管理会计学	费用和管理会计学	计划评审法（费用）	费用和管理会计学	维修所需要的总费用	费用预测、投资、费用增益分析

续表

寿命周期功能	技术名称	系统技术规范	设备设计	设备制造	交付、安装	设备使用	维修	更换
进度	任务	把进度作为时价的一部分	制定制造、安装进度	建立进度基础上的工作流程	按进度安装	建立生产工作流程	建立维修进度	进度更替阶段
进度	技巧	计划	排定资源进度	工作研究、排定资源进度、材料处理	工作研究、排定资源进度、材料处理	工作研究、材料处理、线性规划	工作研究、排定资源进度、材料处理	
时间	任务	建立设计计划	利用反馈减少设计时间	产品制造过程	长期间交货的价值	调查经济的运行	评估维修负载	确定经济寿命
时间	技巧	销售因素	关键路线分析				关键路线分析	
可行性	任务	实施研究并建立技术规范	利用可行性研究数据	试验操作可行性				评估方案的可行性
可行性	技巧	概率论原理	概率论原理	模型、综合	模拟			
记录	任务	规定交货前要保存的记录	决定未来所需的记录	制造记录	交货记录	保持生产、停机时间和费用记录	维修记录	费用增益分析
记录	技巧	信息系统、信息系统原理	系统分析	自动数据处理	网络分析	自动数据处理	自动数据处理	核对记录
反馈	任务	保留近期的技术规范	按照反馈修正设计	反馈给设计	反馈给设计和销售	反馈给购买和设计	反馈给前面的各阶段	反馈给所有前面的各阶段
反馈	技巧	信息原理	行为科学					

应当指出,对于一个企业整体来讲,设备综合工程学与各项业务活动的关系如图 1-3 所示。

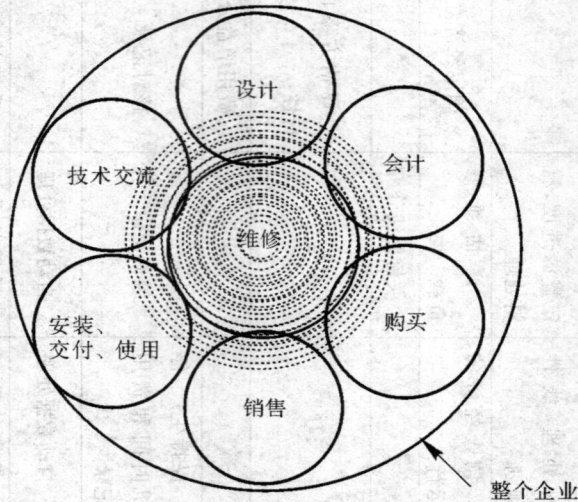

图 1-3　设备综合工程学与各项业务活动的关系

▦　设备综合工程学

4)应用设备综合工程学带来的好处。设备综合工程学的应用,要求管理、工程技术、会计以及其他专业人员之间的密切合作,要求各职能部门的各类人员按照各自的职责做好应做的工作,并围绕优化设备寿命周期费用总目标,从技术、费用上把好关,及时进行信息交流和反馈。有关费用和技术信息的流动,如图 1-4 所示。

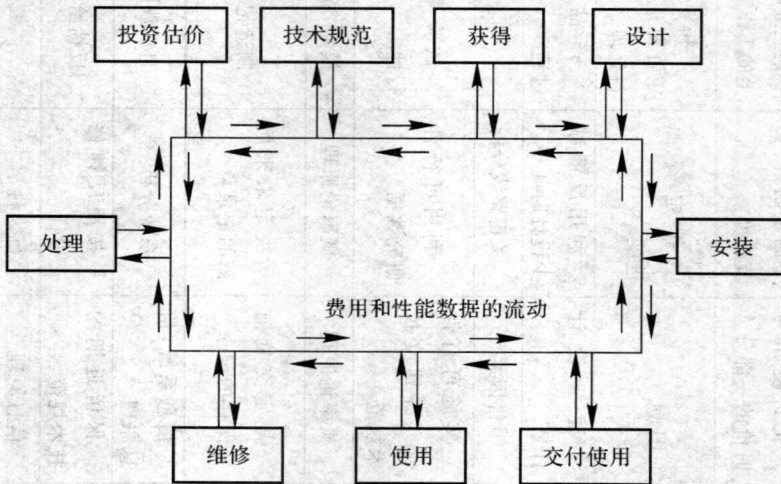

图 1-4　费用和技术信息的流动图

应当指出,在设备综合工程学应用中,管理方针和管理部门的作风是非常重要的,它在很大意义上决定着该项工作的成败。

当然,为了实施设备综合工程学应该对各类人员进行必要的教育和培训,这是取得成功的基本要求。

设备综合工程学的应用,力求解决好使用现代化设备所带来的一系列令人烦恼的新问题。它的应用给企业带来了以下好处:

①减少固定资产投资;

②易于维修并改善设备的可靠性;

③降低维修费用;

④促进设备的技术规范化;

⑤减少停机损失;

⑥提高工作效率;

⑦改进产品质量;

⑧改进设备可靠性,从而增大出口潜力;

⑨为决策过程提供更多、更好的信息;

⑩改进用户与设备供货单位之间的关系;

⑪改善公司(企业)的形象。

设备综合工程学给企业乃至社会带来了好处,这门学科已经引起世界范围的注意。不少国家的政府对此产生了极大兴趣,得到大部分国家维修组织的承认,并在不同领域和范围内推广普及。

毫无疑问,可以通过设备综合工程学来扩大维修保养领域,而更重要的前景在于它能够打破使那些不负责维修工作的决策人同维修界的隔绝,并明白维修的作用和意义,使设备综合工程学在整个设备寿命周期的各阶段发挥作用,推动企业生产发展和社会生产力的发展。

2. 日本的全员生产维修

(1)全员生产维修的定义。1971 年日本维修工程师协会(JIPE)把全员生产维修(Total Productive Maintenance,TPM)定义如下:

1)使设备综合效率达到最高限度为目标;

2)确立以设备的一生为对象的全系统的预防维修;

3)涉及设备的计划部门、使用部门、维修部门等所有部门;

4)从最高领导到第一线职工全体参加;

5)动机管理,即通过小组自主活动推进预防维修。

上述定义可以概括为通过全员参加,不断改善现场,消灭和减少设备损失,以经济的寿命周期费用获得较大的设备产出效果。

(2)全员生产维修的基本概念与设备综合效率的计算。全员生产维修的基本概念可以用图 1-5 所示加以说明。从图中可以看出,全员生产维修是要通过改善人和设备的素质进而达到改善企业素质的目标。对图中改善设备素质中的有关内容作如下说明:

1)彻底进行维修的 5S。开展 5S 活动是全员生产维修自主维修中的一项重要内容。5S 是指整理、整顿、清扫、清洁、素养,由于这 5 个词的日文的第一个字母的发音都是 S,所以称为 5S 活动。5S 活动是一项强调现场改善的活动,旨在使员工养成遵章守纪、按部就班、按质量标准工作的良好习惯和素养。在开展 5S 活动的同时还应开展质量管理,力争实现无故障、无缺陷、无废次品、无灾害。

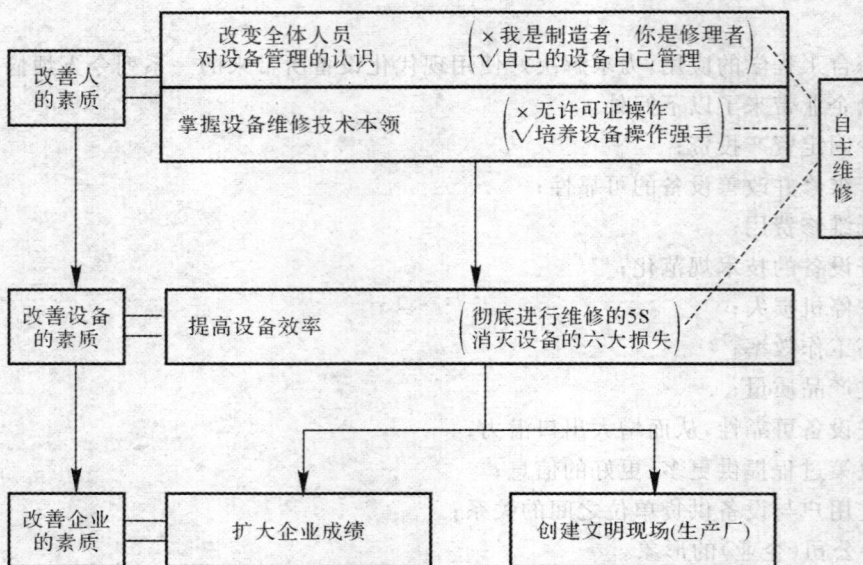

图 1-5 全员生产维修基本概念

5S 活动的具体含义:

①整理:把现场的停滞物整理好,做到身边没有不用之物。

②整顿:在整理的基础上,把留在现场的有用之物分类摆放整齐,做到需要的时候马上能拿到手,没有寻找时间。

③清扫:打扫干净,保养和检查设备,治理泄漏。

④清洁:以上 3 个活动的结果,即经常保持机器设备和操作现场的清洁卫生,使粉尘、烟雾、废液等充分排出。

⑤素养:有良好的举止作风、讲礼貌、守纪律,决定了的事情一定要遵守并办好。素养是做好前 4 个活动的保证。

2)消灭设备的六大损失。要提高设备综合效率就必须找出影响设备效率发挥的各种因素并努力消灭之。六大损失如下:

①故障损失,指故障造成的停机损失;

②工装、模具调整损失;

③空转、小停车损失;

④速度降低损失,指设备实际运行(运转)速度达不到设备的设计速度而带来的损失;

⑤工程能力不良损失,指返修加工中的废次品所造成的损失;

⑥调试生产的损失,指从开始生产到产品稳定生产这一段时间所发生的损失。

通过坚持开展操作者自主维修消灭设备的六大损失就可以提高设备综合效率,其计算公式为

$$设备综合效率=时间开动率×性能开动率×合格品率$$

式中的 3 个相乘因子依次与六大损失中的每两个损失有关,其中

$$时间开动率 = \frac{负荷时间 - 停机时间}{负荷时间} \times 100\%$$

$$性能开动率 = \frac{理论周期时间 \times 加工数量}{开动时间} \times 100\%$$

$$合格品率 = \frac{加工数量 - 不良数量}{加工数量} \times 100\%$$

由设备综合效率的计算公式可以看出,日本的全员生产维修实质上是从时间上、速度上和质量上对在用设备的综合管理。从这个意义上讲,它和英国的设备综合工程学有相似和吻合之处。

(3)开展全员生产维修的效果。日本开展全员生产维修的企业普遍取得了良好的效果。在物质效果上,减少了维修费用、减少了设备故障、降低了不良品率等。在无形效果上,有利于进行彻底的自主管理,使员工变成上级不说话也能做到"自己的设备自己管理";增强了只要努力干,就能实现没有故障、没有不良品的信心;把充满油污、切屑、垃圾的现场建成令人刮目看的清洁、整齐、明朗的现场。这些无形成果的取得和巩固在很大意义上对改善企业素质起到了积极的作用。

(4)全员生产维修的新发展。日本在总结开展全员生产维修的实践经验和借鉴国际上先进设备管理与维修理论、策略的基础上,不断创新管理理念,充实全员生产维修的内涵和外延,使全员生产维修得到了新的发展,逐渐形成了具有维修和管理文化特色的设备管理新模式。具体表现在如下几个方面。

1)赋予 TPM 的新含义。原来的 TPM 是指 Total Productive Maintenance——全员生产维修。

其新的含义如下:

①Total Productive Manufacturing——全员生产制造;

②Total Perfect Management——全员优化管理;

③Total People Motivation——全员激励;

④Temawork Between Production and Maintenance——生产和维修的团队合作;

⑤Total Perfection of Manufacturing——全员优化制造;

⑥Transforming People's Mindsets——员工思想的转变;

⑦Total Production Management——全员生产管理;

⑧Training People Meaningfully——员工长期的培训;

⑨Totally Pamperd Machines——完好的设备;

⑩Total Process Management——全员制造过程管理;

⑪Total Product Mangement——产品全面管理;

⑫Total Profit Management——全员效益管理;

⑬Total Plant Management——全员车间管理;

⑭Tapping People's Minds——开发人的思维;

⑮Teams Produce More——更多的产出;

⑯Trust People More——对员工的充分信任。

2)赋予全员生产维修的文化内涵。全员生产维修的文化内涵就是在管理实践中不断地调动和开发人力资源(包括工人、维修人员、生产工程师等)的潜能,以达到团队的合作精神。团队的合作是一种氛围,也是企业文化的表现,是人们追求的公司愿景。

3)当代全员生产维修的目标。新的全员生产维修以减少设备 16 大损失(原来的设备 6 大损失细化为 16 大损失)为基础,力争达到以下目标:

①检查和弄清楚本企业的总损失情况;

②弄清楚本企业的利润损失;

③搞好本企业的维修基准 4M 因素(Man,Machine,Material,Method);

④建立短、中、长期发展规划;

⑤优化 PQCDSM(即产品、质量、成本、交货期、安全、员工劳动情绪);

⑥进行盈利企业的变革,使生产减少而利润增加;

⑦明确观念,即对企业、生产线、设备及人员制订 3~5 年的明确目标,而且用数字表明;

⑧管理者的思维变革,改进管理能力(领导力、执行力、决策和逻辑能力);

⑨生产现场的变革,即操作工人的思想变革;

⑩取得 ISO 9000,ISO 14000 等质量体系认证(即质量和环保认证)。

上述目标可归纳为三句话:改进和完善企业文化,建立 21 世纪新型企业,建成有魅力的企业。

4)当代全员生产维修的基本原则。

①建立盈利的公司文化。推行全员生产维修的公司应该通过减少设备的 16 大损失,优化质量成本和交货期,以最大限度地满足客户要求。

②推进预防管理,达到损失为零。

③全体员工参与,注重人的价值、满足员工成长要求,让员工有成就感、工作就是生活。

④现场与实物。推行全员生产维修的企业实行"现场—实物"落实到人的检查方式,实行视野控制,创造良好的工作环境。

⑤在八大支柱下推进全员生产维修。全员生产维修的八大支柱为自主维修、计划预防维修、教育与培训、生产预防维修系统(PM 系统)、个人提高、质量维修、管理、安全健康与环境。

⑥争取 4S(CS,ES,SS,GS),具体如下所述:

客户满意(CS——Customer Satisfied);

雇员满意(ES——Employee Satisfied);

社会满意(SS——Social Satisfied);

现场满意(GS——Ground Satisfied)。

⑦自动化与无人化工厂的运行。创造一个无人的、对人友好的工作环境。

5)对全员生产维修更高标准的要求。

①以建立生产系统的最高效率(综合效率最大化)的企业素质为目标;

②密切关注生产现场和现物、建立起以生产系统的寿命周期过程为对象,以"事故为零、生产缺陷为零、故障为零"为目标,防止所有损失于未然的组织机构;

③从生产部门开始遍及开发、经营、管理等所有部门;

④从领导到第一线职工全员参加;

⑤通过重复的小组活动,达到损失为零。

6)生产损失的进一步细化。将设备的 6 大损失细化为 16 大损失:

①设备故障损失;

②安装调试损失；

③更换刀具、夹具、模具等损失；

④开工试运行损失；

⑤其他停机(清理、检查、等待材料、等待人员安排、等待质量认可)损失；

⑥短暂停机和空转损失；

⑦速度损失；

⑧废品与返工损失；

⑨管理损失(等待指令或等待材料)；

⑩操作损失(设备停机、运行、方法、工艺、技能和劳动情绪影响等)；

⑪生产线组织损失(生产线安排组织、自动化及失效损失)；

⑫后勤支援损失；

⑬测量和调整损失；

⑭产量损失(废品、开工、切削、重量、超负荷损失)；

⑮能源损失(启动、过载、温度损失)；

⑯模具、工具、夹具本身损失。

7)全员生产维修给企业带来的深远变革。

①狭窄定义的工作被广泛定义的工作所代替；

②按工作内容的报酬被按技能水平的报酬所代替；

③由上级的检查评估被小组自主评估所代替；

④由上级的监督被自我监督所代替(变被动态的要我做为主动态的我要做)；

⑤有限的进步被不断的学习和培训所代替；

⑥不关心经营被小组关心公司发展所代替；

⑦个体工作被小组群体工作所代替；

⑧有限地投入工作被广大职工的主动参与所代替。

(5)全员生产维修给予的启示。从全员生产维修的定义、实践、6 大损失、5S 活动和新发展给予人们以下启示：

1)日本人善于学习。从全员生产维修的定义可看出,他们既学习美国、英国的,也学习中国的；

2)强调小组的作用和团队精神；

3)管理精细化(包括 5S 活动、6 大损失等)；

4)重视人的因素,且与企业文化和企业经营相联系；

5)重视全员生产维修带来的无形成果(人的素养的提高和文明工厂的创建)。

以上介绍了英国、日本两国的设备管理模式,两者的内容虽有差异,但从根本上讲是一致的,有异曲同工之妙,都是围绕寿命周期费用或设备综合效率展开的。当然,美国、瑞典等国乃至苏联也都有各具特色的设备管理模式,都值得我国企业学习和借鉴、并在实践中去总结提高。在学习中,我国企业应坚持"以我为主、博采众长、融合提炼、自成一家"的方针原则,以形成各具行业特色、企业特色的设备管理模式和风格,为企业的经营和竞争力的提高做出贡献。

第四节　设备综合管理

一、设备综合管理的概念

设备综合管理是设备管理最新的发展阶段。它将设备管理的范围从单纯的维护和修理扩大到对设备整个寿命周期的管理,从而成为企业生产经营管理的重要组成部分,在增强企业竞争能力和改善企业经济效益上发挥出越来越重要的作用。

设备综合管理既是一种现代管理思想,也是一种现代设备管理模式。它是在总结新中国成立以来设备管理实践经验的基础上,吸收了国外设备综合工程学的观点而产生的管理模式,体现了我国设备管理制度改革的方向。设备综合管理是使设备寿命周期费用最经济,对设备采取一系列技术、经济、组织措施,从设备的计划、研究、设计、制造、购置、安装、使用、维护、修理、改造、更新直至报废的全过程进行综合管理,以达到最大限度地发挥设备的综合效能。

二、设备综合管理的基本特点

根据设备综合管理的概念,可归纳这种新设备管理体制的基本特点。

1. 要求设备提供良好的综合性能

设备综合管理首先要求设备应提供良好的综合性能,就是对设备的选择和使用应从技术、经济、生产和安全等方面予以评价;不能单纯考虑设备的生产效率及满足产品质量要求,应考虑设备的寿命、可靠性、可维修性和安全性,以及适应生产变化的灵活性等,还要考虑是否有利于保持操作工的劳动情绪。这样的综合效能才符合现代工业企业发展和进步的需要。

2. 要求设备的寿命周期费用最经济

设备的经济性应从设备整个寿命周期的总费用来衡量。因此,不能只图设备购置费的经济,还要比较设备在投入运转以后各项费用的经济性。由于设备的使用阶段占设备一生的大部分时间,它的经济性对设备寿命周期的费用影响最为显著。故必须将它与设备购置费用综合在一起,才是对设备经济性的正确评价。

应该指出,设备在使用阶段的许多费用与设备管理工作有关。寿命周期总费用最经济,必须完善设备的各项管理工作。

3. 要求技术管理与经济管理紧密结合

设备是物化了的技术,又是物化了的资金。因此,对设备既要进行技术管理,又要进行经济管理。通过技术管理保证设备的良好素质和技术状态;通过经济管理实现和达到最佳的经济技术指标,以最小的费用获得较高的效能。把技术管理与经济管理紧密结合起来,在自制设备的设计、制造阶段,或外购设备的选型购买阶段,开展技术与经济的分析,可使新设备达到技术上先进、经济上合理的目的;应用于设备大修理、改造和更新阶段,可以合理地确定大修理、改造和更新的经济界限。

为促进设备的技术管理和经济管理的结合,应制定设备管理技术与经济性的考核指标。在日常工作中,按指标要求检查和考核设备管理工作,以保证设备综合管理的实施。

4. 要求对设备的一生进行管理

对设备一生进行管理就是指对设备寿命周期全过程进行管理。设备一生可分为两个阶段,即前半生和后半生。所谓前半生,是指设备在制造厂中作为商品生产的阶段,它的管理通常由制造单位实施;所谓后半生,是指设备被使用单位购进,转入固定资产的使用阶段,它的管理由使用单位实施。传统的设备管理只管后半生中的维修以及设备的改造与更新。这种局部性的管理不能对设备做出全面规划、不能及时对设备进行改造和更新,妨碍了设备一生效能的发挥和经济效益的获得。设备综合管理提倡用系统论的观点去研究设备一生的管理问题。从社会的大系统看,在实现设备一生管理上,应促进设备设计制造单位与使用单位的联系和合作,各有关业务主管部门要加强宏观控制和协调。

设备综合管理是设备管理发展的新阶段。它是对设备实行全面管理的一种重要方式,适应现代化设备的需要,也适应在新的市场经济环境中企业发展的需要。

三、设备综合管理的内容

设备综合管理的内容可以简要地概括为一个目标、三条方针、四项任务、五个结合的原则。

一个目标:争取良好设备投资效益的目标。

三条方针:依靠技术进步、促进生产发展和预防为主的方针。

四项任务:保持设备完好,不断改善和提高企业技术装备素质,充分发挥设备效能,实现设备保值增值。

五个结合的原则:设计、制造与使用相结合,维护与计划检修相结合,修理、改造与更新相结合,专业管理与群众管理相结合,技术管理与经济管理相结合。

近30年来,我国企业在推进设备综合管理中取得了良好的成效,对促进我国设备管理现代化起到了积极作用。在社会主义市场经济条件下,在建立现代企业制度和转换经营机制过程中,应当本着政企分开的原则,把设备综合管理作为一项企业行为继续做好,并不断丰富设备综合管理的内涵,实现向设备管理要质量、要市场、要效益。

近30年来,我国推行设备综合管理是与贯彻国务院颁布的《设备管理条例》这一行政法规同步进行的,在新的形势下仍然要按《设备管理条例》的基本精神充分发挥政府、中介机构和广大企业的积极性,把设备综合管理推向一个新阶段,不断完善设备综合管理的内涵和内容。

第五节　新时期现代设备综合管理的思考

近30年来,我国企业的设备综合管理取得了很大的成绩和良好的效果,主要表现:更新了观念,确立了设备管理为效益服务、为经营服务的思想;企业普遍重视了设备的前期管理工作;设备的使用、维护等现场管理工作得到了加强,保证了设备的安全、有效运行;注重和加强了对特种设备的管理;在做好设备实物形态管理的基础上,更加重视了设备的经济形态管理,提高了设备资产的有效利用率;更重视和加强了设备的更新、改造和节能环保工作;注重了设备状态监测和信息技术在设备管理中的应用;经过培训、教育,设备管理知识得到了普及和提高,设备管理与维修人员的业务素质得到了提高;对设备工程学科领域的研究得到了深入和进步,与国际在设备工程领域的交流和合作得到了加强等。

在新时期、新形势下,我国企业的设备综合管理还必须深化改革、与时俱进,以更好地适应四个转变:适应科学发展、以人为本的社会主义市场经济体制建立的转变,适应政府职能转变,适应可持续发展、资源节约、环境友好型经济、社会发展模式确立的转变,适应设备管理与国际接轨的转变。当然,也应该适应当前我国企业设备管理的实际水平。据此,新时期现代设备综合管理应思考、研究、建立和做好以下几个方面的工作。

一、新时期企业设备综合管理的定位

随着社会主义市场经济的建立,企业成为了享有法人财产权、可以进行自主经营的经济主体,如何管理设备成了企业的自身行为。因此,企业设备综合管理的定位为设备管理主要是企业行为。作为设备使用单位的行为主要有以下几个方面:

(1)根据企业规模和经营方向制订设备工作规划,合理确定固定资产配置与设备构成。

(2)在技术、经济论证的基础上进行设备配置,可以是外购、引进、自制、租赁等方式。

(3)按照设备说明书或设计要求对设备进行安装、调试和验收。验收一般包括三项内容:精度、性能测试和负荷试验,生产移交验收,财务验收(固定资产计价、建立资产账目和确定折旧率)。

(4)设备投入运行前,就要对操作者进行培训,使其对设备的主要结构、工作原理、操作要领以及可能产生的故障初步判断等有基本的知识。还应制订各类设备操作规程,防止发生操作失误与事故。

(5)在设备的长期运行中认真进行设备维护工作,包括清洁、润滑、检查、调整、排除零星故障。

(6)有针对性地开展设备状态监测和故障诊断,判断设备运行状态,为设备维护、修理等项工作提供科学依据。同时,加强设备故障与事故管理。

(7)根据企业设备构成与运行特点,提出设备维修策略,对于连续性生产作业的设备要防止故障停机造成的经济损失。

(8)加强设备修理的技术管理和经济分析核算工作,既要积极采用新型修复技术,保证修理质量和运行安全,又要提高工作效率,减少各项消耗、降低修理成本。

(9)根据发展生产、保障安全、节约能源和保护环境的要求,积极开展设备技术改造和改装工作,要把设备修理、改造和更新工作进行充分的分析与比较。

(10)从物质、技术和经济的角度进行设备寿命分析,做好设备转让、报废与更新工作。

(11)加强设备基础管理工作,健全原始凭证和档案管理工作,开展设备技术数据收集、分析和定额管理工作,加强包括设备利用率、故障停机率和维修费用水平的设备技术经济指标考核工作。

(12)经常性或阶段性地对设备领域的管理人员、工程技术人员、维修工、操作工开展技术、业务培训,不断灌输新观念和传授新技术,提高其管理水平和工作效率。

上述设备管理的企业行为看似很具体很烦琐,但这些工作必须做好。这些企业行为方方面面的工作也是基于以下两个前提进行的:其一,要明确做好企业设备管理工作,关键是要通过建立现代企业制度,形成严格的对企业投资、资产、经营、效率、效益系统的管理机制和监督机制,特别是要明确企业经营者(经理、厂长)的经营责任,防止追求眼前利益和各种短期行为,包括对在生产经营活动中起长期保障作用的设备资产管理工作的忽视行为;其二,明确设备工作之所以重要是因为它具有为企业生产、经营活动服务的功能,是不可或缺的主要配角。

　　虽然设备管理主要是企业行为,但是随着社会主义市场经济体制的完善和人们观念的更新,设备管理的社会行为也凸现出来。从理论上分析,社会行为(或市场行为)是企业行为的扩展与延伸。在社会经济领域,随着生产力的发展,才从第一产业派生出第二产业和第三产业,才有了较为合理的、细密的专业分工。在工业发达国家,设备工程(或设备管理)的许多业务都是由各类专业企业形成的设备资源市场来运作的。这种市场行为是整个设备工程社会行为的一部分。我国的大多数企业(特别是国有大中型企业)在相当长的时间里,实行"大而全""小而全"封闭式管理模式,是特定历史时期的产物,也与生产力发展水平相关。随着改革开放的深入进行和观念的更新,我国逐步认同了设备工程和管理范畴诸多行为走向社会、依赖社会的必然性和优越性。当企业内部从事设备工程的专业单位以独立法人地位或以二级核算单位的形式进入社会时,它就成为第三产业的重要成员,它所承担的各项业务就成为设备工程的社会行为。设备工程社会行为可以概括为以下三个领域的若干项内容:专业化的设备工程经营服务企业(设备运输、安装企业,设备检测与故障诊断企业,设备维护、修理与改造改装企业,设备备品配件生产或销售企业,设备经营性租赁企业,设备转化调剂企业,设备信息化服务企业等);与设备工程相关的中介服务机构(设备招标机构,设备监理机构,设备融资性租赁机构,设备技术鉴定资产价值评估机构,设备拍卖机构,经营性设备资产安全保障机构,设备资产抵押机构,相关的各种认证机构等);设备工程领域的社会团体(中国设备管理协会,中国机械工程学会设备与维修工程分会,中国机电装备维修与改造协会以及各地方相关的各种学会或协会等)。

　　当然,设备管理也离不开政府的宏观调控和管理。

　　总之,新时期企业设备综合管理工作应当在法律法规框架下,在政府的宏观调控下,充分发挥市场的作用,不断提高人员素质,不断更新观念,努力做好本职的工作,为企业的效益、质量和安全生产做出新贡献。

二、建立适应社会主义市场经济要求的设备管理新体制

　　对设备管理新体制的建立,专家学者和企业都在探索和实践,虽然没有统一模式,但从理论和实践的结合上,按照系统工程的观点,设备管理新体制的基本框架与要点应由以下几个方面组成。

　　1.设备属性的扩展是新体制的重要理论依据

　　在社会主义市场经济体制下,设备不仅是组织生产的重要物质手段、是商品,而且是重要的物资资源、资产、资本。因而,在做好设备生产现场管理的同时,要积极开展设备资源经营、设备资产经营、设备资本经营,进一步积极参与、培育、发展设备要素市场。

　　2.向设备管理要质量、要市场、要效益是新体制的重要目标

　　向设备管理要市场是市场竞争越来越激烈的新形势下,企业设备管理部门进一步发挥作用,防止自身游离于市场这个中心之外的重要观念与举措。

　　向设备管理要市场的内容十分丰富。首先,要树立"立足设备、放眼市场"的新观念;其次,搞活搞好设备管理工作,千方百计地促进企业占领市场、提高市场份额,既要巩固现有市场,又要开辟未来市场。

　　3.把市场竞争机制引入设备系统,是新体制不断完善的重要途径

　　竞争,优胜劣汰、择优选择,使市场在资源优化配置中发挥基础作用。竞争出压力、出活

力、出人才、出效益。设备管理要为安全生产服务、要为提高产品质量服务、要为效益服务、要为增强与提高企业竞争力服务。

要把竞争机制引入设备管理的各个环节,包括设备的选型、购置,设备的操作、使用、维修,备品配件的采购,闲置设备的调剂等。

要把竞争机制引入设备系统的劳动人事制度中,实行竞聘上岗。

4. 设备现场管理是新体制的内部基础,设备要素市场是新体制的外部条件

很多企业提出了"眼睛盯住市场,工夫下在现场"的口号和宝贵经验。实践充分证明,不论进行什么改革、不论遇到什么情况,设备现场管理是绝对不能放松的。设备现场管理不能放松,一是对行之有效的现有规章、制度、程序、做法等不能放松,防止出现"一抓、二松、三垮台、四重来"的现象;二是在现有基础上学习国内外先进经验,根据企业条件的变化加以调整提炼、提升,不断创造新鲜经验,逐步做到标准化、程序化、规范化和信息化。

设备要素市场是社会主义市场体系的重要组成部分。通过设备要素市场可以扩展视野,了解与设备和设备管理相关的多种信息、各类新技术、新工艺、新材料、新方法,可以解决一些设备维修方面的难题;可以推动企业设备管理体制改革,改变"小而全""大而全"的体制状况;可以为企业和社会创造效益。

5. 建立与健全"激励与约束"机制是新体制的必然要求,"设备实物与价值形态"的管理是新体制的重要内容

激励机制是增强企业设备管理有关人员管理活力的源泉,可以形成主动态的"我要干""我要加强"的新局面;约束机制有利于保证在良好的企业效益与社会效益前提下持久、规范地运行。

设备实物形态与价值形态是相互依存、相互制约的矛盾统一体。实物形态是价值形态的物质载体,价值形态是实物形态的货币表现。市场型的设备管理新体制必然要求企业兼顾和做好两个形态的管理。

6. 设备的技术进步是新体制的重要物质技术支撑与保证

企业要十分重视设备硬件与软件的技术创新与技术进步,包括随着产品结构调整与更新换代发展,及时改造改装设备、研制开发新设备以及引进先进设备;在设备维修中,积极采用新技术、新工艺、新材料、新机具、新方法;采用先进可靠的设备诊断技术与状态监测工具;做好设备管理与维修的信息化管理。

7. 以效益为中心,效益型的设备管理是新体制的重要指导原则

企业要向设备管理体制改革要效益,在设备投入产出、设备资产增值、设备各环节管理诸方面确立效益观念,利用多种途径提高设备效益。

8. 设备综合管理是市场经济条件下设备管理发展的必然趋势

设备综合管理要做好设备资源经营、资产经营和资本经营三个方面的工作。

设备资源经营是把设备看作重要的物质资源加以筹划与运营,既涉及宏观与微观的可持续发展和环境保护,又涉及设备资源的合理配置、有效利用和再生。设备资产经营既有实物形态的经营,又有价值形态的经营。它包括摸清设备资产存量并加以盘活,实行设备资产有偿占用,开展设备资产租赁,搞好设备资产优化配置、优化设备资产增量等。设备资本经营主要表

现为设备价值形态的经营,要把设备看作必须带来利润的重要资本来经营,要把设备固定资本看作是企业资本金的重要组成部分。

管理是企业经营要素中的重要组成部分,设备综合管理新体制的建立和不断完善,对服务于企业经营,增强企业竞争力,取得良好的效益必将发挥重要作用。

三、制定企业设备综合管理规划

企业应根据发展战略和经营规划,制定设备综合管理规划,以指导其设备管理工作。我国一些企业也积累了很好的经验。一般地,企业宜制定 3~5 年的设备管理规划,规划的内容可包括以下几个方面:

(1)企业现状和设备管理现状。在设备管理现状中,应有企业设备现状、企业设备管理现状、企业设备系统人员现状、企业设备管理现状诊断分析等。

(2)企业设备管理规划的目的意义和作用。

(3)企业设备管理规划的主要目标。它包括管理思想、管理方针、管理手段、管理目标等。重点是管理目标,既要有总体目标,又要有具体目标(人员及培训目标、环保目标、故障与事故目标、点检与检修目标、科研及技术改造目标、备件管理及库存目标、设备管理与维修信息化管理目标等);既要有技术方面的指标,又要有经济方面的指标;既有形象目标,又有量化目标。

(4)企业设备管理规划的主要任务。

(5)实施企业设备管理规划的措施保障。它包括设备管理观念和理念的变革;设备管理方式的变革和选择;设备管理系统组织结构的变革,以市场规律引导形成本企业的设备管理新体制;进一步推行设备诊断技术和设备信息化管理,实现企业设备管理现代化;强化设备管理与维修人才培训工作等。

四、构建执行型文化的以人为中心的企业设备综合管理团队

企业设备管理有四大要素:人、设备、管理和环境(包括企业文化)。设备是基础,设备先天素质的好与坏直接影响设备管理工作的效果;管理是关键,管理可以出质量、出效益、出安全;而人是根本,所有的管理工作都是靠人去完成的;环境会影响人的积极性发挥。因此,企业设备管理必须从根本上重视和发挥人的作用,特别强化人的执行力和构建优秀管理团队。

执行力就是企业中的个体为实现企业目标而需要具备的综合能力。

企业设备管理的绩效＝正确的决策＋有效的执行

要在企业中倡导良好的风气和习惯,比如:

做事认真就是水平;

做事负责就是能力;

着重落实就是品质;

按规章制度执行、不打折扣;

做事简单,能简单决不搞复杂;

认真,"认真极处是执着";

细节决定成败;

行动迅速比明察秋毫更重要；

认真第一，聪明第二；

速度第一，完美第二；

结果第一，原因第二；

没有执行力就没有竞争力；

……

良好的执行力：

凡事有人负责——权责明确；

凡事有章可循——制度规则（规范管理、制度保证）；

凡事有据可查——图表统计；

凡事专人检查——绩效跟踪。

企业应该重视设备管理人员执行力与作风培养，员工应具有如下的作风：

(1)系统思考的作风——低头拉车、抬头看路，眼睛盯住市场、工夫下在现场，严、慎、细、实的作风；

(2)细节体现素养、细节体现品质、细节体现道德、细节成就未来的作风，在认真开展 5S(6S)活动中培养作风；

(3)做事到位的作风；

(4)设备管理抓源头的作风。

执行力从理念到作风需要培训、培养和教育，执行力又与企业文化紧密相关。执行力是一种文化，它诞生于企业文化也反作用于企业文化。构建执行型文化，使执行成为各级设备管理工作者的最重要的工作、用企业（公司）的文化标准去判断和做好设备管理工作。一个企业没有价值观和信仰，制度就形同虚设；没有信仰，就不会产生执行力。

构建执行型文化的"管理三步曲"，推进企业设备管理工作上台阶。这"三步曲"的第一步是提出设备管理理念——比如"设备管理无小事"的理念，"不容易就是把公认为容易的事做对1 000遍"的理念等；第二步是推出执行这些理念的典型人物和典型事件——比如"6S 大脚印"等，把典型人物（典型人物做出典型行动是少数）的行为典型化，充分利用示范效应，使理念形象化，从而使更多的人理解并认同理念；第三步是以理念为导向，制定管理制度并使其规范化——比如，建立日事日毕、日清日高的管理体系，在制度和规范的强制下，使设备管理者做出符合理念的行动，并使理念不断内化为行动，最终变成每个设备管理者自己的理念和价值观，变成自觉的主动行为，以产生持久的良好管理效果。通过构建执行型文化"管理三步曲"，企业就形成了"管理制度与企业文化紧密结合"的管理环境。

设备管理者和员工执行力的提升还必须升华为设备管理的高效团队，以产生群体的协同效应，从而获得比个体绩效总和更大的团队绩效。团队有明确的目标，有合理的分工与合作，有不同层次的责任和权力，团队是企业应对环境变化的有效方法。团队应具有团队精神，团队精神的基础——挥洒个性，团队精神的核心——协同合作，团队精神的境界——凝聚力。企业设备管理应该建立以人为中心的设备综合管理团队，比如 QC 小组、PM 小组、班组建设等。要确立为了人、尊重人、依靠人、塑造人、以人为中心的理念；要开发设备管理人员的个体素质，要善于发现有关员工的优点、长处和"闪光点",要帮助员工开发心理资本(比如树立较高的工作目标,树立自信心和自尊心等),要创建良好的企业氛围和环境(比如良好的人文氛围、浓厚的业务与学习氛围等);要调控设备管理群体行为(比如合理的组织结构,有效的激励机制和规章制度等)。

总之,设备管理人员的素质提高了,执行力提高了,高效团队、班组建立了,人的要素的作用发挥了,企业的设备管理工作就会从根本上得到改善和加强。

五、进一步推行和推广 TnPM 设备管理新模式

TnPM(Total Normalized Productive Maintenance,TnPM)是"全面规范化生产维修"的英文缩写,是由广州大学李葆文教授于 1998 年在国内首先提出的,经过 10 多年在我国钢铁、冶金、石油、化工、机械制造、卷烟、汽车、电力、纺织、造纸等多个行业的几十家大型企业的推广应用,取得了显著成效。TnPM 经过不断的实践和理论完善,已经成为企业设备管理的"人机系统精细化管理平台",把我国 30 多年来提出的设备综合管理概念提高到了一个新的发展阶段,使企业设备综合管理升华为更具有基础性、可操作性、可视化、定量化、规范化和体系化的适合我国国情和企业设备管理实际的中国特色设备管理新模式,应该进一步在我国企业推广和应用。

下面对 TnPM 作以简要介绍和说明。

TnPM 是以设备为主线的管理系统,这一管理模式和体系的重心是通过规范引导企业对设备进行精细化管理,通过一系列管理手段,减少设备故障,提高设备运行保障能力,从根本上解决企业安全、质量环境、健康和成本缺陷问题,营造绿色企业,建立无忧工厂。TnPM 是在学习日本 TPM(全员生产维修)基础上,结合我国实际,经过创新和实践而形成的。

1. 开展 TnPM 的主要环节

(1)研究设备运行现场(现场、现事、现物);

(2)找出规律(原理、优化);

(3)制定行为规范和原则(包括操作、维护、保养、维修);

(4)评估和评价效果;

(5)持续改善和改进。

2. TnPM 规范化的范畴

(1)组织结构规范化;

(2)前期管理规范化;

(3)现场管理规范化;

(4)润滑管理规范化;

(5)维修模式规范化;

(6)维修程序规范化;

(7)备件管理规范化。

3. TnPM 的八大要素(八大支柱)

(1)以最高的设备综合效率和完全有效生产率为目标;

(2)以设备检维修系统解决方案为载体；

(3)全公司所有部门都参与其中；

(4)从最高领导到每个员工全体参与和参加；

(5)小组自主管理和团队合作；

(6)合理化建议与现场持续改善相结合；

(7)变革与规范交替进行，变革后规范化；

(8)建立检查、评估体系和激励机制。

4.5 个"六"架构

5 个"六"架构即 6S 活动、6 源清除、6 大工具、6 项改善、6 个零目标。

TnPM 不强调企业进行对标管理（或标杆管理），而是强调练内功、抓现场的改善、抓源头管理，强调方法工具的运用，进而达到 6 个零的极限目标。

6S 活动：整理、整顿、清扫、清洁、安全、素养；

6 源清除：清除"污染源、清扫困难源、故障源、缺陷源、浪费源、危险隐患源"；

6 项改善：改善效率、改善质量、改善成本、改善员工疲劳状况、改善安全与环境、改善工作态度；

6 大工具：可视化管理、目标管理、企业教练法则、企业形象法则、项目管理、绩效评估与员工激励；

6 个零：追求"零故障、零缺陷、零库存、零事故、零差错、零浪费"。

5.SOON 体系

SOON(Strategy-On-site-information-Organizing Normalizing,SOON)是企业检维修系统解决方案的简称，也是 TnPM 的内核，是与日本 TPM 的最主要区别。该体系包括维修策略的不同选择→通过主观和客观诊断手段检查、监测、诊断现场设备去收集设备现场信息→维修组织结构设计、维修资源分配等维修活动的组织→维修行为的规范和维修质量的评价。

6.FROG 体系——员工未来能力持续成长体系

FROG(Future Re-boosting Operators' Growth,FROG)强调全员规范化与员工的培训和成长同步进行。该体系包括以下几方面：

(1)自我工作能力分析；

(2)成长约束分析；

(3)积极、向上、乐观等观念的确立；

(4)个人成长计划的制订；

(5)目标导向的自上而下培训；

(6)员工自主式的单点课程培训体系建立；

(7)迈出行动的每一步，员工和企业一同成长。

7.五阶六维评价体系

考核评估体系是 TnPM 持续进步的关键，该评价体系是动态的、综合的、体系化的。

(1)评价的五阶设计，即建立由零阶到五阶的评价体系，零阶代表未通过入阶评审，一阶为最初级，五阶为最高级。

(2)评价的六维设计,即评价内容分为 6 个模块:

1)组织结构健全性;

2)管理流程规范性;

3)员工士气和素养水平;

4)生产(办公)现场状况;

5)信息与知识资产管理;

6)设备管理经济指标。

8.TnPM 管理体系总体框架

综上所述,我们可以画出 TnPM 的体系总架构,如图 1-6 所示。

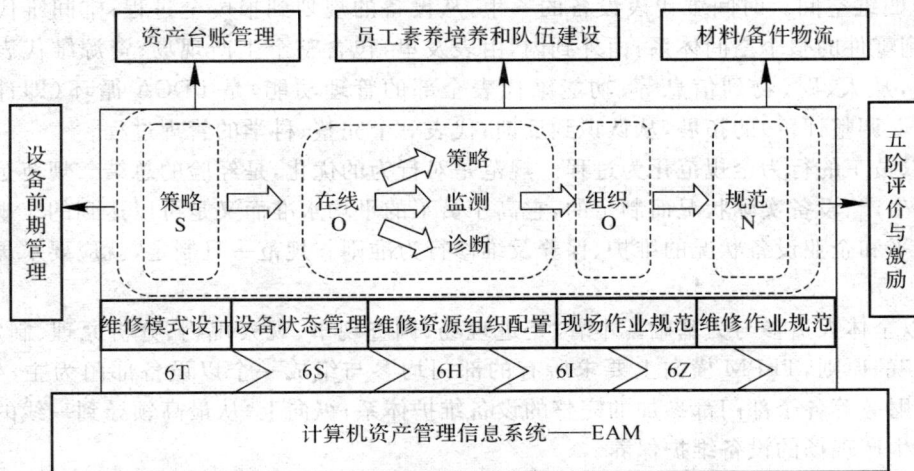

图 1-6 TnPM 的体系总架构

六、某钢铁公司推行 TnPM 管理模式的方案

(一)设备全面规范化生产维修制度的中心思想

全面规范化生产维修是在日本全员生产维修体制(TPM)的基础上结合我国国情,推出的一种先进的设备管理模式。TnPM 是以设备综合效率和完全有效生产率为目标,以全系统的预防维修系统为载体,以员工的行为规范为过程,全体人员参与为基础的生产和设备维护、保养和维修体制。TnPM 是规范化的 TPM,通过制定规范,执行规范,评估效果,不断改善来推进的 TPM。

开展 TnPM 现场管理规范化的主要环节:研究运行现场(现场、现事、现物);找出规律(原理、优化);制订行为规范(操作、维护、保养、维修);评估效果(评价);持续改善(改进)。TnPM 规范化还包括维修程序规范化、备件管理规范化、前期管理规范化、维修模式规范化、润滑管理规范化等。

TnPM 提倡和鼓励设备管理的"全员"参与意识,但是不把设备管理水平的提高完全寄托在操作工人的"自主"参与上,而是主张根据企业的设备状况、工人素质和技术水平,制定可以指导操作工人、维修人员及生产辅助人员"全员"参加的设备管理作业规范。通过宣传、推广和培训，形成可执行的设备管理行为准则，就像 ISO 标准控制文件一样，使得设备一生管理的全过程中，各个环节的行为规范化、流程闭环化、控制严密化、管理精细化。

作为一种管理理念，TnPM 是文明企业的修炼。其核心是四个"全"。

（1）以全效率和完全有效生产率为目标。对于设备系统而言，TnPM 追求的是最大的设备综合效率，它反映了设备本身的潜力挖掘和发挥，即对设备的时间利用、速度和质量的追求。对于整个生产系统而言，TnPM 追求的是最大的完全有效生产率，它反映了整个生产系统的潜力挖掘和发挥，即从设备前期管理的有效性、企业生产排程、系统同步运行、瓶颈工序攻关、生产计划、组织协调、主次分析等方面提升效率，达到最优。

（2）以全系统的预防维修体制为载体。全系统的概念是由时间维、空间维、资源维和功能维构成的四维空间。时间维代表设备的一生，从设备的规划到报废全过程；空间维代表从车间、设备到零件的整个空间体系，由外到内，由表及里，包含整个生产现场；资源维代表全部的资源要素，从人、财、物到信息等；功能维代表全部的管理功能，是 PDCA 循环（即计划—实施—检查—调整评价）的拓展，从认识到反馈，代表一个完整、科学的管理过程。

（3）以员工的行为全规范化为过程。规范是对行为的优化，是经验的总结。规范是根据员工素质和生产、设备实际状况而制定的，它高于员工的平均水准而又是可以达到的。规范是适应员工水平和企业设备状况的维护、保养及维修行为准则。规范一旦制定，就应要求员工去自觉执行。

（4）以全体人员参与为基础。本着"走进现场、调查现事、观察现物、分析原理、制定原则、有效管理"的原则，TnPM 横向上要求所有的部门均参与组成一个以设备部门为主，生产、工艺、人力、财务等各个部门都参加的完整的设备维护体系；纵向上，从最高领导到一线的每个员工都关注生产现场的设备维护保养。

上述四个"全"之间的关系为全效率是目标，全系统为载体，全规范为过程，全员是基础。

TnPM 的成功推行，离不开建立在对员工反复培训基础之上的八个方面要素的相互配合和协力支持。以最高的设备综合效率（OEE）和完全有效生产率（TEEP）为目标，（OEE＝时间开动率×性能开动率×合格品率，TEEP＝设备利用率×设备综合效率）；以全系统的预防维修体系为载体；所有部门都参与其中；从最高领导到每个员工全体参加；小组自主管理和团队合作；合理化建议与现场持续改善相结合；变革与规范交替进行；建立检查、评估体系和激励机制。

（二）TnPM 推进计划目标

推进设备 TnPM 管理模式，是一个循序渐进的过程，在两年半的时间内，力求达到如下目标：

（1）按标准化作业要求，使生产设备的现场管理达到较高的规范化水平。其主要标志：设备本体（站、所）整洁、无灰尘、无油污，设备周围清洁、无积水、无杂物，车间现场物品（工具、离线设备、备件等）定置定位、标识清晰，设备无泄漏点达到 90％以上，设备本体联接紧固件无松动现象，设备安全设施齐全、规范。

（2）三级点检网络健全，保障能力大幅提高。其主要标志：在传统以人工凭经验为主的点检基础上，在生产设备上推广采用测温、测震等简易诊断议器，逐步实现设备的量化点检，量化率达到 70％以上；主体生产设备和关键辅助设备、推广采用在线监测和故障诊断技术，实现率达到计划总台套的 60% 以上；以量化点检和状态监测为基础，灵活组织生产设备维修，逐渐以定修、项修、小修取代传统形式上的大中修，主要生产设备基本实现预知预控状态维修管理模式。

（3）杜绝重、特大设备事故发生。一般设备事故全年不超过两起，生产设备事故总时间及次数逐年降低 5% 以上，设备完全有效生产率逐年提升 1% 以上。

（4）钢、铁、钢材料，吨产品设备维修费用逐年同比下降 3% 以上。

（5）强化设备改善性维修工作，每年完成 10 万元以上计划改善性维修项目 30 项以上。

（6）设备前期管理、润滑、备件、特种设备等专业管理，达到规范化标准。

（7）设备信息化管理水平有明显提高。

（8）设备系统管理和维护、维修人员，技术业务水平有明显提高。

（三）TnPM 阶段性工作计划

1. 第一阶段：建立 TnPM 组织机构

建立公司—生产厂—车间三级 TnPM 管理机构网络，是开展 TnPM 活动的重要保证。

首先，集团公司成立由主管经理牵头，由设备部部长、主管部长、二级厂主管设备厂长、设备部技术管理科、工程管理科参加的、TnPM 实施的领导小组，由设备部负责公司范围内开展 TnPM 的日常管理工作。

其次，各生产厂成立由主管设备厂长牵头，设备科长、车间设备主任及工程技术人员参加的 TnPM 领导小组。设备科负责本厂范围的 TnPM 的日常工作。

最后，各生产厂的主要生产车间由主管设备主任牵头，维修班段长、车间点检员、车间技术人员组成的 TnPM 推进领导小组，负责 TnPM 在本车间的贯彻实施工作。

2. 第二阶段：动员、培训阶段

首先，公司以动员会和集中办班形式，对生产厂的设备厂长和设备科长等骨干进行短期培训，力图从管理理念和思想上进行发动。主要计划的学习班有设备现代化管理培训班、设备润滑管理培训班、设备故障监测与诊断技术培训班，条件成熟时，拟再举办一期设备全面生产维修培训班。

其次，生产厂采取集中业余形式，培训各级管理骨干和岗位职工，学习 TnPM 管理思想、模式和具体做法。

3. 第三阶段：修订（制定）管理作业规范阶段

设备部、生产厂对现行的设备管理制度、作业文件按 TnPM 要求进行全面清理修订或补充，出台完整的实施 TnPM 管理的规范化文件、标准。

4. 第四阶段：试点推行 TnPM 管理模式

各生产厂分别选定一或两个主要生产车间，按照设备现场规范管理、点检作业规范管理、维修模式规范管理、设备润滑规范管理等内容，试行 TnPM 管理模式。

在各试点单位实施四个月的基础上，认真总结经验并由设备部组织一次 TnPM 管理现场交流会。对试行效果突出的单位，进行专项奖励，并作为年底评先的主要依据之一。

5. 第五阶段：全面推行阶段

在公司主体生产厂内，全面推行设备 TnPM 管理模式。公司和生产厂 TnPM 领导小组要建立完整的 TnPM 考评体系，组织每季检查，半年总结评比活动，以推动 TnPM 的深入开展。

6.第六阶段:总结、巩固、提高阶段

在生产厂实行 TnPM 管理一年的基础上,通过检查对比预期目标的完成情况,以及过程中的考评结果,认真总结经验,查找存在的主要问题,参照国内先进企业 TnPM 管理的成熟经验,进一步规范 TnPM 管理。

(四)TnPM 管理的主要内容

1.TnPM 理念培训

(1)改变传统的心智模式确立新理念。

1)设备运转会发生故障,强化基础工作如检查、清洁、保养、紧固、堵漏、更换、校正、绝缘、加固、补充介质(油、汽)、防锈、减振、平衡等工作,就可以防止故障的发生。

2)人的观念和行动改变了,能使设备故障为零。

3)要从"设备一定会发生故障"转变为"不使设备发生故障"和"故障可以达到零"的新观念。

4)很多设备可以终生不大修,可以用小修、项修取代大修。

(2)(故障)劣化原因。劣化分为自然劣化和人为劣化。

自然劣化:由于设备的运动、负荷、时间等物理、化学原因而引起的寿命降低和性能劣化。

人为劣化:使用不当、保养不善、损坏性维修或其他人为原因引起的性能和寿命降低。

劣化原因可能是单一因素、多因素或复合因素,劣化是一个从量变到质变的过程。

(3)人的失误表现。

心理方面:忘记、忽略、漏掉、没注意、记错、不关心、误解。

行为方面:过多、过少、过大、过小、反向、过快、过慢、无反应。

损失方面:操作失误、维修失误、无对策、对策不力、对策失误。

素养方面:文化水平低、知识面窄、技能水平差。

(4)规范与标准的区别。首先,规范是企业内部规定,不同企业可以有所不同,而标准则是跨行业、跨企业的。其次,规范是动态可调的,应随设备更新、人员素质进步及时加以调整,而标准则有相对较长时间的稳定性。

(5)TnPM 与设备点检制。设备点检制,是按照一定的标准、一定周期,对设备规定的部位进行检查,以便早期发现设备故障隐患,及时加以修理调整,使设备保持其规定功能的设备管理方法。TnPM 是以设备综合效率和完全有效生产率为目标,以全系统的预防维修系统为载体,以员工的行为规范为过程,全体人员参与为基础的生产设备维护、保养和维修体制。TnPM 作为设备综合管理的一种模式,它既注重设备现场管理的规范化,同时也注重对设备的前期管理、维修管理、润滑管理、备件管理等其他设备子系统的规范管理工作。特别是通过对设备点检及基础保养作业的规范化,能建立起有效的设备点检保障网络,使设备的动态管理不断加强。因此,TnPM 比设备点检制的管理思想更系统、更全面、更规范。

(6)努力实现设备管理的"三零"目标,即"事故为零、缺陷为零、故障为零"。

1)使潜在的故障明显化,即找出潜在的故障。

2)使人为劣化转变为自然劣化。要通过根除劣化,强化清洗、紧固、润滑等保养环节,保持设备基本状态来避免人为劣化,保持其自然劣化状态。

3)大力开展改善性维修工作。通过不拘泥于原设计的改善维修、主动维修方式,使劣化彻底根除,反馈到设计部门,改善设计、提高新设备的可靠性,达到维修预防的目标。

4)研究零部件自然劣化周期,强化设备点检,提高维修方法、技能,实现设备彻底的预防维修。

5)通过监测设备状态,科学确定维修时间,逐步实现预知维修和状态维修。

6)通过培训、规范行为,提高人的可靠性。TnPM零故障是一个严格、细致、实在的工作过程,是不断找出问题,进行分析研究,制定对策和技术攻关,不断解决问题的过程。

2.设备现场管理规范化

TnPM主张既要鼓励人人参与设备管理与维修的热情,又要尊重技术、尊重科学,应该对现场设备进行认真分解、分析,确定不同工种工人的操作范围,制订相应的培训计划,对现场工人培训指导,使他们明白设备的机理,懂得如何处理各种突发问题,懂得工作的规范做法。

首先,应对现行的操作、维护、检修规程进行修订和完善,规范各种工作行为。

其次,按照操作和维护岗位的不同,明确各自的分工区域及清洁、定置标准,在职工中广泛开展"5S"活动。

(1)整理:把要与不要的事、物分开,再将不需要的事、物处理掉,最后把有用的物品按一定秩序摆放好。

(2)整顿:把有用的物品加以定置、定位,按照其使用频率和目视化标准,科学、合理地布置,摆放整齐,以便快速取用。

(3)清扫:把设备本体及工作场所周围打扫得干干净净。清扫灰尘、垃圾,擦去油污,创造明快舒畅的环境。

(4)清洁:清除现场所有的废水、粉尘、油污、废气污染源。

(5)素养:职工应逐步养成良好的个人卫生、礼貌和遵章守纪的规范化工作作风。

5S活动的成败,主要取决于组织管理、规章制度、检查考核和坚持不懈四个环节。

最后,努力做到设备"清洁、岗检、润滑、保养"四位一体化管理。职工在清洁中,顺理成章地就检查了设备的运行状态,在检查中遇到需要手工润滑的部位,顺手按照润滑"五定"的做法进行润滑。如果点检检查有异常,需要紧固的应该马上紧固,需要调整的马上调整,需要其他保养的也随时进行(不等专职维修人员处理)。只有当遇到情况异常严重,操作或维护人员自己不能处理时,才通过一定的反馈途径,把故障隐患及时报告到下一个环节安排处理。

实施设备现场规范管理的原则:

(1)选人:选择生产现场的具体人员,包括操作工、点检员、维修工或辅助工,让人人参与设备管理,让设备现场处处有人管。

(2)选点:在设备上确定需要关注的操作点,即需要进行清洁、点检、保养、润滑的点。

(3)选项:根据所选"点"的特点,选择清洁、点检、保养、润滑这四项中若干项内容实施。

(4)选时:按照一定的周期、时间操作(不一定每日、每班次均进行)。

(5)选标:对每一点的每一项操作内容,制定相应的目标状态或达到的标准。

(6)选法:每一项操作应该有确定的工具、方法及辅助材料。

(7)选班:对现场生产设备上的操作点,按照三个班次的实际进行不均匀分配,即白班操作点多,中班次之,夜班最少。

(8)选路:根据设备(或生产线)的结构,以操作人员的位置为参照,对所选的操作点按照由低到高、由外到内、由近到远等策略,选择最佳的操作路径。

3.设备点检规范化

设备点检是了解设备运行状态的主要手段,也是设备维修的基础。在 TnPM 模式中,实现设备点检规范化作业和管理,是中心工作之一。

设备点检规范化的目标是建立起完善的"四层防护线"保证网络。第一层:岗位操作工人和跟班维护人员的日常点检(岗检);第二层:专职点检员实施的专业和定期点检;第三层:专业技术人员的精密点检和车间设备骨干的巡检;第四层:在上述基础上,对发现的问题或现象,利用技术诊断和劣化倾向趋势分析,由专业技术人员和设备管理骨干及时做出处理对策。

设备点检规范化的主要内容:点检标准的规范化,特别是对岗检、专检、巡检要求的侧重点应有所不同;点检人员的规范化;点检项目的规范化;点检线路的规范化;点检手段(工具、仪器等)的规范化;点检信息的收集、反馈、分析的规范化;点检作业考核制度的规范化;点检网络保证体系运作的规范化。

在设备点检规范化管理的实施过程中,要注意点检手段及技术的进步。特别是要逐步推广采用测震、测温等简易诊断仪器、依靠人工实施设备运行状态参数的监测,逐渐扩大科学量化点检的范围,对具有事故多发、停机损失大且故障的发生属于有发展期的规律性或随机性故障的关键生产及公辅设备,有计划地实施计算机在线监测和诊断系统,以提高预知状态维修的管理水平。

4.设备维修管理的规范化

(1)维修策略的规范化。根据公司设备实际情况,对那些主线关键设备、重要设备(如制氧机组、系统供水机组等),应采用主动(改善)维修策略;对那些可以通过状态参数监测,准确诊断劣化趋势的设备(大型风机、变压器、电动机、减速器等),采用预知状态维修策略;对那些故障多、难维修、费用高,需改善性能、延长使用寿命的设备,采用以计划定期维修为主的预防维修策略;对那些非主线简单设备或备用设备,采用被动(事后)维修策略。

在维修策略的选择上,各生产厂应根据设备的技术状态和先进程度不同,使用情况不同,维修队伍的技术素质不同,对维修的投入不同,灵活选取相应的策略,同时,TnPM 主张由于设备故障的复杂性,在处理上应该给现场维修操作人员一定的灵活性,提倡把主动维修、改善维修的思想融合到规范化维修的体系之中。

(2)维修模式的规范化管理。结合公司目前的实际情况,对生产设备的维修模式应建立以计划维修为主的预防维修制度。努力的方向就是采用多种点检手段,最大限度地掌控设备的运行状态,杜绝各类突发性事故的发生,提高计划维修的准确率。

就设备系统而言,仍要规范周或旬定修,月底小修,半年小规模检修,年底系统检修模式。在检修的安排上,要紧密结合公司生产计划的安排,充分利用生产品种的改变、资源不平衡、外界环境影响等非设备原因造成的生产线停机时间,对设备强化基础保养、维护和维修工作。

随着技术的进步,对一些应用状态监测和故障诊断技术成熟的设备,应逐渐过渡到预知状态维修模式。

对一些事故较多,且处理难度小、维修费用较低、事故的规律性明显的生产设备,应采用以计划周期检修和局部改善性维修为主的维修模式。在计划维修模式中,主张针对设备的薄弱环节,集中使用维修费用,以项修、小修形式,实施设备的更新、改造、提升技术装备水平,改变传统的以恢复设备性能为主的传统意义上的中修理念。

维修模式规范化管理的目标,就是在计划维修的基础上,针对生产设备的实际情况,细化每台套设备的维修方式,追求所有设备的最佳维修效果。

(3)维修作业组织的规范化。在维修作业组织过程中,应按照 ISO9000(2000 版)全面质量管理体系的模式和思想,通过制定和实施可以操控的作业文件来规范维修作业的全过程。

在设备 8 小时以上维修中,应实施标准化作业。其主要内容如下:

1)维修专门管理机构及职责规定。

2)维修任务的制定。

3)维修前的准备工作,包括备品备件、材料、工具、人员配置、维修项目施工方案等方面。

4)安全文明施工要求。

5)过程控制,主要包括工作计划、进度安排、过程组织及协调等方面。

6)维修项目技术文件,包括图纸、技术说明书、技术规程、施工作业标准。

7)质量考核标准,建立专门组织对整个维修过程及各项要素均制定质量考核标准,加以严格管理。

8)维修效果评价与信息收集,包括计划与调度、设备跟踪与记录,维修效果与质量标准的比较及数据报告等项目。

(4)维修费用管理的规范化。

第一,改变过去计划经济中对生产作业机组三年一大修,两年一中修,一年一小修的维修管理观念。对生产作业的主体设备可安排一部分资金定期用于功能、精度恢复性维修,但要结合设备运转状态及生产计划适时安排;一般生产设备主要靠日常维护、维修工作,来保证设备的性能,不再采用过去在大中修中用大批量换件形式恢复设备功能的做法。逐渐实现用费用较少的单台(套)设备的项修、小修,来取代费用高昂的大中修形式。

第二,要规范维修计划的管理。在日常维修中,要坚持以设备点检信息为基础的维修项目编制程序,严格班组—车间—厂部—公司设备部维修项目审批制度,以减少或杜绝设备的过度维修现象。

第三,严格维修用备件、材料的计划申报审批、订购和领用管理制度,杜绝各种浪费现象。

第四,规范管理维修力量。

1)规范厂内部维修力量的管理。对单一生产机组的厂而言,根据维修工作量的大小,要以标准化文件化作业管理要求,动员各工种各专业人员全面参与维修工作;对多机组的厂而言,要根据设备的结构特点,人员技术素质高低,以制度化形式,规范厂内各车间维修人员的工作协作。

2)规范公司内部维修力量的管理。按照公司内部市场化运作的模式,对分子公司承接生产厂设备的维修工作,进行规范化管理,同时,逐渐探索生产厂之间维修队伍的工作协作制度。

3)规范公司外部社会维修专业队伍的管理。对一些结构复杂、技术含最高、维修专业性强的重点设备或生产机组,应逐步探索市场化合同维修运作模式。

(5)维修技术方法、工艺的规范化管理,主要包括维修的施工、技术标准、新工艺、新技术、新材料的应用等内容。

5.设备前期管理规范化

设备前期管理包括新建和技改项目及计划更新设备的规划、选型、设计、招标、采购、监制、检验、安装、调试、试运行、验收、使用初期管理以及设备订货至验收全过程的合同管理等内容。

设备前期管理规范化的主要工作是建立一套适合公司实际的立项、规划与可行性分析、一次审批、选型合理性分析、二次审批、订货合同会审、三次审批以及设备订货合同管理、设计审查、过程监制、安装调试、验收及初期管理程序,使设备前期管理真正纳入"法"制化轨道。

6.设备备件管理规范化

设备备件管理的目标是建立科学、合理的库存结构,提高库存备件周转率,最大限度地降低备件库存资金占用,同时,保证维修备件的及时供应。

第一,对备件管理的基础性工作要予以规范。按照设备的 ABC 分类办法,对设备部件、零件进行科学、合理分类;按照备件分类,赋予不同种类备件的不同优先级;按照备件损耗规律,确立不同的库存类型;对不同备件库存类型的不同优先级备件构造不同的库存模式;逐步扩大零库存备件的种类;实施备件计算机模式化管理。

第二,要规范备件计划的申报、审批制度。

第三,要规范备件的入库、验收、领用、报废制度。

第四,要规范离线备件的修复利用制度。

第五,按市场经济模式,对使用批量大、费用较高的消耗类备件,应推广采用与制造供应方的费用包保制;对一些采购周期短,使用量大,又不直接影响生产的标准件,实施零库存管理模式。

第六,规范成熟的备件新材料、新技术、新工艺的推广应用工作,努力实现采购备件最佳的性能价格比。

第七,逐步实现备件集中化管理模式。

7.设备润滑等专业管理规范化

设备润滑工作是设备维护工作中的极其重要的组成部分和关键环节。及时、正确、合理地润滑设备,能减少磨擦阻力,降低动力消耗,减少磨损,延长设备使用寿命,充分发挥设备效能,并有助于安全运行。

设备润滑规范化管理的主要内容:建立健全润滑管理组织机构。形成公司职能部处—厂设备科—车间—班段四级润滑管理作业网络体系。制定各项润滑管理制度,包括润滑油的检验及清洗换油制度,润滑人员的职责条例和工作细则。贯彻执行润滑"五定、三过滤"管理办法(五定:定员、定质、定量、定期、定人;三过滤:领油、转桶、加油时进行过滤)。分车间,逐台套设备编制设备润滑技术资料,包括润滑图表和润滑卡片、润滑清洗换油操作规程、换油周期及根据检测设备润滑油各项指标确定换油的标准等。组织制订润滑材料消耗定额,编制年、季、月设备清洗换油计划。检查设备润滑状态,及时解决润滑系统存在的问题,配备和更换损坏的润滑零件、装置、工具;对润滑及清洗换油情况进行记录和分析,不断改善润滑管理。采取措施防止设备泄漏,在治漏中抓好"查、治、管"三个环节,达到规定的治漏标准。组织推广润滑新油脂、新添加剂、新密封材料、新耐磨材料、新润滑装置等新技术的试验与应用。组织各级润滑人员的技术业务培训工作。

除了规范设备润滑专业管理工作之外,液压、气动设备,压力容器、水处理设备、起重运输设备、安全、环保设备,固定资产、工业建筑及炉窑等专业管理规范化工作也应逐步建立和完善起来,最终使规范化工作落实到每一类专业设备、每一台专机,做到台台设备有"法"可依。

另外,结合公司正在加快结构调整步伐,实施"三步走"发展规划的实际情况,在设备技术改造方面,也应进一步规范化管理。

8.建立完善的 TnPM 检查、评估考核体系

开展 TnPM 管理模式,建立完善的绩效评估体系是重要的一环。本着层层分解细化原则,公司 TnPM 领导小组要对各生产厂建立考评制度,各生产厂要对车间,车间要对班组建立规范的考评办法,自上而下形成一个完善的绩效评估体系。考评体系的建立应本着先易后难、逐步深入的原则,检查项目的制定要有较强的针对性和操作性,不能脱离现有实际,一味追求过高的标准,同时,在检查过程中,要充分引入激励机制。定期(一般三个月一次)考评可以使各单位相互学习,员工互相沟通,上下级互相沟通,使 TnPM 管理模式逐步深入持续地开展下去。

建立 TnPM 绩效评估体系的原则:制度透明,公开原则;评估指标相互补充原则;评估过程公平、公正原则;纵向、横向结合原则;奖励结果差别和半公开原则;逐层评估,以团队为单位原则。

(五)实施 TnPM 模式的效果及应注意的问题

根据成功实施 TnPM 管理的宝钢、济南卷烟厂等单位的经验,设备管理规范化工作使企业受益匪浅,主要体现在以下几个方面:

(1)大大提高管理效率,减少设备管理各阶段的工作失误和管理漏洞。

(2)改善设备的基础状态,减少故障和各种停机损失,提高设备综合效率。

(3)减少设备前期管理损失风险,降低维修成本,减少备件资金占用,从而降低了生产成本。

(4)以良好的设备状况保证了产品质量和交货期。

(5)可以创造良好的设备现场环境,提升企业形象,增加企业无形资产。

(6)可以改善职工的精神面貌,改善企业文化状况。

在实施 TnPM 管理模式中,应注意克服以下几个方面的问题:

(1)动员、培训工作不扎实,致使领导和员工,在观念上不能接受或不完全接受 TnPM 管理的思想和方法。

(2)制定规范工作不够细致、深入,使制定的规范不切合企业实际,受到实施部门、生产现场的批评和抵制。

(3)制定的规范没有通过领导层的批准,不能作为规章去执行,使规范化变成一种运动或活动,时过境迁、虎头蛇尾、不了了之。

(4)规范本身合理,但由于执行人员素质不高,不愿改变原来工作作法和作风,对新规范采取抵制态度。再者,基层领导固守原有模式,对规范化工作怕麻烦,怕得罪人,使其贯彻遇到障碍乃至于慢慢放弃。

(5)缺乏对规范的检查评估体系,使管理不能形成闭环,缺乏与之相配套的激励机制和制度支持。

(6)企业文化氛围不良,职工缺乏工作积极性。

第六节 现代设备管理的新理念和新发展

近年来,随着社会经济的发展,人们对设备管理与维修的认识也在不断深化。一些专家、学者和企业不断提出一些新的理念和新的管理模式,体现了现代设备管理的新发展。

一、现代设备管理的新理念

这些新理念更加强调了人在设备管理与维修中的主体地位和重要作用,认为人是成功的第一要素,在企业中要树立主人翁精神,要提倡走动式管理和无指责管理。维修管理者应该是不要等到出了错才去现场,要多听员工感受。设备管理的最佳实践就是员工能力的超越。

这些新理念更加注重流程的改善,认为一切来自流程,如果精心设计好流程,结果就会自然而然得到;如果想要得到不同的结果,就改善流程。

这些新理念更加注重故障的预防管理,认为要防止故障的发生,要通过经济的、非事后处理方式解决问题,达到综合费用最小化的目标。企业的故障管理和维修是逐渐由"高维修投入—低效益产出""低维修投入—低效益产出",再到"高维修投入—高效益产出",最后到"低维修投入—高效益产出"的不断追求,不断优化的过程。

这些新理念更加注重维修效果的考核和对企业 EVA(经济增加值)的贡献,认为维修策略与实践应该专注于创造增值活动。在维修活动的绩效考核中引入 KPI(Key Performance Index,KPI)——关键绩效指标——和 BSC(Balanced Score Card,BSC)——平衡计分卡,以考核维修对企业和投资者的价值贡献。EVA=收入-费用-资本成本。

二、全面计划质量维修

全面计划质量维修——TPQM(Total Planning Qualitative Maintenance,TPQM),是一种以设备全寿命周期内的可靠性、设备有效利用率以及经济性为总目标的维修技术和资源管理体系。它强调质量过程、质量规定和维修职能的发挥,其重点在于选择维修策略;它强调维修工艺和质量管理,把维修技术作为维修质量保证的基础、强调维修职能的相互影响和整体化管理,强调程序化和规范化管理、强调实施过程的 PDCA 循环;TPQM 不否定启发工人的自主维修积极性,但更依赖于一个良好的程序和组织。

TPQM 提出的 10 项维修职能:

(1)管理组织——建立合理的组织机构及职责分工;

(2)人员保证——保证维修人员的数量和资质;

(3)质量评定标准——整个维修过程及各项要素均制定质量评价标准;

(4)综合管理——对设备实际状况、功能特性以及设备鉴定技术文件作综合性管理;

(5)维修任务——把需要执行的各种维修方式的任务的范围、频次、责任者作出明确规定;

(6)工作控制——对工作计划、进度安排和具体实施过程进行成本、进度和质量控制;

(7)技术文件——把图样、技术说明书、合同、程序等技术文件进行有效管理;

(8)维修技术——维修人员应正确使用维修工具、执行维修工艺;

(9)后勤保障——包括维修设施、工具、测试仪器设备、备品配件的维修保障和有效管理。

(10)维修管理信息系统——包括维修计划与调度、设备跟踪与记录、维修效果与质量标准的比较及数据报告等项目的手工或计算机管理。

TPQM 的实施应努力做到以下各点：

（1）目标明确且坚定不移；

（2）以设备维修的需求和维修技术提高的需求为动力；

（3）制订正确、详细的维修程序，使小组成员充满信心；

（4）为计划工作做好充分准备，以保证计划的顺利进行；

（5）设置专门机构进行成果评价，不断把目标、标准与工作实绩相比较；

（6）任用经过培训和有能力的人，保证正确完成工作；

（7）每日都有计划；

（8）工作中改进工作。

三、E-维修与维修信息化

E-维修（Electronic Maintenance，电子维修）是将以电子技术为核心的信息技术手段广泛应用于维修作业、维修管理以及维修保障各个方面，实现快速、有效和全企业的资产维修，其实质是维修信息化。随着互联网、Web 技术和无线通信技术的使用，E-维修正在转化为能够在任何时间、任何地点保障其用户的服务业务。E-维修为企业、单位提供预测维修的智能工具，通过互联网、无线通信系统监控它们的设备、生产和过程，预防其意想不到的损坏。

现代高技术、高效能设备结构复杂，其维修过程或维修活动的重点已由传统的以修复为主，转变为以信息（包括设备的状态信息、维修资源信息和维修过程信息）获取、处理和传输并做出维修技术与管理决策为主。E-维修是一种维修概念、理念的创新，同时也将引起技术和管理的创新。它引起维修由手段的变化到观念、方式、管理的一系列变化，表现在以下方面：

（1）维修方案的变化。减少了维修级别，且维修分级趋于模糊。

（2）维修"场地"的变化。发展远程维修，包括远程诊断与修复，特别是软件保障工程和卫星、无人机等在轨维修，既不是现场维修，也不是把设备（装备）拉到后方修理（主要是军事装备）。

（3）维修方式的变化。除传统的修复性维修、预防性维修，还要发展各种主动维修（预计性或预测性维修），实现重要设备（装备）"近于零的损坏或停机"。

（4）维修主体的变化。实现装备自维修、自服务，节省人力、物力、财力和时间。

（5）维修目标的变化。实现精确维修，达到优质、高效和低耗，并利于保护环境和社会持续发展。

（6）维修资源保障的变化。通过自动识别技术、计算机和通信网络等技术，实现全资可视化，全部资源的优化配置和调度。

（7）维修组织的变化。实现网络化管理，维修采取"集中管理与分散运作"模式，适应各种使用（或作战）样式的要求。

E-维修的主要内容包括维修作业信息化、维修管理信息化和维修支援信息化。

基于 E 特征的维修作业——维修作业信息化。基于信息化或数字化技术的各种维修作业，如状态监控、故障（损伤）预测、故障诊断、自修复（重构、冗余）、远程维修作业（卫星、无人机等的远程测控、诊断与维修）、维修作业辅助（便携式维修辅助装置 PMA，交互式电子技术手册 IETM）。

基于 E 特征的维修管理——维修管理信息化。基于信息化或数字化手段的维修管理活动,如维修规划信息化、维修资源规划信息化、维修组织网络化。

基于 E 特征的维修支援——维修支援信息化。基于信息化或数字化的维修支援活动,如在线、多媒体维修教育与训练、全资可视化物资供应,远程技术支援。

E-维修缩短了维修时间,提高了维修效率,节约了维修资源,是基于可持续发展理念的维修技术体系中的关键。E-维修将实现维修信息化,目前企业较为广泛应用的各类计算机维修管理系统对促进和实现维修管理信息化起到了重要作用,取得了较好的技术和经济效果;企业推广应用故障检测等维修辅助装置和对各种维修设备(装置)的信息化改造以及交互式电子技术手册的应用,对改善维修人员能力,实现维修设备信息化也起到了积极作用;企业的维修信息化,推进了维修资料的数字化,使得纸质技术资料逐渐地转变为电子化文档资料,大大节约了纸张、空间和时间。

E-维修离不开人的参与和参加,它不会脱离人的行为而独立存在和发展,在实施中要注意发挥人的自主作用,从精神理念层面,技术业务层面和工作作风层面系统地做好人应该做的工作,同时,处理好人与电子信息的平衡与互动关系。

思 考 题 一

1-1　试简述设备和设备管理在企业中的重要地位。

1-2　试述企业设备管理的主要任务。

1-3　试述英国设备综合工程学的基本概念和主要内容。

1-4　试述日本"全员生产维修"(TPM)的基本概念,"5S"活动和设备的六大损失、TPM的新发展。

1-5　试简述 TnPM 管理模式。

1-6　简述我国设备综合管理的基本概念、特点和主要内容。

1-7　企业应如何更新观念和理念、深化改革做好设备管理工作?

第二章 设备综合管理的理论基础及维修理论

第一节 设备管理中的系统工程思想
——管理上的理论基础

一、系统的概念及其特征

系统是由互相关联的多个元素集合而成的,并具有特定功能的有机整体。

系统有自然结合的系统,如太阳系;有半自然结合的社会系统以及人造系统,如工业管理系统。系统由多元素组合而成,但其功能与单个元素的功能全然不同。例如一堆沙子、水泥、砖头和钢筋堆在一起不是系统,只有把它们人为地组合建造成房屋,使它成为具有特定功能的有机整体,这才是系统。人造系统应具备5个特征,即集合性、相关性、目的性、整体性、适应性。

设备及设备管理都具有系统的特点,都是人造系统,见表2-1。用系统论的观点、思想和系统工程分析处理方法去研究分析设备管理,可以提高对设备管理的全局性以及现代化管理水平。

表 2-1 设备和设备管理的系统特点

名称 系统特点	设 备	设 备 管 理
集合性	设备由多个零件组成	设备管理是多因素多环节的
相关性	设备零、部件相互协调制约	设备管理中各环节互相影响,例如使用与维修,修理与改造等
目的性	设备功能是制造产品或完成某种功能	设备管理追求寿命周期费用最经济、综合效率最高
整体性	各个部件虽有本身的功能,但最终是为完成设备特定的功能服务	设备的买、用、修、改造阶段的管理工作不同,其各自达到的目标也不同。但是它们最终目的都是为了设备一生费用最少,效率最高
适应性	可通过技术改造提高性能,不断适应多规格多品种先进产品的生产	改革传统设备管理制度,实行设备综合管理以适应当前企业改革的需要

二、系统工程及其在设备管理中的应用

系统工程是应用系统的观点,结合信息论、控制论、经济管理科学、技术管理科学、现代数学方法和计算机手段,为了更好地达到系统目标,按照系统开发的程序和方法去研究和建立最

优化系统的一门综合性管理科学。它不同于机械工程、航空工程、军事工程、电子工程、石化工程等,不是以某一专门技术为对象,而是跨学科跨专业的管理工程。它可以运用系统的观点研究工程技术问题、社会问题、经济问题以及一切领域的各种问题。系统工程在学科上具有自己的特殊性质:

系统性——把研究对象看作一个整体,从整体出发考虑局部,以达到整体效果最佳。

综合性——不仅体现在各种理论知识、成果经验和方法手段的结合上,同时突出体现在运用过程的创造和创新上。

科学性——定量地分析以掌握事物的规律、本质,进而控制、平衡、优化系统。

实践性——系统工程的实践是以改造世界为目的的。

设备管理必须用系统工程的思想和方法作为指导。随着科学技术的迅速发展,设备现代化水平不断提高,自动化、流程化企业规模扩大,设备机构庞大,协调复杂,设备多,品种杂,生产维修社会化程度提高,企业竞争加剧。企业为了生存和发展,必须随时掌握信息以适应多变的外部环境,调整产品,正确决策,在竞争中取胜,这对设备管理提出了很高的要求。系统管理理论的出现及日趋成熟,给设备的技术和经济方面的管理工作走向科学化、现代化提供了有利的条件和实践的可能。完全凭经验管理的时代已经过去,企业管理及设备管理都要求运用系统的方法研究和处理管理中出现的问题,要求运用线性规划、动态规划、库存、排队、模拟和计划网络等运筹学的模型对所研究的问题进行定量的系统分析、决策和优化。上述的各类模型已广泛用于设备维修计划的制订、实施、备件库存管理及其他管理工作的规划与决策中,并取得了总体最佳的效果。

设备一生的系统管理就是系统工程的一种体现。我们知道设备已具备系统的基本要素:输入、输出、反馈和外界环境的作用,如图 2-1 所示。其实践过程是有科学程序和步骤的,从诞生到消亡的全过程归纳为四个阶段,如图 2-2 所示。

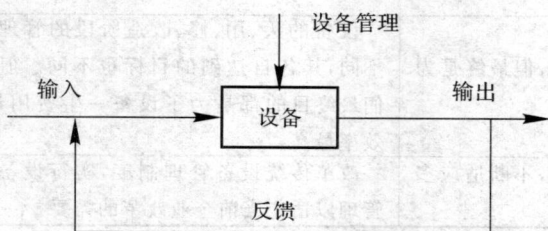

图 2-1 设备管理系统

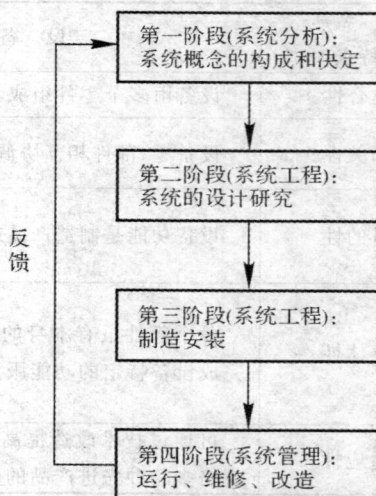

图 2-2 设备管理系统实践过程的四个阶段

第一阶段——系统分析:最初的战略构思决定。

第二阶段
第三阶段 }——系统工程:中间的战术构思决定。

第四阶段——系统管理:第一线的日常构思决定。

从这个意义上说,管理好设备的一生,已经不是指设备投产后的使用、维修管理,而是要考虑到设备的设计、制造等前半生的管理(即从调查、研究、设计、制造、安装、运转、维修、改造直至报废的整个过程的管理)。要以最少的寿命周期费用,充分发挥设备的效能、提高劳动生产率。全系统设备管理就是设备的综合管理,系统工程思想是设备综合管理在管理上的理论基础。

第二节　寿命周期费用方法及其应用
——经济上的理论基础

一、寿命周期费用的概念

寿命周期费用是指一个设备或系统在其全寿命期内,为购置它和维持其正常运行所须支付的全部费用。即

$$寿命周期费用=设置费+维持费$$

对设备来说,如果只追求节省购置费,而不深入细致地考虑使用、维修费的问题,将导致在使用阶段中支出大量的使用与维修费,从总费用角度看,得不偿失。随着科学技术的迅速发展,无论是民用设备还是军事装备都在发生日新月异的变化。设备性能日益精良,自动化程度不断增高,结构日趋复杂,其结果不仅是购置费大幅度增加,而且是使用、维修费猛增。

国外某些军事装备和耐用消费品的两类费用比例,见表2-2。

表 2-2　军事装备和耐用消费品的两类费用比例

分类	设(装)备名称	投资费或售价/(%)	使用与维修费/(%)
军事装备	战斗机	30~50	70~50
	装甲车辆	20~30	80~70
	驱逐舰	25~40	75~60
耐用消费品	空调装置	30	70
	通风装置	21	79
	冰箱	29	71
	黑白电视机	40	60
	彩色电视机	51	49
	洗衣机	27.5	72.5

表2-2中的数据说明,寿命周期费用问题是一个关系到决策科学化的非常重要的问题。为了追求经济的最佳费用效益,必须树立寿命周期费用这个全面的费用观点,采用寿命周期费用方法(决策领域引入的经济计量方法),以谋求设(装)备一生的最佳管理。管理与寿命周期费用的关系,如图2-3所示。图中形象地将寿命周期费用表示为一座水上冰山,露在水面上

的只是占寿命周期费用一小部分的购置费。如果航船的管理者只看到外露的部分,而未预计到水下尚有大量费用需要支出,那么这艘管理航船必然会触到费用暗礁上,造成重大损失。特别需要指出,使用与维修费用属设(装)备一生的后期费用,它的绝大部分是由设(装)备前期的论证、研制阶段的各种决策所决定的,如图2-4所示。从设(装)备整个寿命周期看,寿命周期费用方法应用得越早越好。越是早期,所花去的费用虽占总额很小,但所作出的决策对其后的费用影响却越大。例如,论证和方案设计所需费用虽只占寿命周期费用的1%甚至更少,但它却确定了设(装)备一生所需费用的60%~70%。在此阶段,应用寿命周期费用方法进行深入分析、评价优选方案甚至更改决策都是容易办到的,投入的费用不多,但在整个寿命周期内却可节省大量的费用,也即费用效益比很大。

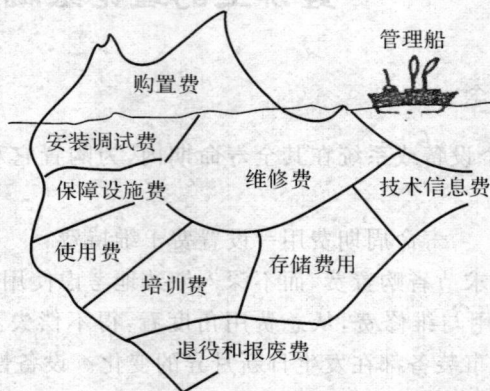

图2-3　费用冰山与航船

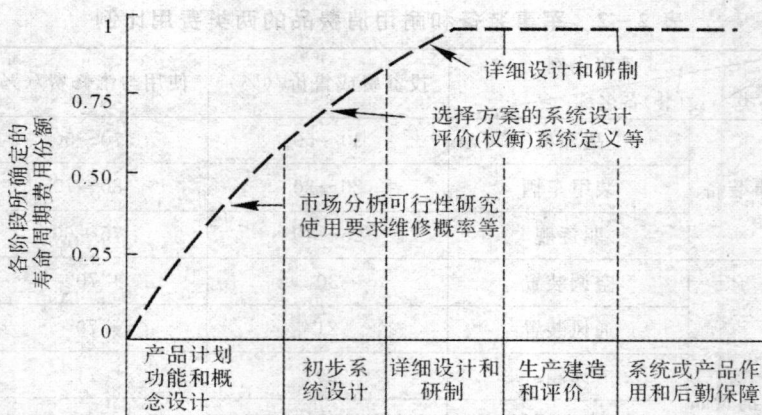

图2-4　设备管理各阶段对寿命周期费用的影响

　　考察寿命周期费用方法的发展史可以看出,它的出现及发展不是偶然的。它是在资源及经费的限制与它们的需求日益增长的矛盾发展到一定程度,为谋求合理解决而产生的一种经济技术方法。它正式进入决策领域是在20世纪60年代美军建立和实施《规划—计划—预算系统》(简称PPBS)时,三军针对武器装备研制所出现的巨大浪费和相互不协调而造成武器装备的性能和维修费不能获得最优的情况,制定发展起来的。PPBS建立在系统分析基础上,综合运用了数学、经济学和统计学,从而逐步建立和推动了寿命周期费用方法的发展。20世纪

60 年代中期,寿命周期费用理论已得以发展。到了 20 世纪 70 年代,寿命周期费用问题得到了各方面的重视。为了克服使用和维修费的迅速增长,减少由此而带来的负担,一些经济强国狠抓了寿命周期费用管理,制定了统一的法规(1975 年美国内布拉斯加州,以法律形式规定,对超过 5 万美元的州属建筑物必须提出寿命周期费用评价)、政策和标准、手册等。同时推行寿命周期费用方法,高度重视设备的可靠性、维修性和保障性,提高性能协调匹配能力,降低寿命周期费用,淘汰了使用维修费用过高的陈旧设备等。这些国家的使用和维修费得以下降,意味着有更多的投资可转向高科技领域,为研制高水平的武器装备创造了条件,加强了国防建设和经济建设。

瑞典维修协会伍尔曼教授发展了寿命周期费用的理论,他认为,在设备的规划、设计阶段必须考虑设备可靠性、维修性对使用的影响,从而追求寿命周期费用最经济,如图 2-5 所示。如在规划、设计、制造阶段,不考虑设备投产使用的维持费、可靠性及维修性,那么设置费可能较低,而可靠性、维修性较差,故障停机多、维修费和停产损失大,使用期短,如图 2-5 中 B 曲线所示。若考虑改善其结构、性能,必须再投入一部分费用如图 2-5 中虚线 C 所示,从而获得生产能力的提高和延长使用期。如在设计阶段进行可靠性和维修性设计,使设备的性能好,效率高,投入运行后,设备故障少,维修费及停产损失少。因此,寿命周期费用就少,且使用期长,如图 2-5 中 A 曲线所示。

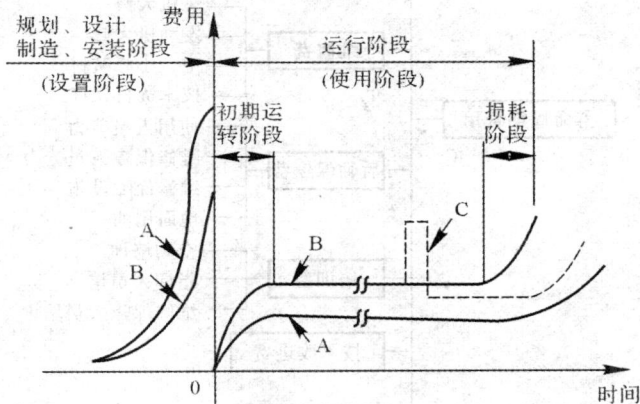

图 2-5　设计制造阶段对寿命周期费用的影响

二、寿命周期费用方法的基本内容

寿命周期费用方法是指在设(装)备全系统、全过程管理中,为追求最经济的寿命周期费用,对设备的规划、选型、购置、设计、生产、使用、维修、改造直至报废的各种决策,对各项技术措施进行寿命周期费用估算、分析和评价的一整套方法,包括对寿命周期费用各组成部分的识别、量化和分析(称为寿命周期费用分析)、寿命周期费用评价、寿命周期费用管理等。

1. 寿命周期费用分析

寿命周期费用分析是用来确定寿命周期费用各组成部分的量值并分析它们对总费用的影响,因此它是寿命周期费用方法的基础。

(1)寿命周期费用分解。寿命周期费用分解的目的在于将寿命周期费用的各组成部分层层分解至所需的层次,以建立费用分解结构。费用分解结构是一个逐级细化的树状结构。它包括所有相关的费用单元,既不遗漏,也不重复,由粗到细,一直分解到可以进行估算的基本费用单元为止。

所以,寿命周期费用所包括的范围,实际包括了设备一生中所有有关费用。有些专为本项设备而设置的基建投资也应计入,不是为本项设备所需而投入的费用则不应计入。由多项设备所共有的建筑费,可以分摊到各项设备上,有些管理费用也可分摊到有关的各项设备上。有时根据费用估算的目的和要求,基建费与上层的管理也可不予计算。设备的折旧费是从产品销售中提取的以补偿设备磨损的那一部分金额,逐年积累起来用于设备更新,是维持再生产所必需的。对现设备来说折旧费不属于它的寿命周期费用组成部分。根据我国情况建立的军用飞机寿命周期费用分解结构如图2-6所示。

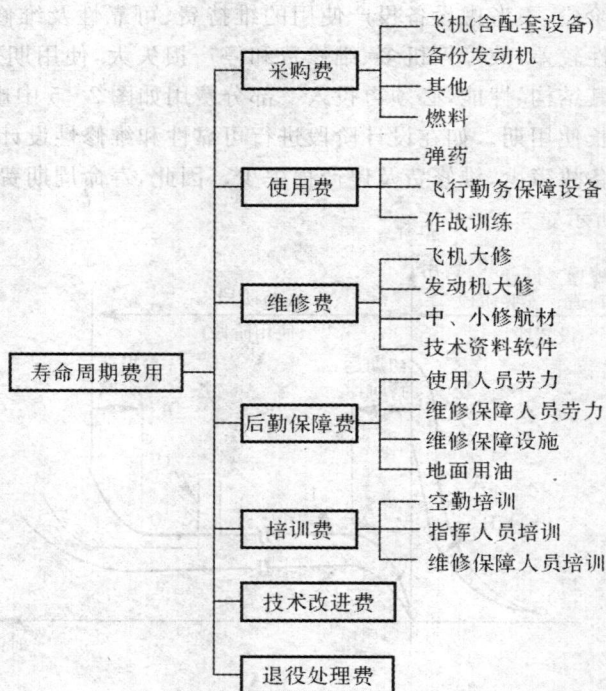

图2-6 飞机费用分解结构

由图2-6中可知分解结构在第一级分解中分为7个主费用单元,既考虑了管理的各阶段所发生的费用,又考虑了费用的类目,与费用归口管理相协调。在第二级分解中考虑了实际管理的分工。这样便于费用的统计。

寿命周期费用分解结构的一般内容,见表2-3。当建立费用分解结构时可以参照此表,并根据实际情况有所增删。

(2)寿命周期费用估算。为了对设(装)备的不同方案及各项管理措施进行比较和作出决策,一种十分有效的方法是将它们量化为可以进行比较的费用,即进行寿命周期费用估算。费用估算通常在费用发生之前进行,为此必须建立费用估算关系式,解决各种算法问题。这项工作又称费用建模。

根据估算所处的阶段及所掌握的信息量,费用估算方法大致分为 3 类:

1)参数法。根据已有资料建立起各项费用与设备主要参数之间的关系式,进行费用估算。作为自变量的参数可以是设备的结构参数,如尺寸、体积、重量,等等,也可以是它的性能参数,如速度、承载能力、功率、故障间隔时间,等等。作为因变量的费用是某一级的费用单元,把它们累加起来得到设备寿命周期费用。此估算法常用于早期阶段,费用单元划分较粗,所得结果为近似值。

表 2 - 3　寿命周期费用的构成体系(CBS)

寿命周期费用(LCC)	设置费(AC)	A1 研究开发费	开发规划费,市场调查费,试验费,试制费,试验设备器材费,试验用消耗品费,试验用动力费	· 技术资料费 · 电子数据处理费(EDP Cost) · 办公费 · 1E(工业管理) · QC(质量管理) · EE(经济管理)等所 · 需人员的费用 · 图书费 · 与合同有关的费用
		A2 设计费	设计费,专利使用费	
		A3 制造或构筑费	制造费,包装费,运输费,库存费,安装费,操作指导书的编印费,操作人员的培训费,培训设施费,备品购置费	
		A4 试运行费	试运行费	
	使用与维修费(SC)	S1 使用费	操作人员费,辅助人员费,动力费(电、气、燃料、油、蒸汽、空气等),消耗品费,水费、操作人员培训费,专利使用费,空调费	· 搬运费 · 调查费 · 办公经费 · 电子数据处理费 · 1E,QC,EE 等所需人员的费用 · 图书费 · 设备停机损失
		S2 维修费	维修材料费,备件费,企业内的维修劳务费,外委劳务费,改造费,维修人员培训费	
		S3 后勤保障费	库存器材费,备用设备费,维修用的器材用具费,试验设备费,租赁费,仓库保管费,图纸、说明书、指导书的编制费,维修合同的费用,安全措施费,保险费,固定资产税,同销售人员有关的费用,销售经费,用户服务费,质量保证费	
		S4 报废费用	售出价,拆除费	

在规划阶段仅已知设备的某项主要参数,可用参数法由已知类似设备的费用推算拟建设备的费用。为此,要通过对大量类似设备的费用统计,求出设备费用与某项主要参数之间的关系,进行计算。

根据统计,生产设备的投资费用与它的生产能力的 0.5 ~ 0.8 次方成正比,对于大多数设备来说,这个方次可取 0.6,于是有 0.6 乘方算法估算设备的投资费用。如已知甲、乙两设备的生产能力各为 X_1 和 X_2,乙设备的投资费用为 C_2,则甲设备的投资费用 C_1 的计算为

$$\frac{C_1}{C_2} = \left(\frac{X_1}{X_2}\right)^{0.6}$$

设备的生产能力可以是它的功率、产量、运载能力,等等。

例 2-1 已知某套日产量为 20 t 的设备,其投资费为 100 万元,拟新建一套日产量为 50 t 的设备,试问所需投资费为多少?

解 用 0.6 乘方算法计算,得所需投资费为

$$C = 100 \times \left(\frac{50}{20}\right)^{0.6} = 173 \text{ 万元}$$

应当指出,并非各类设备都恰恰满足 0.6 乘方的关系,但大致在 0.6 附近。最好由统计得出实际方次进行估算。

2)类比法。所估算的设备与已有设备类似或是已有设备的改进时,把它和已有设备类比,或在已有设备费用基础上进行追加,得到新设备的费用。用此类方法估算需要有一定的经验和专门知识,有时可邀请一些专家参与估算,又称专家法。此类方法估算所需的数据较少,其误差较大,适用于规划阶段。

美国两位学者对 14 个流程工厂的设备费及有关的投资费用进行了调查统计,得设备各部分费用的比率,见表 2-4,还得到三类流程工业的初投资总额中各项费用所占的比率,见表2-5。

表 2-4　流程设备的有关费用的比率　　　单位:%

设备费用\设备号	设备费用合计				总计
	基础	支承装置	安装	设备(主机)	
1	7.1	4.0	11.3	77.6	100.0
2	6.0	2.8	10.9	80.3	100.0
3	3.5	2.0	15.1	79.4	100.0
4	0.6	21.2	11.0	62.2	100.0
5	3.6	3.0	15.9	77.5	100.0
6	2.2	1.5	18.7	77.6	100.0
7	8.8	6.0	17.0	68.2	100.0
8	8.8	6.1	17.0	68.1	100.0
9	5.3	12.9	13.2	68.6	100.0
10	4.1	13.3	18.4	64.2	100.0
11	8.2	6.7	5.1	80.0	100.0
12	2.7	8.9	19.3	69.1	100.0
13	4.2	6.3	20.2	69.3	100.0
14	4.7	9.4	19.9	66.0	100.0
平均值	4.7	8.2	18.4	68.7	100.0
近似平均值	5.0	8.0	17.0	70.0	100.0

注:(1)安装费包括工程机械的租金。
　　(2)设备费指主要机器费用,并包括运到现场的运输费。

表 2-5　三类流程设备的建造费　　　　　　　　　　　　　单位：%

费用名 作业类型	场地 改造	建筑物 (辅助装置)	设备	工艺 管路	电气	辅助 装置	其他 费用	设备建造 总费用
固体作业	6.9	10.8	46.0	3.4	6.1	5.1	21.7	100.0
固体-流体作业	1.9	8.6	42.9	9.4	5.5	9.0	22.7	100.0
流体作业	1.4	6.1	32.6	21.2	3.7	9.0	26.0	100.0

利用表 2-4 或表 2-5 所给的比率，由已知主设备价格，可以求出总的初投资费。

3) 工程法。对设备寿命周期费用各单元逐个进行计算，一级一级累加起来，最后得到总的寿命周期费用。每个基本费用单元都用工程的方法计算，如零部件的费用由所需的设计费、材料费、工时费等总和而得。此类方法用于设备设计、制造阶段，随着研制工作的深入，所提供的数据渐趋完备，估算值愈接近其真实值。

一般地说，在规划的早期，用近似方法估算，误差为 30% 左右，用于设备论证还是可行的。随着论证、研制工作的进展及所用估算方法精度的提高，在研制后期估算的费用误差仅为 3% 左右。

(3) 寿命周期费用折算。设(装)备的寿命周期很长，估算的费用发生在不同年份，由于不同时间的等额资金其实际价值各不相同，需要对算得的费用进行折算或修正才能用于比较、权衡和分析。

这也就是我们在经济学或技术经济学中所学到的资金的时间价值问题。作为每年发生在设备上的费用，为了具有可比性，必须把它折算到某一年(常换算到开始年)，此年称为现值。

(4) 寿命周期费用分析。寿命周期费用分析是对寿命周期费用组成部分的识别、量化和分析。在费用单元量化的基础上，分析寿命周期费用的主要费用单元及其影响因素，为减少寿命周期费用提供决策信息。分析还包括对寿命周期费用方法技术的分析改进等。

寿命周期费用分析方法的一般步骤如图 2-7 所示。上面所述的费用分析是指最后一步"提出分析结果"，实际上寿命周期费用分析应包括图 2-7 中所列的全过程。因为前面各项工作是最后一项的基础，而且在前面各项中也包含了分析的内容。作为费用分析人员，应全面掌握。

寿命周期费用分析所采用的方法，应当包含上述全过程应用的方法：

1) 对工程项目的分析。对设备性能、结构、可靠性、维修性、可用度及其使用与维修的研究和分析。

2) 对费用构成及其估算与折算的分析。进行费用建模、回归分析、统计预测、风险度与敏感性分析，蒙特卡罗方法及最佳决策方法的应用。

3) 对后勤保障、修理等级的分析，网络方法、线性规划的应用。

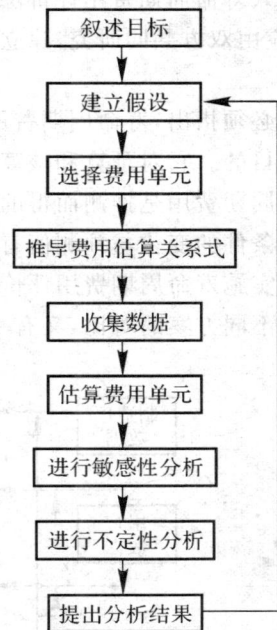

图 2-7　寿命周期费用分析的一般步骤

4)设备的费用-效能(效益)分析。

上面所列内容和方法的应用要求费用分析人员具有一定的工程知识和经济管理知识,并掌握所需的数学基础,还要具备计算机应用的能力。

2.寿命周期费用评价

寿命周期费用评价是将寿命周期费用用于各类权衡问题的方法。它强调两点:一是运用寿命周期费用而不仅仅是采购费用进行权衡;二是在满足任务要求的备选方案中进行权衡,以寿命周期费用最小为评价准则。如果各备选方案的效益或效能不等,则需要进一步采用费用效益或费用-效能分析等系统权衡方法。实践表明,减少寿命周期费用最有效的途径是在早期增加对设(装)备可靠性、维修性及保障性等的投资。它可换来后期维修与保障费用的大幅度减小,由此获得的效益有时竟可达投资费的几十倍。

寿命周期费用分析用来对一定设备的寿命周期费用构成及其各部分之间的关系,以及各费用影响因素对总的寿命周期费用的影响进行分析。寿命周期费用评价则用来对不同设备或不同的设备管理措施进行权衡。它们都是在寿命周期费用分解、估算和折算的基础上进行的。因此,如图 2-7 所示的寿命周期费用分析的一般步骤中的各项工作,也是寿命周期费用评价时对每一个待选方案所必须进行的。寿命周期费用评价要考虑不同的待选方案,所有步骤必须对各方案平行地进行,最后提出分析结果时应当提出评价的结果。

寿命周期费用评价法对于供货方、制造厂和订货方、用户来说,都是十分有用的工具。

对制造厂来说,在产品开发的早期应用寿命周期费用评价法,可在保证产品质量的前提下,使其价格得以降低,从而提高其产品在市场上的竞争力。对于用户来说,在订购设备的早期引入寿命周期费用评价法,可以获得费用较低的产品,从而提高了设备的经济效益。如果可能,应由双方共同研究,建立双方认可的模型来进行寿命周期费用评价,可以收到双方满意的效果。

必须指出,寿命周期费用评价法是比较不同设备及其管理方案的一种手段,以达到择优采用的目的。它对预算和核算是有帮助的,但它不能代替财务预算和生产的经济核算。预估的寿命周期费用是推测而得的;用于评价以外的其他目的时应十分注意,因为实际费用可能因时间和条件的变化与预测值有所不同。

实施寿命周期费用评价的步骤与寿命周期费用分析的步骤大体相同,如图 2-8 所示。但考虑不同方案的对比,又有一些特点。

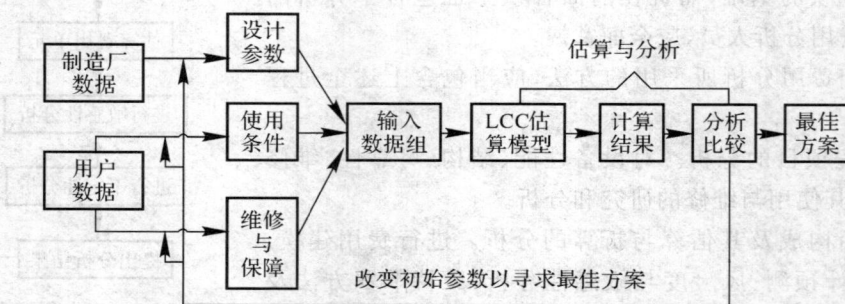

图 2-8 寿命周期费用评价的计算流程

由制造厂及用户提供的数据输入计算机,对不同方案分别进行计算,分析比较所得结果。在计算、分析过程中,可以根据需要修改原始数据,还要对某些参数可能发生的变化进行敏感性分析。经过若干次反复,最后得到中选的最佳方案。实际上根据所分析评价的问题不同,所处的阶段不同,掌握的数据详尽程度也不同,计算模型是不同的,但基本步骤则大体相同。

对于最简单普通的设备购置费与已能估算出来的年均维持费来说,可以用寿命周期费用比较的方法。

例2-2　有 A,B 两台设备,A 的购置费为 1 000 元,B 的购置费为 700 元。年平均维持费,A 为 300 元,B 为 600 元。问当规定使用年限为 5 年,年利率为 10% 时,哪一台设备总投资较少?

解　运用比较的方法求解。比较的方法有两种:年价法和现价法。

(1)年价法,即把一次性投资(购置费)折算成年平均投资以后,再与每年支出维持费相加,算出年平均总费用,再把各方案加以比较。

由技术经济学的概念,得出

$$R = P\frac{(1+i)^n i}{(1+i)^n - 1} \qquad (2-1)$$

式中　　P——总现值;

$\quad\quad\quad R$——年平均投资额;

$\quad\quad\quad n$——规定使用年限;

$\quad\quad\quad i$——年利率。

由已知条件 $n=5, i=0.1$,可求得 $\dfrac{(1+i)^n i}{(1+i)^n - 1}$(资本回收系数)。

$$\frac{(1+i)^n i}{(1+i)^n - 1} = 0.263\ 8$$

再由总现值 P,求年平均投资额 R,得到结果见表 2-6。

表 2-6　设备平均投资额 R 计算结果及年价法评价结果　　　　单位:元

设备名 费用项目	设备 A	设备 B
购置费转化成平均每年投资	$R_A = 1\ 000 \times 0.263\ 8 = 263.8$	$R_B = 700 \times 0.263\ 8 = 184.66$
平均每年维持费	300	600
平均每年总费用	568.8	784.66
结论	设备 A 较设备 B 便宜	

(2)现价法(现值法),即把平均每年的维持费,变成一次性投资的当量,然后再与设备购置费的一次性投资相加,求出总费用,进行各方案的比较。

为了把 A,B 设备的平均维持费变成一次性投资,首先求出现值系数 $\dfrac{(1+i)^n - 1}{(1+i)^n i}$,由式(2-1)及已知条件得

$$P = R\frac{(1+i)^n - 1}{(1+i)^n i}$$

现值系数　　　　$\dfrac{(1+i)^n - 1}{(1+i)^n i} = 3.791$

求得结果见表 2-7。

表 2-7　现价法评价结果　　　　　　　　　　　　　单位:元

费用项目 \ 设备名	设备 A	设备 B
现值总和(总维持费)	$P_A = 300 \times 3.791 = 1\,137.3$	$P_B = 600 \times 3.791 = 2\,274.6$
一次性投资(购置费)	1 000	700
一次投入总费用	2 137.3	2 974.6
结论	设备 A 比设备 B 便宜	

当设备维持费每年不相等时,折算费用要麻烦一些。为了直观和方便,可把需要对比的方案的费用用曲线图表示出来。这样可清晰地看到费用的变化趋势。例如根据历年的费用、折算系数计算得到的现值、累计现值、年平均费用就可用曲线表示出来。

之所以要计算费用曲线,是为了对可供选择的设备方案进行比较或根据设备利润收入,测算设备周期费用的回收期。

例 2-3　设有两台设备,A 装汽油发动机,B 装柴油发动机。已知:$n=7$ 年及各年的现值系数、资本回收系数,一次投资及每年的维持费,可算出 A,B 两台设备各年总现值和年平均费用,就可画出曲线,如图 2-9(a),2-9(b)所示。

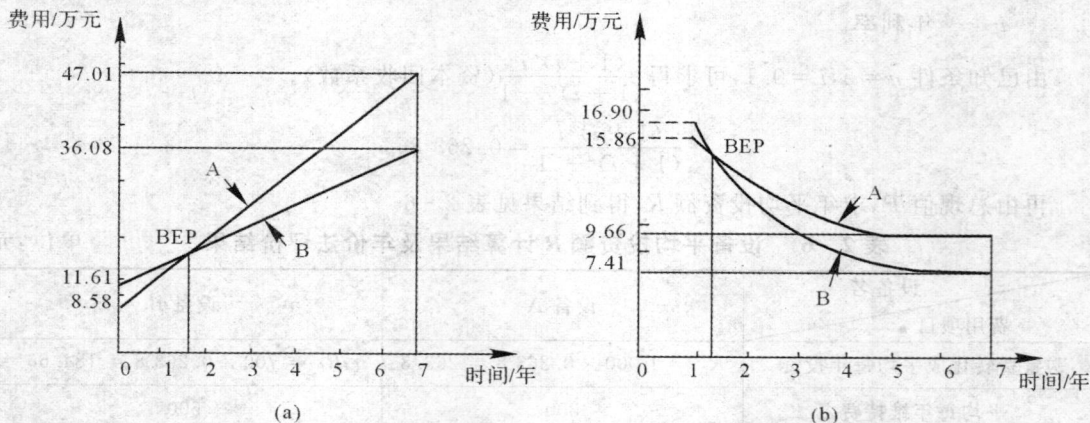

图 2-9　A,B 设备的费用曲线
(a)寿命周期费用总现值图;　(b)年平均寿命周期费用图

由图 2-9(a)知 7 年内总现值额:A 设备为 47.01 万元,B 设备为 36.08 万元,在 1~2 年间有一同值点 BEP,此点 A,B 的总现值相同。

BEP 称损益分界点,当年限大于此点值时,B 设备费用低于 A 设备,小于此点值时,A 设备费用低于 B 设备。这说明虽然柴油机购置费高,但柴油机热效率高。汽油价格低,故使用期长些时有利。

由图 2-9(b)知,当设备使用 7 年时,年平均寿命周期费用 A 为 9.66 万元,B 为 7.41 万元。而且在 1~2 年间同样有一同值点 BEP。利用此曲线也可评价 A,B 两台设备。

总之利用费用对时间变化的曲线,对购置设备的多个方案从寿命周期费用的角度进行比较,评价直观、方便、易于掌握,通过曲线对各方案对比,有利于决策。

各台设备寿命周期不同时也可用此法进行比较。

实际上,我们只从费用方面评价了设备经济性,要全面讨论设备的综合管理,还应讨论设备的效率问题,这些将在其他章节介绍。

综上所述,运用寿命周期费用评价法对设备进行综合管理,与传统的设备管理在观念上和方法上是有所不同的,主要表现如下:

(1)当设备规划、设计或选购时,不仅考虑它的投资费,而且必须把整个寿命周期内与设备管理有关的所有费用放在相应的位置上加以考虑;

(2)在设备开发的初期即应考虑寿命周期费用,越早引入寿命周期费用其效果越好;

(3)设计时把寿命周期费用作为一项设计参数,像对设备的性能、精度、质量、容积、可靠性、维修性等技术指标一样,或对设备进行"费用限额设计";

(4)在投资费与使用和维修费之间,在设备诸技术指标与寿命周期费用之间,在建设进度与寿命周期费用之间进行详细的权衡;

(5)进行权衡时必须有两种以上待选方案,不仅对于成套设备是这样,对于成套设备中的每个组成部分也是这样,通过权衡找出其中的最佳方案;

(6)为了进行寿命周期费用评价,必须准备好可供有效利用的数据库。

以上各点是寿命周期费用评价法的特点和要求,是对设备寿命全过程来说的。有时只对某一阶段或某一部分进行寿命周期费用评价,其工作内容和所需条件将限于一定范围内,而将其余部分看作固定不变。总之,应用寿命周期费用评价法对设备管理的各项措施进行综合权衡的范围可大可小,可应用于设备管理的全过程或某个阶段。

3.寿命周期费用管理

管理是一个十分广泛的概念。在推行寿命周期费用方法以追求最小的寿命周期费用过程中,需要强有力的管理。可以说,只有运用管理的职能,才能做到对寿命周期各阶段的费用进行预测、评审、估算、权衡和监督,并为决策提供信息和咨询。寿命周期费用管理得以成功的关键是发展和完善寿命周期费用方法,当然也包括管理的方法。有效的管理方法和手段包括建立费用管理原则,制定鼓励推行寿命周期费用方法的政策和规定,制订管理大纲和计划,并定期评审,建立快速、准确、可以跟踪的反馈信息渠道,对已核准的寿命周期费用和进度的严格控制等。

综上所述,寿命周期费用方法是设备综合管理在经济上的理论基础。

第三节 可靠性工程的理论及应用
——技术上的理论基础

一、可靠性的概念和理论

可靠性是指对一种产品或设备投入使用时无故障工作能力的度量。根据我国国家标准《可靠性基本名词术语及定义》规定的定义,可靠性是指产品在规定条件下和规定时间内,完成规定功能的能力。

上述传统的可靠性定义,强调的是完成规定功能(完成任务)的能力。然而,在进行可靠性设计时需综合权衡完成规定功能和减少用户费用两个方面。例如,可靠性设计中常采用冗余技术来提高整个系统完成任务的概率。但是,冗余技术将使系统复杂化,会增加故障发生的机率,导致增加维修(包括人力、备件等)及后勤保障的费用,也就是增加了用户的费用,因而就提出了基本可靠性和任务可靠性的概念。

基本可靠性,即产品在规定的条件下无故障工作的持续时间或概率。它反映了产品对维修人力和后勤保障的要求。基本可靠性与规定的条件有关,即与产品所处的环境条件、应力条件、寿命周期有关。

任务可靠性,即产品在规定的任务层面内完成规定功能的能力。

可靠性还可以分为固有可靠性和使用可靠性。

固有可靠性是指产品从设计到制造整个过程中所确定了的内在可靠性,它是产品的固有属性。

使用可靠性则考虑了使用、维修对产品可靠性的影响,包括使用维护方法和程序以及操作人员的技术熟练程度等都会对产品的寿命及功能的发挥产生重大影响。

一切可靠性活动都是围绕故障展开的,都是为了防止、消除和控制故障的发生。一切可靠性投资都是为了提高产品可靠性,降低可靠性风险。因此,对在研究、试验和使用过程中出现的故障,一定要抓住不放,充分利用信息去分析、评价和改进产品的可靠性。

设备或产品丧失规定的功能叫"故障",对于不可修复的产品也称"失效",但在习惯上,两者没有严格的区别。这里的规定功能是指产品应具备的技术性能。

基本可靠性和任务可靠性均涉及故障概念。当确定基本可靠性量值时,应统计产品的所有会引起维修工作的故障。当产品发生这样的故障时,不一定会影响产品完成任务。然而,当度量任务可靠性时仅考虑在任务期间内那些影响完成任务的故障,这些故障称为"危及任务成功的"故障或称为致命故障。

研究可靠性必须首先确定故障定义,有这样的情况:对于一个用户来说,产品已出故障,但对另一个用户来说产品未出故障。例如,某些电子产品作为军品来说是不合格的,但作为民品来说却是合格的。可见故障定义不同,将造成可靠性定量要求的不同,因此在建立可靠性定量要求之前必须先确定故障定义。

研究设备可靠性时,还应认识到可靠性工程是一种综合技术。可靠性技术与管理贯穿在设备规划、设计、生产、使用、维修的全过程中。同时,可靠性水平反映了国家的工业基础和科学技术水平,因而具有强烈的社会性。要提高设备可靠性,光有技术不行,还必须把可靠性管理与设备的研究、设计、生产、使用维修各个阶段有机地结合起来,才能保证将可靠性技术"制作到"设备或产品中去。

综上所述,当我们研究设备或产品的可靠性问题时,必须掌握可靠性的三大要素,即时间、条件、功能;建立一个基本观点,即统计概率的观点;充分认识可靠性所具有的五个特性,即时间性、统计性、综合性、社会性、技术与管理的双重性。

1. 可靠度函数

假定规定的工作时间为 t,产品故障前的时间为 T,若 $T \leqslant t$,则称产品在时刻 t 前发生了故障;若 $T > t$ 则称产品在时刻 t 前没有发生故障,也就是说产品在规定的时间内能够完成规定的功能。因此,我们可以把产品在规定的条件下和规定的时间内,完成规定功能的概率来定义为产品的"可靠度",用 $R(t)$ 表示

$$R(t) = P \quad (T > t)$$

其中 $P(T > t)$ 就是产品使用时间 T 大于规定使用时间 t 的概率。

若受试验的样品数是 N_0 个，到 t 时刻未失效的有 $N_s(t)$ 个，失效的有 $N_f(t)$ 个，则没有失效的概率估计值，即可靠度的估计值为

$$R(t) = \frac{N_s(t)}{N_s(t) + N_f(t)} = \frac{N_s(t)}{N_0} = \frac{N_0 - N_f(t)}{N_0} \tag{2-2}$$

如果仍假定 t 为规定的工作时间，T 为产品故障前的时间，则产品在规定的条件下，在规定的时间内丧失规定的功能（即发生故障）的概率定义为不可靠度（或称为故障概率），用 $F(t)$ 表示为

$$F(t) = P \quad (T \leqslant t)$$

由于发生故障和没有发生故障这两个事件是对立的，所以

$$R(t) + F(t) = 1 \tag{2-3}$$

当 N_0 足够大时，就可以把频率作为概率的近似值。同时可见，可靠度是时间 t 的函数，因此 $R(t)$ 亦称为可靠度函数。

开始使用时（$t=0$），所有产品都是好的，故障数 $N_f(0)=0$，则 $R(0)=1$，随着使用时间的增加，累积故障数也不断增加，可靠度相应地减少。所有产品，在使用最后总是要出现故障的，因此 $N_f(\infty) = N_0$，$R(\infty) = 0$，从而可知可靠度函数是在 $(0, \infty)$ 区间内的非增函数，取值范围为

$$0 \leqslant R(t) \leqslant 1$$

2. 故障密度函数

由式（2-2）和式（2-3）可知

$$F(t) = \frac{N_f(t)}{N_0} = \int_0^t \frac{1}{N_0} \mathrm{d}N_f(t) = \int_0^t \frac{1}{N_0} \frac{\mathrm{d}N_f(t)}{\mathrm{d}t} \mathrm{d}t \tag{2-4}$$

令

$$f(t) = \frac{1}{N_0} \frac{\mathrm{d}N_f(t)}{\mathrm{d}t}$$

则

$$F(t) = \int_0^t f(t) \mathrm{d}t \tag{2-5}$$

或

$$R(t) = P(\xi > t) = \int_t^\infty f(t) \mathrm{d}t \tag{2-6}$$

式中，$f(t)$ 为故障密度函数。

$f(t)$ 表示在时刻 t 后的一个单位时间内，产品的故障数与总产品数之比，它是时间的函数。

3. 故障率函数

工作到某时刻尚未发生故障的产品，在该时刻后单位时间内发生故障的概率称为故障率。用 $\lambda(t)$ 表示为

$$\lambda(t) = \frac{\mathrm{d}N_f(t)}{N_s(t)\mathrm{d}t} \tag{2-7}$$

式中　$N_s(t)$——到 t 时刻尚未发生故障的产品数，称残存产品数；

$\mathrm{d}N_f(t)$——t 时刻后，$\mathrm{d}t$ 时间内发生故障的产品数。

$\lambda(t)$ 也称为瞬时故障率，单位是 $1/\mathrm{h}$。显然故障率是时间 t 的函数，或称为故障率函数。

实际工程计算时，可按式（2-7）求

$$\lambda(t)=\frac{N_f(t+\Delta t)-N_f(t)}{[N_0-N_f(t)]\Delta t}=\frac{\Delta N_f(t)}{N_s(t)\Delta t} \tag{2-8}$$

式中　$\Delta N_f(t)$—— 时间间隔$(t,t+\Delta t)$内发生故障的产品数；

　　　$N_f(t)$—— 从 0 到 t 时刻，产品累积故障数；

　　　$N_s(t)$—— 到 t 时刻尚未发生故障的产品数；

　　　Δt—— 所取时间间隔。

故障率一般取 $10^{-5}/h$，对于低故障率（高可靠度）的产品，常用 $10^{-9}/h$ 为单位，称为菲特（Fit）。

对于一批产品来讲，其中每一个产品故障前的工作时间有长有短，参差不齐，具有随机性。对于一个特定的产品，什么时间发生故障完全是随机的，但它们都遵循着一定的规律，分布函数就是反映这种规律的。可靠性的各个特征量都与分布函数有着密切的关系。因此当研究可靠性问题时，常常须要找出它的分布函数。常见的几种分布类型如下：

（1）指数分布。其分布函数为

$$f(t)=\lambda e^{-\lambda t} \tag{2-9}$$

适用于具有恒定故障率的部件，无余度的复杂系统，由随机高应力导致故障的部件，使用寿命期内出现的故障为弱耗损型的部件。

（2）正态分布。其分布函数为

$$f(t)=\frac{1}{\sigma\sqrt{2\pi}}e^{-(t-\theta)^2/2\sigma^2} \tag{2-10}$$

适用于磨损型部件，如轮胎、灯泡、变压器等。

（3）对数正态分布。其分布函数为

$$f(t)=\frac{1}{\sigma t\sqrt{2\pi}}e^{-(\ln t-\theta)^2/2\sigma^2} \tag{2-11}$$

适用于半导体器件、硅晶体管、飞机结构、金属疲劳等。

（4）威布尔分布（$\gamma=0$ 时）。其分布函数为

$$f(t)=\frac{m}{t_0}t^{m-1}e^{-\frac{t^m}{t_0}} \tag{2-12}$$

适用于轴承、继电器、开关、电子管、电动机、液压泵、齿轮、材料疲劳等。

由于可靠度、故障密度函数、故障率三者之间存在着相互的联系，故可以推导出如下的关系式：

$$\lambda(t)=f(t)/R(t) \tag{2-13}$$

$$R(t)=\exp\left[-\int_0^t\lambda(t)dt\right] \tag{2-14}$$

4. 典型的故障率曲线

通过对产品（设备）进行大量的实验可得到故障率曲线。对一些设备来说，$\lambda(t)$ 随时间变化的曲线，如图 2-10 所示。由于图形有点像浴盆，所以又称浴盆曲线，这是典型的故障率曲线。从图中可以看到，故障率 $\lambda(t)$ 随时间变化大致可划分为 3 个阶段。

（1）早期故障阶段。其特点是故障率较高，且故障随时间的增加而迅速下降。这主要是由于设计和制造工艺上的缺陷而导致设备的故障。如原材料有缺陷、绝缘不良、装配不当等。

（2）偶发故障阶段。这期间设备故障率低且稳定，近似为常数，故障主要由偶然因素引

起。这阶段是设备的主要工作时期。

（3）耗损故障阶段。这阶段的特点是故障率迅速上升，很快导致设备报废。故障主要是由于老化、疲劳、损耗引起。如果事先预计到耗损开始的时间，就可采取一套预防性维修或更新措施，更换某些部件，可把上升的故障率降下来，如图 2-10 中黑点所示。

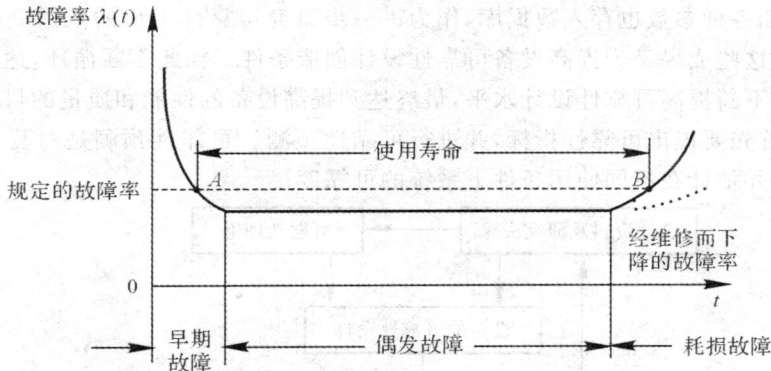

图 2-10　典型的故障率曲线

应当注意的是，不是所有产品都有这三个故障阶段，有的产品只有其中一个或两个故障期，甚至有些质量低劣的产品在早期故障期后就进入了耗损故障期。

当讨论设备可靠性问题时，常要用到 MTBF（Mean Time Between Failures, MTBF）这一指标，即平均故障间隔时间，也就是平均无故障工作时间。它是指可修复系统在相邻两次故障间工作时间的均值。例如，某设备工作 60 h 出故障，修复后又使用，工作 40 h 又出故障，修复后工作 50 h 又故障。在此时间段内故障 3 次，总工作时间为 150 h，则有

$$MTBF = \frac{60+40+50}{3} = 50 \text{ h}$$

也可以用下式表达 MTBF：

$$MTBF = \frac{总的工作时间}{故障次数}$$

值得注意的是，当产品的寿命服从指数分布时 $MTBF = 1/\lambda$，λ 为常数。

所谓修复，在可靠性工程中有"基本修复"和"完全修复"两种。

基本修复 —— 产品刚修复后的故障率和修复前的故障率是相同的。

完全修复 —— 修复后的产品和崭新产品没有任何区别。

我们平时所说的寿命服从某种分布是指可靠度 $R(t)$ 所对应的某种分布。由于 $R(t)$，$\lambda(t)$，$f(t)$ 之间都有联系，故只要知道一个指标，其他的也就可以换算出来。

二、可靠性理论在设备管理与维修中的应用

1. 可靠性设计

可靠性设计是在设计阶段就赋予设备可靠的性能 —— 设备的一种固有性能。

对一台设备（产品），用户最关心的性能是功能、可靠性、维修性。

如果在设计时就赋予设备上述 3 方面较高的性能，就可能制造出质量好的设备。

可靠性设计过程，如图 2-11 所示。

由图 2-11 可知,可靠性设计是根据统计资料、研究成果和可靠性理论进行的。在设备制造出来投入使用后,运行中可能会出现各种故障。我们要及时掌握各种故障的变化规律、故障内容(包括何种零件、部件易出故障,故障部位,外部表现形式等)及造成故障的原因(如冲击载荷、误操作、磨损、材料缺陷)等,并将所有掌握的第一手数据、资料建立数据库。同时,把故障修理的情况和各种参数也存入数据库,作为进一步研究可靠性工程的依据。在研究中不断取得新的成果,这些成果又为提高设备可靠性设计创造条件。如此不断循环,达到不断充实可靠性工程理论,不断提高可靠性设计水平,最终达到提高设备的性能和质量的目的。

在设计中首先要提出可靠性指标,并进行可靠性预测。可靠性预测是对复杂系统的未来状态加以确定,并估计在不同使用条件下系统的可靠度。

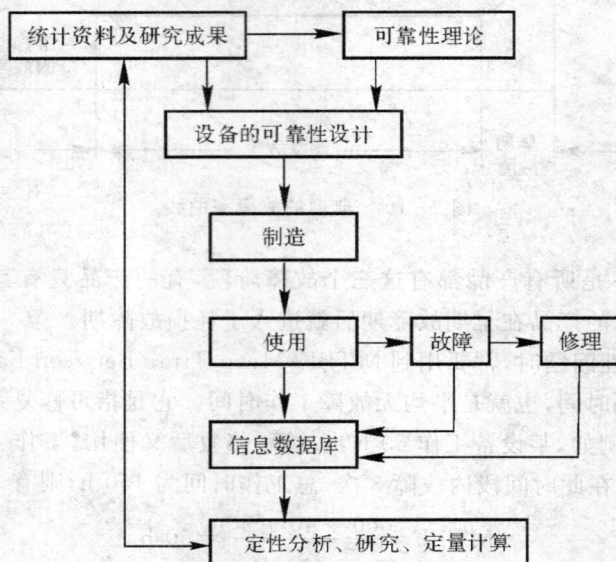

图 2-11　可靠性设计过程

(1) 系统的可靠度。

1) 串联系统的可靠度。对于一个系统,如果只有一个元件发生故障就导致整个系统发生故障,这种系统称为串联系统。设串联系统共有 n 个元件,把它们串联起来,如图 2-12 所示。

串联系统的可靠度等于系统诸元素可靠度的乘积,即

$$R_s(t) = R_1(t)R_2(t)\cdots R_n(t)$$

串联系统的可靠度低于系统中单一元素的可靠度。

当 $R_1(t) = R_2(t) = \cdots = R_n(t) = R(t)$ 时,则

$$R_s(t) = [R(t)]^n$$

在电子设备中,各单元参数是单一的,参数变化只影响自身工作能力,单元故障可视为独立事件,恢复系统的工作能力,主要通过更换失效元件即可。

在机械设备中,构成系统单元的参数多数是串联的,一个单元磨损会影响其他零件的磨损,恢复系统工作能力的手段主要是修复结合更换。

在可靠性设计中,对一个串联系统中的薄弱环节要进行分析,计算其可靠度,当不能满足整个系统要求时,要提高其可靠性要求,并在设计中给以保证。

2）并联系统的可靠度。并联系统，如图 2-13 所示。系统中只要有一个元件没有发生故障，则整个系统仍能正常工作。其可靠度公式为

$$R_s(t) = 1 - [1 - R_1(t)][1 - R_2(t)] \cdots [1 - R_n(t)]$$

当 $R_1 = R_2 = \cdots = R_n = R(t)$ 时，则

$$R_s(t) = 1 - [1 - R(t)]^n \qquad\qquad (2-15)$$

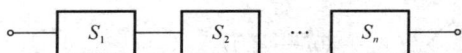

图 2-12　串联系统　　　　　　　图 2-13　并联系统

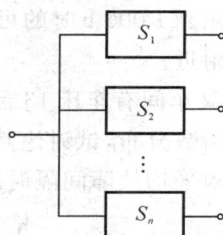

由式（2-15）可知，当系统中某个元件的可靠度较低时，给它进行冗余设计，当可靠性框图中并联一个相同元件时，其系统的可靠度将有大幅度的提高。这一提高可靠度的思想，广泛地应用在各行各业的系统设计中。但冗余设计是有限度的，当系统可靠性设计中考虑了费用、重量、体积等因素时，就得权衡系统可靠度的提高与其他限制条件的关系，从中找出满意的设计方案。

（2）系统中可靠性框图与原理图的关系。无论是单台设备还是流程型设备，它们都可以描述为系统，因而研究设备的可靠性实际上就是研究系统的可靠性。当分析、研究系统可靠性时，要准确地处理各部分之间、各部分与系统之间的相当复杂的关系，往往要作一些假设，忽略一些次要因素，建立起表示系统中各部分之间关系的各种图。可靠性模型指的是系统可靠性逻辑框图（也称可靠性方框图）及其数学模型。原理图表示系统中各部分之间的物理关系，而可靠性逻辑图则表示系统中各部分之间的功能关系，即用简明扼要的直观方法表现能使系统完成任务的各种串-并联方框的组合。

了解系统中各个部分（或单元）的功能和它们相互之间的联系以及对整个系统的作用和影响对建立系统的可靠性数学模型、完成系统的可靠性设计、分配和预测都具有重要意义。借助于可靠性逻辑图可以精确地表示出各个功能单元在系统中的作用和相互之间的关系。虽然根据原理图也可以绘制出可靠性逻辑图，但并不能将它们两者等同起来。

逻辑图和原理图在联系形式和方框联系数目上都不一定相同，有时在原理图中是串联的，而在逻辑图中却是并联的；有时原理图中只需一个方框即可表示，而在可靠性逻辑图中却需要两个或几个方框才能表示出来。

例如，为了获得足够的电容量，常将三个电器并联。假定选定失效模式是电容短路，则其中任何一个电容器短路都可使系统失效。因此，该系统的原理图是并联的，而逻辑图应是串联的。

当建立可靠性逻辑图时，必须注意与工作原理图的区别。

2. 预测设备修理周期

利用可靠度计算，对设备修理周期进行预测。

例 2-4　某设备经过 4 000 h 的观察，出现 5 次故障，其故障规律符合指数分布。问：当工作到 1 000 h 时的可靠度是多少？

解 （1）求平均故障间隔时间。

$$MTBF = 4\ 000/5 = 800\ h$$

（2）求可靠度。

指数分布时

$$R(t) = e^{-t/MTBF}$$

则

$$R(1\ 000) = e^{-1\ 000/800} = 0.287$$

该设备使用到 1 000 h 时的可靠度为 28.7%。相反，根据可靠度要求可求出时间 t，检修期应在这一时间附近。

例 2-5 某车间有车床 13 台，1 月份至 5 月份每月有 2 台出故障，6 月份有一台出故障，若故障规律属于指数分布，试讨论其修理周期。

解 （1）求平均故障间隔时间。

$$MTBF = \frac{\sum t_i r_i + (n - R_i)t_0}{R_i}$$

式中　　t_i—— 各台设备的损坏时间，为了方便，取各月的中间值，如 1.5 月；

R_i—— 车床在 6 个月中的故障总台数，$R_i = \sum\limits_{i=1}^{6} r_i$，由统计知 6 个月共出故障 11 台；

r_i—— 当时间为 t_i 时，发生故障的台数，如 2.5 月时车床故障 2 台；

n—— 设备总台数；

t_0—— 考核统计的时间，在此为 6 个月。

将上面数据代入上式，得

$$MTBF = (0.5 + 1.5 + 2.5 + 3.5 + 4.5) \times 2 +$$
$$5.5 \times 1 + (13 - 11) \times 6/11 = 3.9\ 月 \approx 4\ 月$$

（2）预测车床检修期：由前求得车床在 6 个月内的 MTBF = 3.9 月，若取检修期为 4 个月，计算其可靠度为

$$R(4) = e^{-\frac{4}{3.9}} = 0.358 \approx 36\%$$

（3）讨论：对于该车间的车床，若取接近平均故障间隔时间为检修期，此时的可靠度很低，只有 36%。如果生产任务很重，全部车床满负荷运行，那么应该缩短检修期来提高设备的可靠度。反之，如果生产任务不饱满，还可根据实际情况延长检修期。

不难看出，故障规律的研究和设备可靠度的定量计算，为设备预防性修理提供了科学根据，是值得提倡的一种以状态为依据的维修方式。可靠性理论应用于设备的设计、使用和维修工作，不仅可以提高设备的先天素质，而且在使用期中可逐步将经验管理上升为科学管理，将定性管理转变到定量管理，不断提高管理水平，以适应现代化设备的要求，充分发挥设备效能，创造更多的财富。

3. 在设备维修与改造中的应用

维修与维修性都是可靠性工程中的一些基本概念（属维修性工程）。维修性与系统的设计相关，维修则与系统的使用相关。它是在系统投入使用运行后，为了维持系统的正常工作状态所采取的一种活动。从理论上讲，维修度是研究维修程度与时间的关系，任何一个需要修理的故障，经过修理完全恢复到可工作状态，都需要一定时间。如果给出的修理时间不够，故障就不能完全修复，而只能达到某种程度的恢复。

在不同使用期内，应当掌握设备或零部件维修工作随时间变化的规律，求得平均修复时

间,研究不同时间的维修度。这样,一方面可以定量地、科学地管理维修工作,另一方面可以改进设备的维修性设计和管理,从改进维修工具、维修工艺和提高维修人员的技术水平、工作效率入手,缩短维修时间,提高维修度,最终达到提高设备利用率的目的。

对于现代化的大型连续装置,缩短修理时间、减少停机损失是维修管理的重要内容。研究设备零部件维修度随时间变化的规律,采取一切有效措施减少维修时间和提高其维修度,是依靠现代理论提高管理水平和设备利用率的重要课题。

例 2-6　某设备的某部位出现故障需要修理,已知平均修复时间 MTTR = 26 min,其维修度符合指数分布。设最多给 1 h($t_{max} = 1$),问维修度等于多少?

解　已知 MTTR = 26 min,$t_{max} = 60$ min,指数分布时

$$M(t) = 1 - e^{\frac{-t}{MTTR}}$$

将各参量数值代人上式,得

$$M(60) = 1 - e^{-\frac{60}{26}} = 90\%$$

即当平均修复时间为 26 min 时,若要在 1 h 内修复,其维修度只能达到 90%。若想提高维修度,可采取两个措施:一是增加修理时间,但这必须以停机损失为代价;二是改善修理工具、修理工艺、技术人员水平,降低平均修复时间,从而提高设备的维修性。这些问题对于军事装备极为重要。

当前我国一些企业的设备构成状况是老、旧设备占有较大的比例,有的新设备甚至进口设备其结构、性能也不尽理想,某些部分或是可靠性差、或是结构不合理,造成维修性差。因此,提高设备素质不仅应采用新技术、新方法改造老旧设备,而且应在加强故障管理、掌握故障规律、计算设备可靠度的基础上,对设备的薄弱环节进行改造,彻底根除某些故障,提高整机的可靠性和设备利用率。在设备使用期中,应用可靠性理论改造设备,提高其可靠性,并将故障信息、改造成效反馈给设备的设计、制造部门,作为换代产品可靠性设计的依据,帮助设备的设计制造单位生产出优良的设备和装置。如此反复循环,可将我国的装备素质提高到一个新水平。

三、可靠性与维修性的权衡

无论是设备的设计研制还是设备的使用维修,都存在着一定约束条件下使设备的设计或维修最优化的问题。这些约束可能是费用、设计要求、维修方式等。

从设计的基本出发点来讲,进行新设备的设计是为了满足新的需要,但对任何设计总会提出相互矛盾的要求。因此可以说,各种设计方案都是一个矛盾的集合体,也是各种矛盾折衷的产物。可靠性的最终目的是尽可能地延长工作时间而不发生故障,而维修性的目的是当设备发生故障时尽可能迅速、方便、安全地排除故障。因此,在设计中既要考虑可靠性,还要考虑维修性、可用性。而这些又都和设计费用以及设备性能要求有直接关系,这就要求设计人员对设计方案的全局或方案的局部做出决策时,应达到各种正、反因素之间的平衡和各种相互矛盾要求之间的平衡,并且在符合某种衡量准则的基础上是最佳的。

从设备的使用维修方面来讲,使用者为了达到设备投资最经济的效益,也存在着是采取对设备预防性维修还是采取修复性维修,或是采取其他的维修方式。因为维修方式的选择不当,将会出现设备失修、带"病"运行,直至发生故障而造成不必要的损失,或因维修过剩,造成维

修工时和材料的浪费,及因停机修理而造成损失。目前我国在设备维修方式的选择上,采取多种方式并行,对重点和关键设备采取状态监测维修,以使投资效益达到最经济。

对上述各种问题要做出正确的决策,就需要在若干可行的候选方案中进行权衡分析。权衡分析既有定性的,也有定量的,要根据需要权衡的内容、所能取得的信息条件和所掌握的技术处理方法去选择适当的权衡方式和方法。

工程上的权衡分析受许多因素的影响,如果深入研究将涉及因素的灵敏度问题。在实际的设备维修中,存在着采取哪一种维修方式的选择,而中心问题是费用及经济利益的问题。为了说明问题,现在我们来讨论一个预防性维修与修复性维修的权衡问题。

例 2-7 某设备中有一个特别易坏的零件,该零件的可靠度为 $R(t)$。可以有两种方式对该易坏零件进行拆换:一是等到该件发生了故障再换它,即采取修复性维修的方式,这要为设备的非计划性停机而付出代价;另一种是当该易坏件达到一定的工龄 T 时,就定期地通过预防性维修加以更换,此时会有 $[1-R(t)]$ 的概率要付出停机的代价。请问采取哪一种维修办法更好?

解 这一权衡问题显然涉及费用问题。若不进行预防性维修,则要付出更换零件的代价 p 和停机的代价 P。因此,单位时间内的平均代价为

$$C_\infty = \frac{p+P}{m}$$

式中,m 为该零件平均能工作的时间。

且有

$$m = \int_0^\infty R(t)\,\mathrm{d}t$$

若将该零件当达到工龄 T 时即予以更换,则应付出更换零件的代价 p 和以概率 $[1-R(t)]$ 停机的代价 $[1-R(t)]P$。此时,单位时间内的平均代价为

$$C(T) = \frac{p+[1-R(T)]P}{m_T}$$

式中,m_T 为达到 T 时予以更换的零件的平均能工作的时间。

$$m_T = \int_0^T R(t)\,\mathrm{d}t$$

无预防性维修的情况就相当于 $T \to +\infty$。

这样,问题就可以归结为对 $C(T)$ 和 C_∞ 进行对比,如果 $C(T)/C_\infty < 1$,说明进行预防性维修在经济上才有可能合算。

现求 $C(T)$ 的最小值,由

$$\frac{\mathrm{d}C(T)}{\mathrm{d}T} = \frac{\left[-\dfrac{\mathrm{d}R(T)}{\mathrm{d}T}P\right]m_T - \{p+[1-R(T)]P\}\dfrac{\mathrm{d}m_T}{\mathrm{d}T}}{m_T^2} = 0$$

和

$$\frac{\mathrm{d}m_T}{\mathrm{d}T} = R(T)$$

可有

$$\frac{-\dfrac{\mathrm{d}R(T)}{\mathrm{d}T}}{R(T)}m_T + R(T) = \frac{p+P}{P}$$

当故障率 λ 为常值时,有 $R(T)=\mathrm{e}^{-\lambda T}$,所以应有

$$\frac{-\dfrac{\mathrm{d}R(T)}{\mathrm{d}T}}{R(T)}m_T + R(T) = \lambda\,\frac{1-\mathrm{e}^{-\lambda T}}{\lambda} + \mathrm{e}^{-\lambda T} = 1$$

　　这样一来就与上述的等式关系相违背了。这说明,对服从指数分布的零件进行预防性维修是没意义的。

　　如果该易坏件服从其他分布,则可以按上述思想进行更深入的讨论,其结果是有意义的。

　　总之,可靠性工程应用于设备管理与维修,最关键的问题是要掌握设备故障分布属于哪些类型。确定设备或零件故障分布的类型,大致有两种方法:一种方法是通过故障物理分析,判断故障模式和故障机理,判断故障属于哪些类型,也就是通过研究设备工作能力损耗和故障发展的规律,如各种使用条件下材料性能和状态的变化规律、材料老化过程规律等,进而判断其故障类型;另一种方法是对设备进行寿命试验,统计故障,绘出故障随时间变化的曲线,从而判断设备故障属于哪种类型。这种方法便于在生产实践中研究设备故障规律,控制故障,搞好维修工作,并为设计部门提供可靠的依据。

　　综上所述,可靠性工程的理论是设备综合管理在技术上的理论基础。

第四节　以可靠性为中心的维修理论——RCM

　　以可靠性为中心的维修(Reliability Centered Maintenance,RCM),属于第三代具有代表性的维修管理模式。这一设备维修理论(模式)强调以设备的可靠性、设备故障后果,作为制订维修策略的主要依据。这一维修理论认为一切维修活动,归根到底是为了保持和恢复设备的固有可靠性,也就是根据设备及其机件的可靠性状况,以最小的维修资源消耗,运用逻辑决断分析法来确定所需的维修产品和项目、维修方式或维修类型、维修间隔期和维修级别,制订出预防性维修大纲,从而达到优化维修的目的。简言之,以可靠性为中心的维修是综合了故障后果和故障模式的有关信息,以运行经济性、保持和恢复设备固有可靠性为出发点和目的的维修管理模式。

　　RCM 最早产生于 20 世纪 60 年代美国的航空维修,后于 1978 年美联航空公司发表了《以可靠性为中心的维修——RCM》专著,其理论得到进一步完善。以后人们把制订预防性维修大纲的逻辑决断分析方法统称为 RCM。20 世纪 80 年代以来,RCM 在许多国家的工业领域的设备维修中得到了广泛应用。

　　RCM 更新了传统维修的理念,按照新理论指导的维修实践,与传统维修的做法有较大的区别。现将 RCM 的内容分解为八项基本原理(简称为 RCM 原理)作以简要介绍,并将传统维修观念与 RCM 原理的区别加以比较。

　　1. RCM 原理之一——定时拆修的作用

　　定时拆修(含定时报废)对复杂设备的故障预防几乎不起作用,但对简单设备的故障预防有作用。

　　传统维修观念与 RCM 原理对于定时拆修的不同认识见表 2-8。

表 2-8　对定时拆修作用的不同认识

传统维修观念	设备老、故障多。设备故障的发生、发展都与使用时间有直接的关系。定时拆修是对付故障的普遍适用的有力武器
RCM 原理	设备老、故障不见得就多;设备新,故障不见得就少。只要做到机件随坏随修,则设备故障与使用时间一般没有直接的关系。定时拆修不是对付故障的普遍适用的有力武器

2. RCM 原理之二——潜在故障与功能故障

提出潜在故障的概念，进行视情维修，可使设备在不发生功能故障的前提下得到充分的利用，达到安全、经济的使用目的。

潜在故障的"潜在"二字包含两重特殊意思：一是，潜在故障是指功能故障临近前的状态，而不是功能故障前任何时刻的状态；二是，机件的这种状态经观察或检测是可以鉴别的，反之，则该机件就不存在潜在故障。

传统维修观念与 RCM 原理对于预防功能故障的不同策略见表 2-9。

表 2-9　对预防功能故障的不同对策

传统维修观念	无明确的潜在故障概念，少量视情维修也往往是根据故障频率或故障危险程度来确定的。如果定时维修和视情维修二者在技术上都可行，采用定时维修
RCM 原理	有明确的潜在故障概念，视情维修是根据潜在故障发展为功能故障的间隔时间来确定的。如果定时维修和视情维修二者在技术上都可行，采用视情维修

注：视情维修是当设备或其机件有功能故障征兆时，即进行拆卸维修的方式。

3. RCM 原理之三——隐蔽功能故障与多重故障

检查并排除隐蔽功能故障是预防多重故障严重后果的必要措施。

隐蔽功能故障是正常使用设备的人员不能发现的功能故障。多重故障是指由连续发生的两个或两个以上独立故障所组成的故障事件，它可能造成其中任一故障不能单独引起的后果，多重故障与隐蔽功能故障有着密切的关系。

传统维修观念与 RCM 原理对于预防多重故障的不同对策见表 2-10。

表 2-10　对预防多重故障的不同对策

传统维修观念	无隐蔽功能故障概念，不了解隐蔽功能故障与多重故障的关系，并认为多重故障的严重后果是无法预防的，只有听天由命
RCM 原理	有隐蔽功能故障概念，了解隐蔽功能故障与多重故障有着密切的关系，认识到多重故障的严重后果是有办法预防的，至少可以将多重故障概率降低到一个可以接受的水平，它取决于对隐蔽功能故障的检测频率和更改设计

4. RCM 原理之四——预防性维修的作用

有效的预防性维修工作能够从最少的资源消耗来保持设备的固有可靠性水平，但不可以超过这个水平，要想超过这个水平，只有重新设计设备。

设备的固有可靠性是设计和制造时赋予设备本身的一种内在固有属性，是在设备设计和制造时就确定了的一种属性。

传统维修观念与 RCM 原理对于预防性维修作用的不同认识见表 2-11。

表 2-11　对预防性维修作用的不同认识

传统维修观念	预防性维修能够弥补设备固有可靠性的不足，提高固有可靠性水平
RCM 原理	预防性维修不能弥补设备固有可靠性的不足，不能提高固有可靠性水平，最高只能接近或达到固有可靠性水平

5. RCM 原理之五——故障后果的改变

预防性维修能降低故障发生的频率,但不能改变故障的后果,只有通过设计才能改变故障的后果。

故障后果可分为安全性后果和环境性后果、隐蔽性后果、使用性后果和非使用性后果等。

传统维修观念与 RCM 原理对于改变故障后果的不同认识见表 2 - 12。

表 2 - 12　对改变故障后果的不同认识

传统维修观念	预防性维修不仅能避免故障的发生,还能改变故障的后果
RCM 原理	预防性维修难以避免故障的发生,不能改变故障的后果,只有通过设计才能改变故障的后果

6. RCM 原理之六——预防性维修工作的确定

预防性维修工作是根据故障的后果和所做的维修工作既技术可行又值得做来确定的。否则,不做预防性维修工作,而是要考虑更改设计方案。

所谓的"技术可行"是指该类维修工作与设备或机件的固有可靠性是适应的,所谓的"值得做"是指该类维修工作能够产生相应的效果。

传统维修观念与 RCM 原理对于确定预防性维修工作的不同对策见表 2 - 13。

表 2 - 13　对确定预防性维修工作的不同对策

传统维修观念	对可能出现的任何故障都要做预防性维修工作
RCM 原理	只有故障后果严重,而且所做的维修工作既技术可行又值得做时,才做预防性维修工作,否则,不做预防性维修工作

7. RCM 原理之七——初始预防性维修大纲的制订

设备使用前的初始预防性维修大纲制订后,需要在使用期间收集使用数据资料,不断修改,逐步完善。

预防性维修大纲是预防性维修要求的汇总文件,作为编制其他维修技术文件和准备维修资源的依据,包括维修项目、维修方式、间隔期、维修级类等内容。

传统维修观念与 RCM 原理对于制订初始预防性维修大纲的不同对策见表 2 - 14。

表 2 - 14　对制订初始预防性维修大纲的不同对策

传统维修观念	初始预防性维修大纲是在设备投入使用之后才去制订的,一经制订,一概不再进行修改
RCM 原理	初始预防性维修大纲是在设备投入使用之前的研制阶段就着手制订的,一般是不够完善的,需要在使用中不断地修订,才能逐步完善

预防性维修大纲汇总了设备预防性维修的要求,作为编制其他维修技术文件(如维修技术规程、修理工艺规程、维修工作卡)和准备维修资源(如器材备件、测试仪器设备、人员数量和技术等级等)的依据。其目的是通过逻辑决断法来确定既技术可行又值得做的预防性维修工作,以最少的资源消耗保持和恢复设备的安全性和可靠性固有水平;通过制订维修大纲,能发现将有重大影响或严重后果的设计缺陷,是提高设备可靠性、维修性、保障性和安全性的重要途径。

预防性维修大纲一般应包括下述内容:

(1)需进行预防性维修的产品和项目——即 what(干什么)。

(2)需要采用的维修方式或维修工作类型——即 how(如何干)。

维修方式指定时维修、视情维修、事后维修等。

维修工作类型指定时拆修、定时报废、视情维修和隐患检测等。

(3)每项预防性维修工作的维修间隔期——即 when(何时干)。

维修间隔期是定时维修、视情维修、各类维修工作类型或某级结构检测的间隔时间。

(4)每项预防性维修工作的维修级别(取决于使用要求和维修技术条件)——即 where and who(何处干和谁来干)。

8. RCM 原理之八——预防性维修大纲的完善

预防性维修大纲只有通过使用维修部门和研制部门长期共同协作才能逐步完善。

传统维修观念与 RCM 原理对于完善预防性维修大纲的不同对策见表 2-15。

表 2-15 对完善预防性维修大纲的不同对策

传统维修观念	一个完善的预防性维修大纲能单独由使用维修部门或者研制部门制订出来
RCM 原理	一个完善的预防性维修大纲不能单独由使用维修部门或者研制部门制订出来,只有通过双方长期的共同协作才能完成

RCM 改变了传统的维修观念,是维修理论的创新,是迄今为止最好的维修理论(理念)之一,并在不断地改造、精简和优化。RCM 本身并不是维修技术和工具,它是建立在二值逻辑基础上的推理决策过程,是始于设备功能及故障(失效)分析,终于维修策略模式的选择,最后落实到维修大纲的执行。

RCM 并不认为预防性维修工作做得越多、越频繁,可靠性就越高,而是根据故障的后果以及既技术可行又值得做时才做预防性维修工作,消除了那些不必要的或起副作用的维修工作,增加了那些被人们忽视的而必须做的维修工作,有效地克服了传统预防性维修工作不是"维修过度"就是"维修不足"的弊病。做到"维修适度",提高了维修工作的针对性和适用性,从而大幅度地减少了预防性维修的工作量和维修工时,节省劳力费用和器材备件费用,提高设备的利用率和出勤率,能正确地发挥维修的作用。

RCM 得到了应用和推广,也存在着在推进中值得研究的新问题,并随着企业设备维护、维修业务的外包面临着推进中的挑战。

第五节 绿色维修理论

一、维修观念的不断深化

维修是伴随着生产工具(设备、设施、装置)的使用而出现的。随着生产工具的不断进步和发展,特别是现代机器设备的大规模使用,人们对维修的认识也在不断地深化。表现在如下逐步深化的认识(理念)上:

(1)维修是事后对故障和损坏的修复活动。我国从新中国成立前到新中国成立初期,基本上是受这种维修观念的支配,采取"故障后再维修"的方法。现在,我国的一些小型工业企业中,这种维修观念仍然占主导地位。

(2)维修是事前对故障主动预防的积极措施。我国从 1953 年开始,引进了苏联"预防为主"的维修观念,至今这种观念在一些大型企业中仍占据主导地位,认为维修是事前对故障主动预防的积极措施。

(3)维修是使用的前提和安全的保障。设备越是现代化,对维修的依赖程度就越大。设备只有一次又一次地维修,才能一次又一次地投入使用。离开了正确的维修,设备就不能保证正常使用。因此,维修是使用的前提和安全的保障。

(4)维修是生产力的重要组成部分。新设备形成的生产力离不开维修。一台使用多年的旧设备的生产力,并不一定比新设备的生产力差。恰当的维修或翻修,会使设备一如既往地更好运转,甚至其生产性能超过新设备。因此,维修起了关键作用,维修是生产力的重要组成部分。

(5)维修是企业竞争的有力手段。在现代企业中,故障维修及其停产损失已占其生产成本的30%~40%。有些行业,维修费用已跃居生产总成本的第二位,甚至更高。维修在现代企业中的地位日益明显,对企业的竞争地位有举足轻重的影响。因此,维修是企业竞争的有力手段。

(6)维修是投资的一种选择方式。传统观念认为,维修是一种资源和资金的消耗,是收不回来的,着重强调维修费用的节省;认为维修是一种消耗性的消极的手段,是一种额外的累赘,是一种辅助功能。事实上,维修投资是生产性的、是可以回收的一种积极因素,维修投资的回收比节约维修费用更为重要。维修是企业生存、发展、增强竞争力的一种投资选择方式。

(7)维修是实行全系统、全寿命管理的有机环节。设备管理,既要重视设计、制造阶段的"优生",又要重视使用、维修阶段的"优育",实行全系统、全寿命的管理。通过使用、维修实践衡量设备的优劣和价值,进而不断发现问题、不断改进、实现设备的"优生"和"优育"。而维修是其中的一个有机环节。

(8)维修已从技艺到科学。传统观念认为维修是一种修理行业,是一门操作技艺,缺乏系统的理论。现在,随着科技的进步,维修不再是一些操作技艺的简单组合,而成为建立在现代科学技术基础上的一门新兴学科——现代维修理论。

(9)维修是实施绿色再制造工程的重要技术措施。通过维修技术措施,发展三"Re"工程,即 Reproduction(再制造)、Recycle(再生)、Reuse(再利用),实施绿色再制造工程,资源得以再生、再利用,缓解对环境的污染。所以,维修是实施绿色再制造工程的重要技术措施。

至此,随着人们维修观念的不断更新和深化,以及对现实的资源和环境现状的思考,绿色维修理论在实践中应运而生并不断发展。

二、绿色维修理论概述

1.绿色维修的概念

绿色维修(Green Maintenance)是 20 世纪末才开始出现的一个正在发展中的概念。虽没有统一的定义和说法,但为了与一般维修相区别,可将其定义为是基于社会可持续发展理念和科学发展观,高效、优质、低耗、无污染的维修;是采用先进的技术和工艺设备,以最少的资源和能源消耗,在避免污染环境,废弃物产生量最小化的条件下的维修。

2.绿色维修的内涵

绿色维修的内涵体现在以下几个方面:

(1)绿色维修是对资产的合理维修。合理的资产维修要求以最少的资源和能源消耗,在对环境影响最小的情况下保持或恢复资产(设备)的性能或状态,并通过各种技术和方法鉴别、分析并采取措施预防和消除维修过程对环境可能的损害。

(2)绿色维修是具有优良环境性能的维修。从产品的维修性设计开始,到使用阶段的维修活动,维修材料、维修工艺以及废弃件的处理,绿色维修要求与维修相关的每个环节都贯彻节约能源、提高资源利用率、防止污染、注重生态保护以及人员健康安全的原则,把减少维修对环境的影响作为主要目标。

(3)绿色维修是最大限度地利用资源的维修。维修需要消耗资源。绿色维修要求在完成维修任务的前提下,尽量减少维修资源使用量,特别是减少稀有昂贵材料及有毒、有害材料的使用,同时提高资源的利用率,减少人为的浪费。

与传统维修相比,绿色维修具有新的特点:

(1)绿色维修扩展了维修的目标。绿色维修以社会持续发展为最终目标,要求在最少的资源消耗、对环境负面影响最小的情况下,完成维修任务。

(2)绿色维修的"绿色"贯穿于产品(设备)的整个寿命周期内,体现在维修的各个方面。在设计、工艺、材料、设备(设施)、管理等各个环节都贯穿和体现绿色理念。

(3)绿色维修是一个动态演变的体系。节约能源、资源,减少污染是永无止境的不断提高的过程,同时,绿色维修与其他绿色技术是息息相关的,绿色维修在其应用和发展过程中需要不断地借鉴绿色设计、制造、材料等相关领域的新成果,不断地更新观念和技术。

3.绿色维修的理论指导

绿色维修是以社会可持续发展与科学发展观为理论指导的。

可持续发展是"不断提高人群生活质量和环境承载能力的、满足当代人需求又不损害子孙后代满足其需求能力的、满足一个地区或一个国家长久需求又不损害别的地区或国家人群满足其需求能力的发展"。可持续发展鼓励经济增长、实施清洁生产和文明消费、保护环境、减少和控制污染、改善人类生活质量、提高人类健康水平。可持续发展应该成为绿色维修的理论指导。

我国提出的科学发展观,坚持以人为本、全面、协调、可持续发展的理念和核心原则更应该成为绿色维修的理论指导,也应该成为与之相关的绿色维修技术的理论指导。

4.绿色维修管理

绿色维修的实现,技术重要,管理更重要,可以说管理是关键。推行绿色维修迫切需要:

(1)建立有关政策法规。应当在维修行业中贯彻《清洁生产促进法》和保护环境有关的法律法规,结合维修行业特点制定相应的行政法规,考虑并制定绿色维修的相关标准、形成绿色维修标准体系,维修企事业单位要建立和完善节约资源、保护环境的制度,要加强这些法规、制度的落实和贯彻实施中的监督和问责。

(2)开展维修人员环境意识教育。

(3)对绿色维修实施全系统、全寿命周期的管理。

(4)加强科学研究,逐步建立和完善绿色维修理论与技术体系。

(5)加强对维修绿色化的支持、投入,促进维修技术改造。

5.绿色维修理论与技术体系

维修理论是研究设备的故障(损伤)本质及其预防和修复规律的理论。绿色维修理论是考虑对维修环境影响的维修理论,是在现有维修理论的基础上,增加约束、扩大目标而形成的一种维修理论,是对现代维修理论的扩展和补充。因此,绿色维修理论与技术应当包含现有维修理论与技术的基本内容并予以扩展,核心是将绿色理念融合到维修理论与技术中。

绿色维修理论与技术体系包括绿色维修基础理论及相关概念、绿色维修设计与分析技术、绿色维修评价技术、绿色维修作业技术、绿色维修支撑技术等几个方面的内容。按照绿色维修理论与技术的组成部分可构建绿色维修理论体系的框架(见图2-14)。

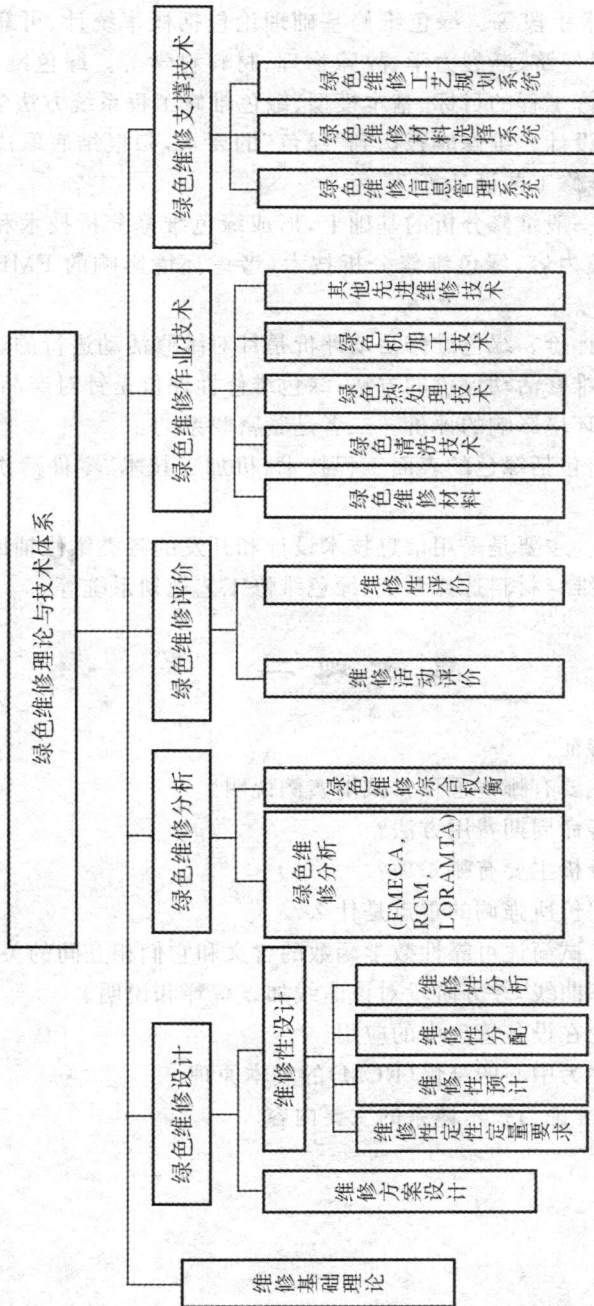

图 2-14　绿色维修理论与技术体系框架

（1）维修基础理论及技术基础。该部分内容包括绿色维修涉及的基础理论以及考虑环境影响时维修理论中部分概念的内涵的拓展，绿色维修有关的管理和技术法规，涉及环境和资源消耗等方面的检验监测技术手段等。绿色维修基础理论包括概率统计、可靠性工程、系统工程、人机环境工程、工程技术经济、断裂力学、故障物理、材料科学等。绿色维修相关概念包括绿色维修的概念及内涵、维修工程的目标、基本模型、绿色维修工程系统方法学等。

（2）绿色维修与维修性设计。维修能否达到"绿色"的要求，归根结底取决于设计，包括绿色维修设计、维修性设计、维修工艺设计等。

（3）绿色维修分析。在一般维修分析的基础上，形成绿色维修分析技术和综合权衡技术。包括绿色维修分析的目的及内容、绿色维修分析技术（考虑环境影响的 FMECA，RCM、费用分析等）、综合权衡分析。

（4）绿色维修与维修性评价。绿色维修活动评价是针对维修活动进行的，需要建立绿色维修活动评价准则、研究绿色维修活动评价的方法；绿色维修性评价是针对产品（设备）设计进行的，主要是侧重产品维修对环境影响的评价。二者是紧密联系的。

（5）绿色维修作业技术，包括绿色的表面工程技术、机加工技术、零件清洗技术、热处理技术以及其他先进维修技术等。

（6）绿色维修技术支撑。主要是采用信息技术设计和开发的各类维修辅助的系统、工具以及基础数据和数据库，以及维修材料选择系统、绿色维修工艺规划系统等。

思 考 题 二

2-1　系统具有哪些特征？

2-2　寿命周期费用主要有哪些项目？试举实例说明。

2-3　为什么要推行寿命周期费用方法？

2-4　寿命周期费用分析主要有哪 4 项？

2-5　寿命周期费用评价所强调的重点是什么？

2-6　什么是可靠性？试简述可靠性数学函数的含义和它们相互间的关系。

2-7　画出设备故障率曲线，并分阶段对该曲线加以解释和说明。

2-8　简述可靠性理论在设备管理中的应用。

2-9　试归纳以可靠性为中心的维修（RCM）的基本原理。

2-10　简述绿色维修理论与技术体系的主要内容。

第三章　设备管理基础工作

第一节　设备资产管理

设备资产管理是指新设备进厂,从安装、调试、验收后正式列入固定资产移交生产单位开始生产到设备报废为止的资产管理工作。它是企业设备使用期管理的一项重要工作内容。它包括列入固定资产的机械、动力设备所进行的管理。

设备资产管理的主要内容:设备编号与台账,设备资产统计,高精度、大型、重型稀有(简称精、大、稀)及关键设备的划分,重点设备的划分,设备封存、移装、调剂、租用、折旧、报废的管理,设备仓库管理,设备档案管理等。

一、设备编号与台账

企业设备类别和数量繁多,为区别某台特定设备的类别、型号以及序号等,用一种有规则的数码组成一个代号以表示上述特性,即设备编号。有了设备编号就可查阅有关这台特定设备的设备档案、维修记录、故障及事故记录等。为便于掌握全企业设备的状况和原始数据,当设备正式列入固定资产时,设备管理部门必须建立设备卡片,汇编设备台账,以利设备管理工作的开展。目前,已在企业中应用计算机管理设备台账,进行设备统计。

1.设备统一分类与编号

早在 1965 年原第一机械工业部就颁发了"设备统一分类及编号目录",将设备按性质分为机械设备和动力设备两大项。机械设备分为金属切削设备,锻压设备,起重运输设备,木工铸造设备,专业生产用设备及其他机械设备六大类。动力设备分为动能发生设备,电器设备,工业炉窑及其他动力设备四大类。每一大类又分为若干小类,每一小类又分为若干组别,并分别用数字代号表示。设备的代号由大类别、小类别及组别的数字代号顺序组合而成。如外圆磨床的代号 031,交流电焊机的代号为 752,煤气管路的代号为 932 等。

为便于设备的管理,每一台设备都有自己的编号。设备的编号由两段数字组成,前一段为设备的代号,后一段为该代号设备的序号,两段之间贯一横杠。例如序号为 18 的外圆磨床,其编号为 031—018。对于成套设备中的附属设备,如由于管理需要予以编号,则在这个成套设备的编号前加字母"F",来表示附属设备的编号,但是不能单独作资产统计。

2.设备卡片与台账

列为固定资产的设备,财会部门与设备动力部门均应建立单台设备固定资产卡片,登记设备的固有数据资料及动态记录,并按保管使用单位(车间、班组)建卡片册。设备卡片式样见表 3－1。

为便于资产清点和计划管理,还应按车间、班组(生产线)排列编制设备台账,见表 3－2。

根据设备编号及分类统计的需要,设备动力部门要以代号分类,按编号顺序排列,编制设备台账。对高精度、大型、稀有及关键设备应分别建立台账。

表 3 - 1　设备卡片

（正面）

设备编号	设备名称	型号	规格

制造国别	进口设备合同号	制造厂名

设备原值：　　（元）	精、大、稀分类：	年折旧率：
出厂日期：	出厂编号：	进厂日期：
安装地点：	安装日期：	开始使用日期：
轮廓尺寸：		质量：　　（吨）

附属设备及附件	名称	型号与规格	修理复杂系数		
			机	电	热

（反面）

配套电动机	用途	型号	千瓦	转速	用途	型号	千瓦	转速
	总台数：　（台）				总容量：　（千瓦）			

设备动态记录

专业厂	车间	调入日期	调出日期	备注

表 3－2 设备台账

单位：   设备类型：

序号	设备编号	设备名称	型号	规格	制造国别	制造厂名 出厂编号	配套电动机		修理复杂系数			出厂日期 进厂日期	安装日期 开始使用日期	安装地点	设备原值元	年折旧率	总质量吨	进口设备合同号	随机附件数	备注
							台数	总容量	机械	电器	热工									

二、设备资产统计

设备资产统计是按照资产管理的需要,对平常积累的有关设备方面的各种原始数据资料进行分类、整理、计算、汇总,以掌握设备的各种数据,以便进行资产管理的分析和决策时采用。设备统计是资产管理的基本方法之一。

三、设备分类

设备根据在生产过程中的加工零件尺寸要求、加工精度等级、可靠性、维修性、安全性、购置价格以及在企业生产中的重要程度等因素进行划分,以便于区别不同情况,加强管理,并以此作为分类统计的依据。机械工业企业设备采用以下 3 种方法进行分类:

(1)高精度、大型、重型稀有设备的划分。根据国家统计局等颁发的"主要生产设备统计目录"中规定的范围划分(略)。

(2)关键设备的划分。关键零(部)件生产和关键工序使用的设备的划分。

(3)重点设备的划分。重点设备是根据企业的生产性质和保证生产的要求,需要重点管理和维修而确定的生产设备。设备动力部门每年应根据生产与设备的具体情况,并征询有关部门的意见和要求,进行评定或调整。

运用 ABC 分析法可将设备划分为三类:A 类为重点设备,是重点管理和维修的对象,应严格执行预防维修;B 类为重要设备;C 类为普通设备。

企业应建立重点设备台账。重点设备应有明显标志;重点设备操作人员必须严格执行工艺规程和操作规程,要求人员相对稳定;重点设备应积极采用设备故障诊断技术和状态监测方法;要加强重点设备的检查,加强对重点设备的操作和维修人员的技术培训。

四、设备档案管理

单台设备从设计,制造(购置),安装,调试,使用,维护,修理,改造,更新直至报废等全过程中不断积累并整理应归档保存的资料、原始证件、工作记录、事故处理报告等文件资料。每台设备应建立档案并进行编号,便于查用。设备档案资料的完整程度,是体现一个企业设备管理基础工作水平的重要标志。

设备档案内容一般有两个部分。

(1)设备投产前的有关验收资料。

1)制造厂出厂检验合格证书及其附件;

2)出厂装箱单;

3)随机附件及工具的清点移交清单;

4)设备安装、试运行、精检、调试等的有关记录及验收单。

(2)设备验收投产后有关维修方面的资料。

1)计划检修记录及验收评价资料;

2)设备状态记录资料,安全状况检查测试记录,报告单等;

3)设备技术改造记录资料;

4)有精度要求的设备的精度检测记录资料;

5)设备事故报告单及分析处理资料;

6)其他资料。

有关设备说明书、原图、图册、底图等作为设备的技术资料由设备技术资料室建账保管和复制供应,不作为设备档案资料。

企业应加强设备档案的管理,特别是高精度、大型、稀有、关键及进口设备的档案管理,做到及时、详尽。

有关设备的封存、移装、调剂、租用、折旧、报废的管理,设备仓库的管理等设备资产管理内容,可根据有关要求按程序进行,并应不断总结经验,提高设备资产的效益和利用效率。

第二节 设备资产内部控制制度

内部控制是社会经济发展到一定阶段的产物。其内容是随着企业对内强化管理,对外满足社会需要而不断发展的。

资产内部控制思想有内部牵制、诚实官员、约束财产的使用和职责分工等。内部控制包括组织机构的设计和企业内部采取的所有相互协调的办法和措施。这些方法和措施用于保护企业资产的完整性,检查信息的准确性,提高经营效率,推动企业坚持执行即定的管理方针。

一、设备资产内部控制制度的目标与要求

根据设备资产自身的特点,它的内部控制制度的目标在于以下几方面:

(1)保证设备资产取得的合理性。设备资产的取得需要企业抽出大量的资金,或向银行贷款,这会影响企业日常的资金周转并需要支付大量利息,这对于企业生产或服务能力的变化有较大的影响。同时,资本支出决策一旦执行,其资金要经过一定时期才能收回,决策失误的后果往往难以改变,或者要付出很大的代价,有时甚至会导致企业的破产。因此,合理取得设备资产是使企业在未来保持良好的经营状态的盈利能力,是内部控制制度的首要目标。

(2)保证设备资产计价的正确性。企业在一项设备资产上投资效益好坏的确定,首先必须正确计算该项资产上投资金额和合理计算它的价值。设备资产计价的正确也为合理计提折旧提供了基础,同时它还影响到资产负债表所反映的企业财务状况。

（3）保证设备资产的实际存在和保养维修。理论上讲,固定资产的物质实体,应存在于较长的一段时期内。但在实务中,要在长时期内使它们确实存在,需要有一定的监督控制加以保证,良好的内部控制制度要求有专人使用、专人保管,并要求使用保管人员以外的专职人员根据相关记录定期盘查资产,以保证账面存在的设备资产的实际存在。

（4）保证折旧的合理性与正确性。设备资产的消耗是一段较长时间以内的事,它的价值是逐渐转移到产品成本中去的,通常人们把设备资产逐渐转移到产品成本中去的那部分损耗价值叫作折旧,这部分价值将从产品销售收入中提取出来。它的目的主要是使设备资产的原始成本在它们的估计使用年限内按系统的方法分配计入产品或服务成本中,而它的计算又受到许多人为因素的影响。同时,由于折旧并不是当期现金或实物性支出的费用,较容易被用来调节各期营业费用。

综上所述,设备资产内部控制要求企业在取得设备资产之前,充分考虑企业生产经营,长远规划,充分考虑所需设备资产的技术先进性,资本支出对企业经营资金的影响,防止取得的设备资产在日后被低效率地使用,以及由此造成的资金搁置;它同时要求在资产的寿命周期内对其经常和定期地维修、保养。设备资产内部控制制度也要求企业对设备资产在经济上有明确计价,合理区分资本支出和收益支出,正确计算折旧,防止在估计使用年限时有明显不合理的技术错误和人为错误,并防止用折旧来调节各期费用。

二、工业固定资产内部控制制度的应用概况

随着科技的发展,现代设备资产正向着大型化、高速化、精密化、电子化、自动化等方向发展。一方面为企业和社会带来了很多好处,如提高产品质量、增加产量和品种、减少原材料消耗、充分利用生产资源、减轻工人劳动强度等,从而创造了巨大的财富,取得了良好的经济效益和社会效益。另一方面也给企业带来一系列新问题。

（1）购置现代设备资产需要大量的投资;

（2）维持现代设备资产的运作也需要大量投资;

（3）一旦发生故障,损失巨大;

（4）一旦发生事故,将会带来严重后果;

（5）现代设备资产社会化的程度越来越高。

现代设备资产的内部控制制度不仅局限于内部牵制,也不仅局限于设备资产的保养、使用,而是从设备资产的规划、设计、选型、购置（制造）、安装、使用、维护、维修、改造、报废直至更新,贯穿于它的始终。

在我国,设备资产内部控制制度起步较晚,早期仅限于工业设备的使用、维护管理制度,随着现代企业设备综合管理学的丰富,设备资产内部控制制度在现代企业生产、经济活动中的作用日益凸现。

三、资产内部控制制度

1.职务分离制度

大多数刚接触内部控制这一概念的人常常将内部控制与内部牵制的概念混淆。这是因为内部控制自始至终贯穿着内部牵制的两个思想:

（1）两个或两个以上的人或部门无意识地犯同样错误的机会是很小的;

(2)两个或两个以上的人或部门有意识地合伙舞弊的可能性大大低于单独一个人或部门舞弊的可能性。

职务分离制度具体地体现着内部牵制的两个基本思想。

有关设备资产的主要业务如下：

(1)确定企业未来生产经营能力及职务需要的规划；

(2)编制成本预算；

(3)购置设备资产；

(4)验收设备资产；

(5)保养和维修设备资产；

(6)资产计价与折旧的计算；

(7)资产盘存废弃的处理，会计记录等。

为了加强控制，有些业务需要一定的职责分工，这些分工至少要达到以下 7 点要求：

(1)各种资产的需要应由使用部门提出。采购部门、企业内部建筑或建设部门一般无权首先提出采购或承建的要求。

(2)资产请购或建造的审批人应与请购或建造要求提出者分离。

(3)资本预算的复核审批人应独立于资本预算的编制人。

(4)设备资产的验收人应同采购或承建人、款项支付人在职务上分离。

(5)资产使用或保管人员不能同时担当资产的记账工作。

(6)资产盘查工作不能只由使用或保管人员或只由负责记账的人员来进行，应有独立于这些人员的第三者参加。

(7)资产报废的审批人不能同是资产报废通知单的编制人。

只有达到上述几点要求的职务分离，才能够明确地执行内部控制，在职责、职权上进行内部控制，搞好设备资产的内部控制，因此，职务分离制度是资产内部控制制度的前提和基础。

2.资本支出预算制度

在现代企业生产经营活动中，利润最大化是最根本的目标之一，但投资机会是无限多的，而投资资本总是有限的，对利润的追求，使得企业总是力求将有限的投资资本分配到最有利的投资上去。因此，为了筹集这些资金和在资金投入后使企业的利润有所提高，以及在各种投资机会中作出最有利的选择，编制资本支出预算是内部控制制度中的重要一环。

资本支出预算是为是否取得以及如何取得某项资产投资项目的决策提供资料而编制的预算。其本身并不是一项投资决定，而只是作出决算所依靠的资料。它的编制，应由工程技术、计划、资金管理、采购、销售、生产等部门的人员共同参加，这样可使一项资本支出预算错误发生的可能性降到最低。

设备资产内部控制程序要求使用部门首先提出某种书面申请，并详细说明技术和经济上的理由。而这一申请是否经济和以何种方式取得，必须通过资本支出预算的分析才能决定。

一个好的内部控制制度要求一项资产的投资需有多个资本支出预算可供选择，对于投资金额较大的项目，资本支出预算应该有多项分投资预算额，以便于日后对投资实际支出额的控制。

3.设备资产取得的控制制度

当一项设备资本支出预算核准时，资本支出预算的执行业务就已经授权采购部门或其他部门开始进行设备资产的取得业务了。

对于从外部采购的设备资产,它的取得过程一般包括选型、购置和安装调试三个步骤。

选型必须遵循技术先进、生产实用、运行可靠、便于维修、经济合理的原则。在技术和质量方面应由工程技术人员参与,具体地考察如设备生产率、可靠性、维修性、节能性、成套性、安全性和环保等因素。在有些企业的控制制度中,技术质量要求较高,费用支出较大的设备购货合同,规定须有不同专业技术人员,如采购专家、工程师、生产人员、律师和成本会计师组成的小组作最后的审查。这一点设备资产的取得控制方面也值得提倡。

选型时,要遵循预选、细选和决策三个步骤。预选时信息要灵、情报要广,细选时要求对厂家直接进行咨询,其中主要内容包括产品的各种技术参数、性能、精度、加工范围、产品质量、信誉及附件、价格、交货期等。细选中初设的方案应该在两个以上,以便决策。决策方案时要从经济性、可靠性、可维修性等方面来考虑,建议可采用专家小组或请咨询单位等方式充分进行可行性论证。

在安装调试过程中,应指定一个或几个专门的职员,由他们根据设计或其他技术资料和承包商在合同条款上的承诺,逐步地监督建造或安装的进度、数量和质量,并按需要和条件的许可作各种技术测试工作。这种监督性控制,有时可请外部的专家来提供。任何于安装结束时才进行一次性验收,在安装过程中缺少甚至没有内部控制是非常危险的。

对于建造或改造的固定资产,应遵循三个可行,即技术上可行、经济上可行和方式上可行,基本的控制制度与购置设备资产是相近的。

4.设备资产的记录和入账的控制

设备资产应分类设置,由各种账户分别记录。其分类有房屋、租赁资产的改良、机器设备、家具、办公设备、运输设备等。每类资产账户应附有单独的卡片或表单,记录财产各种详细的资料。每张卡片或表单应记录每项资产的简要说明,存放地点,购入或建造的日期,相应的凭单或工作单号码,资产的价值,规定的计量单位,折旧的方法,估计残值,每会计期应提的折旧以及已提的金额。同时设备资产记录还应表明该项财产维修和保养情况。此外,所有卡片或表单应编上交叉索引号码,以便同资产账户或其他记录相核对。

良好的内部控制制度要求详尽、明了、充分的记录,也要求对记录经常地核实,有效地调整,对于设备资产的记录和入账更要求如此。

有效的记录和入账控制,要求有效的会计控制。

首先,会计部门登记各类资产明细账时,应有适当的复核程序来验证各种应计入各种资产价值的费用成本,防止多计或少计财产价值,造成经济上的损失;其次,会计控制通常要求事先将应予资本化的资产项目调协目录表加以确定或对不能罗列的财产和无法确定的资产在金额上设定一个最低界限,否则设备资产账户可能会变得项目众多、杂乱而使控制资产非常困难以及导致资本支出和收益支出的划分不准。

5.资产的维护和保养制度

由于设备资产具有使用期限长、单位价值大等特点,使用时必然牵涉设备资产的维护和保养。

在设备管理中,对于设备的维护管理,主要有如下几方面:

(1)设备的日常维护;

(2)设备的定期维护;

（3）设备的区域维护；

（4）设备维护的检查评比。

资产的维护与保养控制制度应注意以下两点：首先，各级保养人员不同，程度不同，相关的工具、费用等也不同。日常维护可由设备资产使用人员执行，其直接上级检查，定期维护要求专业人员执行，使用人员配合，进行检查验收。区域维护应由使用人员及该区域内主管技术的职员进行维护。其次，工业固定资产的检查与评比要由使用与维护的第三者进行，做到客观准确和经常，以利于提高维护与保养员的积极性。

设备资产的维护与保养情况应在该项资产的表单或记录中记录下来，并定期受到负责工程技术的高级管理人员或由指定的人员检查。

对于维修和保养设备资产的费用，在会计上应全部进入主期或者分期摊入各期成本费用中，不能资本化。对于这些费用的控制，应防止必须资本化的费用作为维修和保养费用来列支。还有一种有效的控制方法是由会计部门逐月编制维修和保养费用表，以便分析各月之间费用的重大波动原因。

6.设备资产的折旧，定期盘查和报废的控制制度

（1）折旧。折旧是一种物质损耗的价值转移，是产品成本的一个重要组成部分，它对于企业发展和国家建设都有重要意义。

合理的折旧首先必须合理地确定资产的取得成本、有效寿命和残值。而当资产的计价得到有效控制时，取得成本一般不难确定。而资产的有效寿命和残值需要通过一定的控制程序来判断。虽然要求管理当局精确地估计资产的有效寿命是不可能的，但是管理当局有责任把有效寿命估计得尽可能近似地反映特定资产的状况。首先，管理当局应广泛地征求有经验的工程技术人员和会计师的意见；其次，应收集类似设备的各种历史资料；再次，应尽可能地参考税法规定和各种资产的服务寿命，以便会计上计算的净收入和为纳税而计算的净收入尽可能一致。在实务上，这种控制往往能取得比较好的效果。此外，企业还要求保险公司提供保险统计的资料为确定各种资产的有效服务寿命。

残值的估计一般应以取得资产的转卖行情或者前几年的经验为依据，但有时这种做法也有一定困难。因此，另一种控制方法也许是可取的，即企业事先制定一种符合公认会计原则的折旧处理会计方针。在方针中，适用于各类资产的折旧方法及各类资产的平均残值等最好事先能用文字形式加以规定。这种控制可防止同类资产采用多种折旧方法而导致的账务处理复杂化。同时也可使折旧会计处理得以一贯性。

（2）盘查。虽然资产对于现金等来说，遗失或被盗的可能性较小，但它们是长期存在的，物质实质与账面记录的状态很可能不一致。甚至可能有账面记录仍在，物质实体已经不存在或被遗忘的情况发生。因此，定期盘查设备资产是保护财产的必要控制手段。盘查是指将设备资产的账户记录与设备资产的实际相比较，以防止出现设备资产实际与设备资产的账户记录不符的情况。由于盘查的目的是为了防范人为的错误或职员的舞弊行为，也就是说盘查与内部控制制度的目标是一致的，因此，企业应定期（视财产的性质不同而不同，通常至少每一年一次）有一个专门的小组来盘查设备资产的实存情况。该小组应由负责保管、记账等不同职能的人员以及与厂场设备无关的其他局外人组成。盘查的结果应记录在厂场设备盘查清单上。盘查人员（一般要求两人以上）应在盘查清单上签字。实地盘查结果后，应将盘查清单内容同设备资产的卡片相核对。如发现差异，或设备资产已处于不能正常运转状态，应由设备资产保管

部门的主管审查其原因。每次盘查的清查单应归档保存,以便日后追查有关人员的责任。

（3）报废。保护财产的另一种控制是对于不再需要的资产通过一定的程序来处理。一种最佳的控制方法是设计一种财产报废工作通知单,规定任何设备资产的保管或使用人员在没有得到一张经过审核批准的废弃工作通知单前,不得擅自放弃一项设备资产。废弃工作通知单内容包括设备资产卡片上所记载的所有内容、废弃的理由、估计废弃处理所需的费用、估计能收回的残值、出售价值等,该单应由工程师或其他具备专门知识的人审查填制。

同资产取得一样,资产废弃或出售需要由不同级别的管理人员批准,通常是以财产的金额作为标准。金额较低的财产废弃,须经部门经理或其他被授权人批准。而对于金额较大的财产废弃,例如,主要生产线、大型机器设备等,则需要通过董事会批准。

废弃工作单至少应设置三联:一联由审批人留案备案,一联作为执行废弃出售工作的授权证明,一联交财务部门。

财务部门收到执行完毕的废弃工作通知单后,应审查该单是否经执行部门主管的签字认可,并应及时注销厂场设备的账面记录。

四、设备资产内部控制的局限性

良好的设备资产内部控制制度虽然能达到完整、安全、正确、经济、真实等内部控制目标,但是,内部控制也有其局限性。

首先,内部控制必定要考虑到它的"成本效益",即对于一个内部控制程序实施成本不应超过预期的效益。从理论上讲,就是在内部控制成本和效益关系中找出最适宜点。

然而在实践中,内部控制效益是难以确切计量的,如防范设备资产的失窃而发生的内控成本,防范设备事故发生的内控成本等,都是无法确切计量的。同样,为建立和保持许多内部控制所发生的总成本,即使可能计算,也是难以正确确定的。因此在成本效益上,内部控制最适宜点的费用支出数是有局限性的。

其次,设备资产的内部控制一般是为了控制经常重复发生的业务发生而设计的,一旦发生例外则容易出现失控或原有控制不适用的可能。但人们预料之外的例外总是有发生的可能,从而降低了内部控制的作用。

再次,执行内部控制的效果会因人而异。这是因为人的责任心有不同,能力、性格有不同。两台同样的设备由两个不同的人在使用,环境相同的情况下使用同一段时间,这两台设备的完好程度(或保养程度)也有不同。更有些人忽视控制程序,错误判断甚至相互串通舞弊等,也常常导致内部控制失灵。

总之,设备资产的内部控制的作用只能是"合理保证"。管理人员主观理解、经验,特殊行业、企业状况,管理当局的作用,成本-效益的判断等都会对内部控制的效果产生一定的影响。

第三节　设备技术鉴定管理

设备技术鉴定管理是指围绕设备技术鉴定工作进行的组织、程序、技术、行政、监督管理工作,是市场经济条件下开展的新的管理工作。

一、设备技术鉴定的组织管理

设备技术鉴定的组织体系包括政府设备管理部门、设备技术鉴定执行机构、设备技术鉴定小组和设备技术鉴定人员。设备管理部门负责鉴定的各项组织工作,制定法规、方针政策,聘用人员。设备技术鉴定的执行机构是具有设备管理职能的协会,遵循设备技术鉴定的程序,接受设备技术鉴定管理部门的工作指导,把聘用人员组织起来开展工作。各种技术专业小组实施鉴定程序,配合企业对需要鉴定的设备进行技术鉴定。

设备技术鉴定工作需要一大批精通专业知识且经验丰富的专业技术人员来完成。设备技术鉴定执业资格申请的程序:个人申请,单位同意,行业主管部门审核聘用,符合条件者发给执业资格证书,准予参与设备技术鉴定工作。设备技术鉴定人员要持证工作,个人必须持有统一制式的设备技术鉴定执业资格证明,小组必须持有设备技术鉴定执行机构发给的设备技术鉴定委托证明,从个人能力、鉴定结果上保证鉴定的严肃和正确性。

二、设备技术鉴定的程序管理

设备技术鉴定的申报是设备技术鉴定工作的起点,凡需进行鉴定的设备均应向设备技术鉴定的执行机构提出书面或口头申请,填写统一制式的表格。表中反映被鉴定设备的种类和设备的一般状况,作为配合鉴定人员的依据,按照少而精的原则,确定人数。对设备技术鉴定小组工作人员提出工作要求:交时间,交情况,交任务,交政策;要求小组人员以质量、纪律约束自己。然后鉴定小组进入工作程序,查看设备技术档案,请操作者、设备维修人员、设备管理人员介绍情况,对设备进行实际测定,测定的方法有专家评价法、仪器测量法等,在此基础上鉴定小组提出结论性意见,尽量取得一致,说明主导意见,保留不同意见,并按要求填写技术鉴定报告。报告由参与鉴定的成员签名,经企业认可,报设备技术鉴定执行机构鉴证,鉴证起审核作用,避免鉴定的片面性和失误。经过鉴证的报告才具有产权处置依据的作用。设备技术鉴定报告的鉴证应避免两种倾向,一是不了解情况就鉴证,仅把鉴证看作是走过场,失掉了鉴证的作用;二是不相信小组的鉴定结果,重新换人鉴定,把问题复杂化。正确的方法是执行机构在鉴定小组进行鉴定的过程中,及时掌握情况,随时进行指导。

三、设备技术鉴定的技术管理

设备技术鉴定工作涉及的技术种类相当广泛,各种设备在交易、入股、报废、理赔等经济技术活动中都会提出确定使用价值的问题,都要了解设备的技术状况,而每台设备的技术鉴定都涉及多种技术知识。实际上每个工程技术人员往往只具备一两种专业知识,鉴定一台复杂的设备不是一个人所能完成的,多种技术人员的组合才能满足鉴定工作的要求。设备占总成本的大体比率,统计成册或存储于计算机内,作为常备的评估资料。一旦评估项目中遇到在册的机器设备,可按各结构名称一一鉴定出的成新或损耗率或修复费用,参照已测算在册的结构件权重比率,计算设备总体新旧程度或总的修复费用(实体贬值)。技术鉴定的技术管理就是为适应这种需要进行的,目的在于保证鉴定结果准确可靠。

设备技术鉴定技术管理的主要内容:

(1)普通设备技术鉴定的管理。普通设备技术含量不大,鉴定时几乎不必测量,就可得出准确的结论,或只测量个别指标就能满足鉴定的需要。对这样的设备可采用专家法进行鉴定。

由于方法简便快捷,结论易产生较大的差别,因此要慎重选择专家,还要特别重视行业设备的特点。

(2)特种设备技术鉴定的技术管理。特种设备是指锅炉、压力容器、吊车、电梯和有特殊要求的设备,鉴定时不能只凭经验,应主要依靠工具检测,检测指标要全,重要指标不能遗漏,量化的结果是主要的,定性的结论只能根据量化结果做出。人员选择要从严,专业必须对口,要有长期从事专业工作的经验。

(3)精、大、稀设备技术鉴定的管理。精、大、稀设备鉴定的难度大,对人员要求高,有的连技术标准也没有。要注意收集原设备随带的图纸和技术资料,鉴定人员要由相关的高级技术人员组成,可参照其他同类设备技术要求进行鉴定的技术管理。

设备技术鉴定的技术依据和方法的管理有国家、部、省、市、企业等几类技术标准,鉴定时要根据不同的技术等级,选择不同的标准。准确地选用标准是保证鉴定结果准确的重要前提。技术鉴定的依据主要包括设备技术标准和设备完好标准。

四、设备技术鉴定的行政管理和监督管理

设备的技术鉴定对象在企业,企业领导要重视这项工作,在日常工作中凡是研究、布置设备资产产权变动问题要同时考虑安排设备技术鉴定工作。设备管理部门的人员应了解设备技术鉴定的全过程和业务内容,配合有关部门做好技术鉴定工作。企业中具有设备技术鉴定执业资格的人员,除直接参与鉴定外,还是设备资产的监管人员,有责任揭示领导履行设备技术鉴定的程序,提出合理化建议。

行业主管部门是资产经营的监督部门,有责任加强对设备技术鉴定工作的管理,在日常工作中,把设备技术鉴定作为重要工作来抓。设备管理部门应向上争取领导支持,向下组织企业做好设备技术鉴定工作,并协助设备技术鉴定执行机构开展工作。各地区的设备管理部门、资产管理部门要开展好本地区的工作,监督检查,掌握情况。

政府部门中与设备技术鉴定工作相关的设备管理部门、资产管理部门、审计部门,以及社会团体的设备管理协会,要分别把关,共同做好工作。设备宏观管理部门全面负责设备管理工作,保证设备的保值增值,提高完好率、利用率。这些工作是做好设备技术鉴定工作的前提条件,反过来设备技术鉴定工作又可以促进这些工作。设备在资产管理中占很大的比重,是资产管理的重要内容。资产管理部门在管理程序上有明确的制约手段,企业必须严格执行这些规定,把住技术监督关。审计部门作为对经济的制约部门从严肃经济纪律、加强法制的角度检查法规的执行情况,可以有效地约束企业。政府有关部门主要进行法规和行政的管理,大量的业务、技术工作还应依靠设备管理协会组织。协会被委托为设备技术鉴定的执行机构,具体实施有关设备技术鉴定的各项工作,既有分工又有合作,建立联系制度,及时沟通信息,定期召开办公会,解决工作中的重大疑难问题,做出新的决策。

设备技术鉴定的监督管理包括行政监督、资产产权监督和审计监督。行政监督是政府管理部门对企事业单位执行法规政策、规章制度情况的督促监察,一是对企业的监督,二是对设备技术鉴定执行机构的监督。资产产权监督是监督企业处置资产时,是否按照有关规定进行了设备技术鉴定,没有执行的要补办手续,否则不得进行产权处置。审计监督是审计部门定期抽查企业设备技术鉴定工作情况,如果出现违反规定的,进行改正处置。

五、技术鉴定是确定设备价格的依据

设备技术鉴定是对机械动力设备技术状态的准确评定,是设备各项经济活动的前提。在企业经常出现这样的情况,有的机床使用了 20 多年不用大修,始终保持着设备的完好状态;而有的只使用了三四年,不大修就不能维持生产。由此可见,两台相同的机床在使用相同时间后,由于影响因素不同,设备的技术状态有很大差异,也可以说设备使用时间的长短不是设备技术状态的决定性因素。

重置成本法的评估价格＝设备技术状态系数×设备现行市场价(简便计算方法)

这样计算出的评估价格可与设备的实际技术状况相符,从理论上说,使该设备价值形态与实物形态相统一,使产权变动的双方得到互补,使有用资产得到保值。

设备完好标准,经过多年的验证和修改,已日趋统一。运用能反映设备完成标准的各项质量指标来表示设备的技术状态较为合理。各行各业、各种类型的设备的完好标准有不少相同或相似的地方,以此作为制定设备技术鉴定的标准极为有利,可保持设备管理工作的连贯性,因为设备技术鉴定本身就是设备技术管理的一部分。同时由于广大的设备管理工作者十分熟悉,也便于接受,易于掌握。

对各行各业各种不同类型的设备进行分类排队,选出若干最具代表性的几大类设备,分析其完好标准,找出几个能反映设备技术状态的质量指标,作为通用质量指标。并从中选出一项最能反映设备技术状态和特征状态的质量指标,作为特征质量指标。特征质量指标,只适用于某一类设备,而通用质量指标可以在较大范围设备中通用。这样就能比较方便地编制出各类设备的技术鉴定标准,包括一个特征质量指标和若干个通用质量指标。

六、技术鉴定与资产管理

设备是企业资产的重要组成部分,设备技术鉴定工作是国有资产管理工作的重要环节。设备管理审计是随着企业体制改革提出的一项措施。设备技术鉴定不仅属于设备管理审计的内容,而且为设备管理审计提供了基础。现就设备技术鉴定与国有资产管理的关系,与设备管理审计的关系来论述设备技术鉴定工作的意义。

1. 设备技术鉴定与设备管理

设备技术鉴定是对设备的技术水平和技术状态进行全面的鉴定,既考虑设备的物质磨损程度,又考虑设备的精神磨损程度。这样,在设备技术鉴定基础上做的价值评估结果才真实可靠。企业定期对主要生产设备进行技术鉴定,可为设备的使用、维护、检修及更新改造等工作提供依据。

设备技术鉴定工作使设备调剂、设备事故处理、设备报废等工作的加强有了保证。设备管理工作除了常规的使用、维修、改造和更新等管理外,还要加强对设备调剂、设备事故处理、设备报废、设备保险理赔等工作的管理。

闲置设备的价值确定依据是闲置设备的技术鉴定。技术鉴定是指对闲置设备的基本性能、可靠性、有形耗损、无形耗损以及其完整程度等情况进行鉴定,防止污染环境、能耗高、技术落后、危害职工人身安全的应淘汰设备流入市场。当企业发生设备事故,需要分析事故原因、事故损失、责任者及保险理赔时,设备技术鉴定是不可缺少的,权威性的设备技术鉴定可以准确、及时地定案。设备是否要报废也须由设备技术鉴定来决定。

2.设备技术鉴定与国有资产管理

设备管理是国有资产管理的一个基础环节。国有资产的管理要求企业设备管理不仅考核资产的保值增值,还应当考核设备的技术状况。

设备技术鉴定是实现国有资产保值增值的有力措施。我国国有资产大量流失的主要原因之一就是在产权变动中不进行资产评估,或评估中由于评估人员水平的限制不能准确地判断出设备资产的技术水平和技术状况,影响到国有资产的价值量。加强设备技术鉴定的管理工作,可以有效地防止国有资产的流失,保障国家所有者权益。国有资产大量流失的另一个主要原因是企业在经营管理国有资产中的工作失误。企业对设备的技术状况,要经常监测设备的技术状况,要经常监测设备的完好、有效,实现国有资产的保值增值。因此,加强设备鉴定工作,可以改变仅仅以账面价值管理国有资产的办法,堵塞设备管理上的漏洞,防止国有资产的流失。

设备技术鉴定是转变政府职能的有效途径。在建立和完善社会主义市场经济体制过程中,政府对企业设备管理的方式、方法要进行职能转变,由过去对设备的具体单项管理转到建立和完善设备管理工作的激励机制和约束机制上来,特别是要研究宏观管理政策。政府制定设备技术鉴定管理办法,由专业协会具体实施,将政府过去对企业设备的直接管理转变为间接管理,既可减少政府对企业经营权的直接干预,又可及时了解设备资产的技术水平和技术状态,达到对国有资产的管理目的。

3.设备技术鉴定与设备管理审计

设备技术鉴定是设备管理审计的基础。设备管理审计主要是对国有设备资产保值增值的审计,尽管也从技术上审计,但主要是对价值的审计。设备价值是以其技术状况为前提的,设备的技术状态、技术水平情况直接决定了设备价值的情况。而设备的技术状态和技术水平如何,需要通过设备的技术鉴定来确定,进而确定设备的价值,对国有资产保值增值的审计也就有了依据。

审计具有经济鉴证的职能,对设备管理状况要出具报告,鉴定和评价设备管理工作的合理、合规、合法性。设备技术鉴定也要出具报告,是对设备技术状况、技术水平的鉴定和评价报告,它构成了国有资产保值增值审计报告的一项内容。设备技术鉴定是设备管理审计中国有资产保值增值审计的前提。

设备管理审计是设备技术鉴定的保证。设备管理审计是审计工作的一项内容。审计是从经济监督方面来对设备管理进行宏观管理,设备技术鉴定报告只有得到审计部门的认可,才具有合法性。设备技术鉴定由法定部门组织实施,设备技术鉴定的人员是否具有资格证,在鉴定时是否具有设备技术鉴定委托证明,设备技术鉴定报告是否经过有关部门的鉴证等,要由审计部门来认可。

对设备技术鉴定工作进行审计具有重要意义:

(1)有利于设备技术鉴定工作法规化、程序化。为了加强设备产权管理,纠正当前设备技术鉴定管理上的失误,堵塞漏洞,适应价值评估和各种经济技术活动的需要,必须使设备技术鉴定工作法规化、程序化。法规化就是政府要制定设备技术鉴定工作管理办法、设置法定机构,实行执业资格管理制度、设备技术鉴定报告鉴证制度;程序化就是政府有关部门或专业协会制定一整套设备技术鉴定工作的程序,制止个人行为、减少失误。而在这个过程中,审计部门都要参与,以保证设备技术鉴定工作的合法化。

(2)有利于保证国有资产的安全性和完整性。国有资产在进行交易、调剂,企业在发生产权变动时都涉及设备价值的评估,而价值评估工作的基础就是技术鉴定,技术鉴定工作的质量关系到价值评估的准确性。审计部门要审查设备技术鉴定工作是否按有关规定开展,是否使鉴定工作正确开展,使设备所有者权益不受侵害,有效地防止国有资产流失。

第四节　设备事故管理与安全管理

企业的生产设备因非正常损坏,造成停产或效能降低均为设备事故。设备事故会给企业生产带来损失,甚至危及职工的安全。因此要提高对设备事故的认识,并采取积极有效的预防措施,加强设备事故管理。同时,应从设备事故中分析原因、吸取教训,制定防范措施,对重大设备事故(包括一般设备事故)更要查明原因,追究责任,严肃处理。

一、设备事故的划分

国务院颁布的《设备管理条例》规定,设备事故划分为一般事故、重大事故和特大事故三类。设备事故的划分标准由国家有关部门确定。由于各类企业生产性质、设备特点等有所不同,各类事故划分的标准也有所不同。

二、设备事故的性质

根据事故产生的原因,可将设备事故性质分成3种:
(1)责任事故:由于人的原因造成的事故,称责任事故。如擅离工作岗位,违反操作规程,超负荷运转,维护润滑不良,维修不当,忽视安全措施,加工工艺不合理等造成的事故。
(2)质量事故:因设备的设计、制造质量不良、修理质量不良和安装调试不当而引起的事故。
(3)自然事故:因各种自然灾害造成的设备事故。

三、设备事故的调查分析及处理

1.设备事故发生后的工作
立即切断电源,保持现场,逐级上报,及时进行调查、分析和处理。一般事故发生后,由发生事故单位的负责人,立即组织机械员、工段长、操作人员在设备动力科有关人员参加下进行调查、分析。重大事故发生后,应由企业主管负责人组织有关科室(如技安科,设备动力科,保卫科等)和发生事故单位的负责人,共同调查分析,找出事故原因,制定措施,组织力量,进行抢修,尽快恢复生产,尽量降低由设备事故造成的停产损失。

2.事故调查分析
调查是分析事故原因和妥善处理事故的基础,这项工作必须注意以下几点:
(1)事故发生后,任何人不得改变现场状况。保持原状是查找、分析事故原因的主要线索。
(2)迅速进行调查,包括仔细察看现场,事故部位,周围环境,向有关人员及现场目睹者询问事故发生前后的情况和过程,必要时可照相。调查工作开展得愈早愈仔细,对分析原因和处理愈有利。
(3)分析事故切忌主观,要根据事故现场实际调查、理化实验数据、定量计算与定性分析,判断事故原因。

3.设备事故的处理

事故处理要遵循"三不放过"原则：

(1)事故原因分析不清不放过；

(2)事故责任者与群众未受到教育不放过；

(3)没有防范措施不放过。

企业生产中发生事故总是一件坏事，必须认真查出原因，妥善处理，使责任者及群众受到教育，制定有效措施防止类似事故重演。

在查清事故原因、分清责任后，对事故责任者视其情节轻重、责任大小和认错态度，分别给予批评教育、行政处分或经济处罚。触犯法律者要依法制裁。对事故隐瞒的单位和个人，应加重处罚，并追究领导责任。

4.设备事故损失的计算

(1)停产时间及损失费用的计算。停产时间是指从发生事故停工开始，到设备修复后投入使用为止的时间。

$$停产损失费(元) = 停机小时 \times 每小时的生产成本费用$$

(2)修理时间和费用的计算。修理时间是指从开始修理发生事故的设备，到全部修好交付使用为止的时间。

$$修理费(元) = 材料费(元) + 工时费(元)$$

(3)事故损失费的计算。

$$事故损失费(元) = 停产损失费(元) + 修理费(元)$$

四、设备安全管理

设备安全管理与设备事故管理有密切的联系。做好设备安全管理可以减少或避免设备事故的发生，减少损失和人员的伤亡。因此，企业应建立和实施相关的规范和制度。

1.特种设备强制检修规范

特种设备是指涉及人员生命安全，危险性较大的锅炉、压力容器(含气瓶)、压力管道、电梯、起重机械、客运索道、大型游乐设施等。

《特种设备安全监察条例》规定：特种设备使用单位应当按照安全技术规范的定期检验要求，在安全检验合格有效期届满前15日向特种设备检验检测机构提出定期检验要求。未经定期检验或者检验不合格的特种设备，不得继续使用。企业应严格执行。

2.在设备使用和维修中主动导入安全管理规范和流程

企业安全管理涉及动火、动电、停电(断电)、停电(带电)作业等作业，企业应建立并遵守安全规章制度，并制定高、难、险和季节性作业安全措施，进行特殊工种身体检查和安全教育。实行安全作业和检修，对安全防护着装(如安全帽、安全带等)做出规定，实行三证制度(检修施工前，需办理动火证、动土证、进罐证)和三票制度(电气操作票、电气检修工作票、临时用电票)。外部施工部门进厂施工应签订安全协议。企业应有规范的安全管理审批流程和安全管理责任制。

3.警示报告制度

设备安全管理的基础是消除生产现场(设备现场)和环境中的危险源(危险隐患)。危险源的消除可通过对现场环境的分析,找出不合理的环境要素,再通过新布局、环境改造、再设计、改建、加装防护设施、现场定置管理等方式解决;运行危险源要通过对设备设计加装防护、报警装置,通过强化对员工的安全防护、劳动保护和培训,或通过对设备工艺的再设计和改进来根本解决;人为操作危险源通过操作规范训练和严格管理,通过纠错、防错程序设计,通过可视化的作业提示来减少和避免。

企业应建立"警示报告制度",当员工发现产品质量,设备故障及安全防护隐患时,及时填写警示报告,报告给现场管理者和主管人员。警示报告就是把一些易于忽视的问题揭示出来,引起警惕、采取措施,以防演变成事故。

警示报告要及时地被汇总、归纳、统计,并适时采取措施对可能造成的问题加以防范。企业应逐步做到警示报告制度常态化、规范化。

第五节　设备管理规章制度与设备管理考核评价指标

一、设备管理规章制度

设备管理规章制度是指企业有关设备管理的各种规定、章程、制度、标准、办法、定额等,是企业管好、用好、修好设备的依据和标准。

为了保证设备管理工作健康有序地进行,使设备管理工作更好地为企业的生产经营服务,企业应根据国家相关法律和法规的要求,结合行业和本企业生产特点,建立健全各项设备管理规章制度。设备管理规章制度包括责任制度、标准和规程,经济管理方面的内容,必须有书面材料,且内容完整、切实可行。设备管理规章制度一般应包括设备管理体制及组织机构设置的规定、设备固定资产管理制度、设备前期管理制度、设备使用与维护保养制度、设备改造(改装)与更新管理制度、设备检修计划与检修技术管理制度、设备安装、调试和自制设备的设计制造管理制度、进口设备及重点设备管理制度、设备管理与维修财务管理制度、设备统计考核制度、设备事故管理制度、设备备品配件管理制度、设备档案和技术资料管理制度、动力设备管理制度、设备使用操作维护检修规程、设备检查评定与奖惩制度等。随着社会主义市场经济的建立和企业竞争的需要,还应适时修改和建立必要的设备管理规章制度。

二、设备管理统计工作

设备统计,就是指按一定要求、原则和方法,对设备的各方面数据进行汇集、管理、计算、分析、研究和总结。它是一项原始性、基础性工作,该项工作应实事求是地进行,以为领导决策提供可靠依据、为编制设备维修计划提供依据、为设备管理现代化和信息化奠定基础。

设备统计工作主要内容没有统一规定和要求,统计报表也没有统一规范,但统计资料应力求做到完整、可靠、及时、科学。

设备统计工作包括设备物质形态(实物形态)统计和价值形态(经济形态)统计两大方面。

设备物质形态统计包括设备数量统计、设备技术素质统计、设备利用程度统计、设备维修情况统计及设备故障情况统计等。

设备价值形态统计包括固定资产投资占用情况统计、固定资产增减变动情况统计,万元固定资产创利税率统计、设备折旧提用情况统计、备件资金占用及周转情况统计等。

设备统计报表种类繁多,可到企业具体了解。

三、设备管理考核评价指标

1.厂长的职责与设备管理考核指标

设备是企业固定资产的重要组成部分。厂长(经理)作为企业设备管理的第一责任者,应当把管好、用好、修好、改造好设备视为责无旁贷的职责。早在 1987 年国家发布的《设备管理条例》中就明确规定:企业设备管理的主要经济、技术考核指标,应当列入厂长任期责任目标。实践证明,加强对设备管理的考核工作,对克服企业的短期行为和拼设备以及以包代管现象,都起到了积极作用。

国家对设备管理的考核指标虽然没有做出统一规定和统一要求,但企业应该根据实际情况,结合行业特点,有侧重地制定本企业适用的考核指标,通常企业制定设备管理考核的技术、经济指标有如下几种。

(1)主要设备完好率:

$$主要设备完好率 = \frac{企业主要生产设备完好台数}{企业主要生产设备总台数} \times 100\%$$

(2)静密封点泄漏率:

$$静密封点泄漏率 = \frac{泄漏点总数}{静密封点总数} \times 100\%$$

该指标更适用于化工、石化、医药等流程性工业企业。

(3)新度系数:

$$新度系数 = \frac{期末企业生产设备净值总和}{期末企业生产设备原值总和}$$

(4)设备更新率:

$$设备更新率 = \frac{期内设备更新原值}{期末设备总原值} \times 100\%$$

(5)设备技术水平升级率:该指标在一些行业中用来考核装备技术水平(素质)的提高情况。例如冶金企业,他们把设备划分为国际先进水平、国内先进水平、国内一般水平与国内落后水平四个等级,通过更新和改造使设备构成的技术水平达到国际先进或国内先进,减少国内一般水平和落后水平的设备比例。主要生产设备装备技术水平升级率可表示为

$$主要生产设备装备技术水平升级率 = \frac{期末实际升级设备台数}{应升级设备台数} \times 100\%$$

(6)主要设备利用率:

$$主要设备利用率 = \frac{全年设备实际开动台时}{全年设备日历台时} \times 100\%$$

(7)设备可利用率:

$$设备可利用率 = \frac{设备实际开动时间}{设备实际开动时间 + 故障停用时间} \times 100\%$$

(8)设备故障停机率:

$$设备故障停机率 = \frac{设备故障停机台时}{设备实际开动台时 + 设备故障停机台时} \times 100\%$$

(9)重大、特大事故次数。企业应该杜绝重大、特大事故的发生,避免机器设备毁坏和人员

伤亡，保证安全生产。

（10）设备固定资产创净产值率：

$$设备固定资产创净产值率 = \frac{全年设备净产值}{全年设备平均原值} \times 100\%$$

（11）国有资产保值增值率：

$$国有资产保值增值率 = \frac{期末国家所有者权益}{期初国家所有者权益} \times 100\%$$

国有资产即国家所有者权益，是指国家对国有企业的各种形式的投资以及投资收益形成的，或者依法认定取得的国家所有者权益，具体包括资本金、资本公积金、盈余公积金和未分配利润等。此项考核指标是为了适应现代企业制度的建立，防止国有资产流失，实现国有资产保值增值而设定的。对于工业企业来说，当考核国有资产保值增值率时，还应同时考核设备资产运营等指标。

一些企业借鉴 ISO9000 系列质量认证体系的做法，结合本企业特点，制定出一套设备管理考核规范，取得了良好效果。这种做法对企业经常性地做好设备管理工作是一种积极的尝试和有效的自我约束。

2.新时期设备管理考核评价指标的思考

如前所述，国家对设备管理考核评价指标没有统一规定和统一要求。在新时期的市场经济条件下，设备管理主要是企业行为，其考核评价自然也应由企业自主决定，制定适合本企业的考核评价指标。

当前，一些专家、学者和企业也在对新时期设备管理考核评价指标进行系统思考和探讨。

（1）设备管理考核评价指标体系建立的原则。

1）企业适应可持续发展的要求；

2）设备属性变化的要求（设备是资产、资源、资本）；

3）生产率的要求（生产率＝产出/投入）；

4）科学发展观，以人为本的要求（又好又快的发展）；

5）企业经营与安全生产的要求；

6）简单实用，保证设备充分利用和安全稳定运行的要求。

对于国有企业还应考虑国家及国有资产监督管理委员会对国有企业经营业绩考核的要求。

（2）设备管理考核评价指标体系。按照第二章所述设备综合管理理论基础的内容，设备管理考核评价指标体系应当包括三个方面的指标，即系统（系数）评价指标——从管理上应考虑的指标、可靠性评价指标——从技术上应考虑的指标、经济性指标。

1）系统（系数）考核评价指标：

①维修组织效率指标；

②维修策略与维护规范化水平指标；

③设备管理人员培训指标；

④设备新度及重要度指标。

2）可靠性考核评价指标：

①设备综合效率指标；

②设备完好率指标；

③设备可利用率指标；

④设备可运转率指标；

⑤设备功能利用率指标；

⑥设备故障停机率指标；

⑦设备重、特大事故指标。

3)经济性考核评价指标：

①设备资产利用率指标；

②单位产量维修费用指标；

③全年设备维修费用率指标；

④呆滞设备资产转化率指标；

⑤国有资产保值增值率指标。

注：各项指标的计算公式可参阅有关书籍和文献资料。

思 考 题 三

3-1　设备资产管理的主要内容有哪些？

3-2　企业应当建立哪些资产内部控制制度？

3-3　设备技术鉴定管理包括哪些方面的管理工作？

3-4　按性质划分，设备事故有哪几种？处理设备事故的原则是什么？

3-5　企业应建立和健全哪些设备管理规章制度？

第四章　设备前期管理

第一节　设备前期管理的意义与内容

一、开展设备前期管理的重要意义

国务院颁布的《设备管理条例》对企业规定了要进行设备综合管理的任务,要求企业必须做好设备的规划、选型、购买(或设计、制造)及安装调试等管理工作。这些管理工作,可以概括地称为设备前期管理。开展设备前期管理工作具有重要意义,从一定意义上讲,这项工作体现了设备综合管理的一个主要特点——设备全过程管理(或拟人化地称作设备一生管理)。显然,这也是把前期管理作为构成设备全过程管理的重要组成部分来看待的。当然,这也是从我国设备管理的实际出发,针对过去设备管理中存在的突出问题,突破了传统设备管理中仅局限于后期管理(即维修管理)的缺点而总结出来的。因而,设备前期管理工作是需要重点加强的设备管理内容,也是今后必须认真做好的一项长期性的管理工作。

做好设备前期管理工作的重要意义还在于设备投资阶段的工作决定了几乎全部寿命周期费用的 90%,这直接影响企业产品的成本和利润,要提高企业经济效益,就必须开展并做好这项工作;设备投资阶段决定了装备的适用性、可靠性和维修性,这也直接影响企业装备效能的发挥和效益的提高。一些企业中存在盲目采购和引进设备,造成设备长期积压,或设备型号规格不对路,设备投产后不能尽快形成生产能力、不能达产或设备故障率高等现象。这种装备适用性差、可靠性差的现象,在很大程度上都是由于没有做好前期管理工作。

设备后期管理中的正确使用、精心维护保养、认真修理,无疑是非常重要的和必须继续做好的工作,而设备前期管理则是后期管理的"先天"条件,是"保持"和"提高"后期管理中设备技术状态和经济效果的关键,是搞好后期管理的基础。换句话说,投资阶段决定了企业装备的技术水平和系统功能,直接影响企业生产的效率和产品质量。从我国设备管理工作的现状来看,一些企业未能重视前期管理,即使是设备管理基础工作比较好的大中型企业,其前期管理也比较薄弱。一方面是企业设备管理机构不适应对设备进行全过程管理的需要,反映出设备管理观念陈旧,需要更新,以利于做好前期管理工作;另一方面是企业不能按《设备管理条例》的有关要求,对设备的规划、选型(特别是购置重要生产设备)进行技术、经济论证,未能做到设备管理部门参加前期管理工作。

随着社会主义市场经济体制的建立和发展,企业生产管理势必要围绕多品种、小批量来进行,这就要求企业的设备前期管理工作去适应这种生产管理的要求,其设备管理机构的设置也必然会在转换经营机制的条件下、本着精简和高效的精神去设立。

总之,企业应当按照《设备管理条例》的要求,真正从认识上(观念上)、做法上突破传统的管理模式,努力摆脱被动局面,做到为企业的发展和兴盛提供精良的技术装备。

二、设备前期管理的内容

从社会的宏观角度看,设备的全过程管理(即设备一生管理)如图4-1所示。

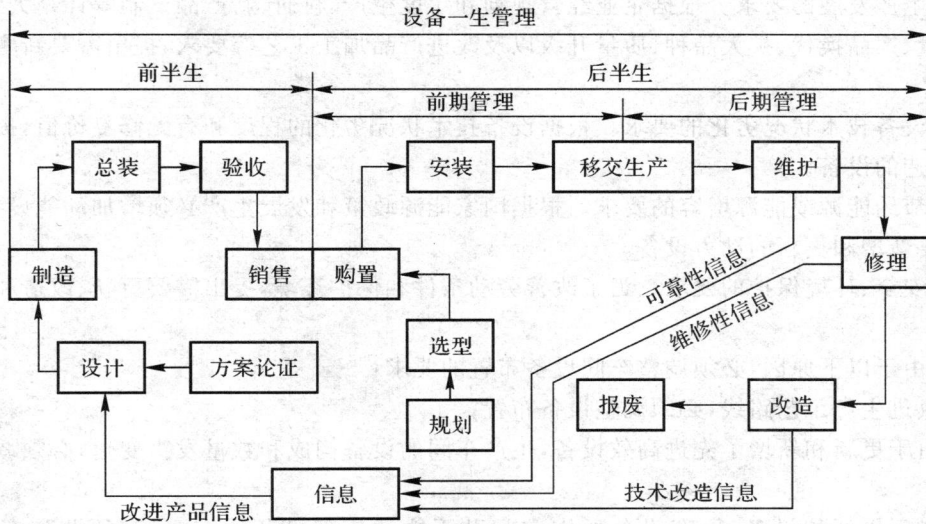

图4-1　设备一生管理

从图4-1中可以看出,在设备后半生中前期管理的基本内容,包括从设备的规划到移交生产的全部管理工作:

(1)设备的规划决策;

(2)外购设备的选型采购和自制设备的设计制造;

(3)设备的安装调试;

(4)设备使用初期的管理(效果分析、评价和信息反馈等)。

按照《设备管理条例》规定的精神和要求,企业应当把设备前期管理工作当作一项经常性工作开展起来,克服传统的前期管理的缺点,做好设备更新和技术改造工作,不断改善和提高设备素质。对于设备管理基础工作做得好的大中型企业,应对前期管理工作提出更高的要求,力争做到设备寿命周期费用最优。

第二节　设备的规划决策与选型购置

一、设备规划

设备规划是根据企业经营方针和目标,考虑到今后的生产发展、新产品开发、节约能源、安全环保等方面的需要,本着依靠技术进步和保持一定的设备技术储备的精神,通过调查研究,进行技术经济分析,并结合企业现有设备能力和资金来源(这一点企业应慎重考虑和统筹使用资金),综合平衡而制订的企业中、长期和短期设备投资计划。它是企业长期经营规划的组成部分,也是企业设备前期管理工作的首要环节。对于复杂的项目、投资较大的技术改造项目,更要认真地进行技术经济分析和论证,以避免投资的盲目性,影响经济效益。按照《设备管理条例》的精神,企业设备管理部门应当参与设备的规划工作。

1.设备规划的依据

制订设备规划的主要依据如下:

(1)生产发展的要求。根据企业经营规划和年度生产、科研、新产品试制等计划大纲,围绕提高质量、产品换代、扩大品种、质量升级以及改进产品加工工艺等要求,提出需要新增和更新的设备。

(2)设备技术状况劣化的要求。根据设备技术状况劣化的程度和有无修复价值,提出需要更新、改造的设备。

(3)节约能源或能源增容的要求。根据国家能源政策和发展生产必须增加动能设备容量,提出需要新增和更新的动力设备。

(4)安全、环境保护的要求。为了改善劳动条件和保护环境,提出需要更新、改造和新增的设备。

(5)由于以下原因,必须调整车间设备布置的要求:

1)改进生产工艺路线,必须调整设备布置;

2)由于更新和新增了先进高效设备,生产车间的设备构成和数量发生变化,必须调整设备布置;

3)对于更新的设备,原有设备所占空间已不能适应新设备的需要,必须调整车间设备布置。

(6)可能筹集到的资金。

2.设备规划的内容

设备规划主要包括如下几方面:

(1)设备更新规划。企业设备更新规划就是以功能强、精度好、效率高、消耗低、污染小的新型设备更换现有旧设备的筹划。

设备在使用过程中会遭受磨损,从而降低生产的效率。继续长期使用磨损严重的设备,势必影响所生产产品的质量、品种和能源、原材料的消耗,增加维修费用。企业要想在竞争激烈的国内国际市场中生存和发展,就必须有计划地用新型设备来更换旧设备,特别是要有计划地用技术上更先进的设备来更新现有设备。

企业设备更新规划必须与产品换代、新产品开发和技术改造相结合。更新项目的立项必须进行技术经济分析,相关技术发展快、更新后经济效益明显的设备才能立项。

(2)设备现代化改造规划。设备现代化改造就是用现代先进的技术成就和经验去改变(改装)现有设备的部分构件。例如,给现有旧设备装上新部件、新装置、新附件等,以改善设备的技术性能,使其达到或局部达到同类新型设备的技术水平,取得降低消耗,减少污染的效果。这种方法投资少、见效快、针对性强,已被国内、外大量的事实所证明。

设备现代化改造规划,就是将生产发展上需要、技术上可能、经济上合理、有利于产品按期交货的设备改造项目列入计划。设备现代化改造也可同设备修理同时进行,国内一些企业按照"修中有改"的精神所进行的设备管理工作,也达到了现代化改造的效果。从这种意义上讲,设备现代化改造规划应当考虑设备修理计划。

(3)新增设备规划。新增设备规划,就是为满足生产发展需要,在考虑提高现有设备利用率、设备更新和改造等措施后还需要增加设备的计划。新增设备必须进行充分的技术经济分析。不恰当地购置设备,不仅会占用投资,还会降低资金利用率。

3.设备规划的编制程序

编制设备中、长期规划是一项复杂、难度较大的工作。按照设备规划的6项依据,经过充分调查研究,综合考虑主机与辅助设备、设备与建筑、技术与经济、生产与建设等多方面因素,确定更新、改造和新增设备计划项目表和进度计划。对每个规划项目尽可能同时提出两三个方案,进行可行性分析后选择出最佳方案。

设备规划的编制程序没有统一模式,一般可按如下程序进行:

(1)由主管业务部门提出。

1)由工艺部门提出为提高产量、质量、开发新产品、改造工艺需要新增或更新的设备规划草案。

2)由设备、动力、安技、环保管理部门提出设备更新、改造计划草案。

3)由科研部门提出科研所需设备计划。

4)由工艺部门提出工艺路线及车间平面布置调整方案。

5)由财会部门提出可能筹集的资金。

(2)由规划部门负责。

1)对上述各项规划草案进行综合分析,并根据资金、时间等因素加以平衡,提出企业设备中、长期规划方案及可行性分析。

2)组织有关部门论证,选择最优方案,报领导决策。

3)报上级主管部门审查批准,然后下达企业有关业务管理部门实施。

(3)由规划部门组织制订年度实施计划:

1)有关业务管理部门根据中、长期设备规划和规划部门下达的零星技术措施设备计划,编制由各部门负责的年度实施计划草案报送规划部门。

2)由规划部门进行审查、综合协调并组织有关业务管理部门讨论确定年度实施计划,然后下达执行。

在实际工作中,上述1)、2)两个程序往往互相结合,反复进行。

在编制设备规划时应注意以下事项:

(1)优先考虑选用国产设备,如果国产设备不能完全满足生产工艺要求,可与制造厂协商改进设计。对必须由国外引进的设备,应编制引进设备申请书,其主要内容包括设备名称,主要规格,用途,拟进口的国别和厂商,费用估算及来源,进度安排,初步技术经济分析等,报请上级主管部门审查批准后方可正式列入规划。

(2)对成套设备、主机及其辅助设备,在生产工艺过程中关联性密切的设备,应同时考虑时间和资金因素,达到尽可能同时形成生产能力。

(3)充分考虑拆除旧设备、安装新设备和原有设备迁装对企业生产带来的影响,采取有效措施,力求做到少影响、不影响乃至有利于促进生产。

设备规划程序如图4-2所示。

4.设备规划的可行性研究(分析)

可行性研究是应用技术经济分析的原理和方法,对规划阶段的工程(设备)项目的技术先进性、经济合理性进行全面、综合的技术经济调查研究和分析论证。其目的是要判断它"行"还是"不行"。可行性研究要体现科学性、预测性、决策性等特点。

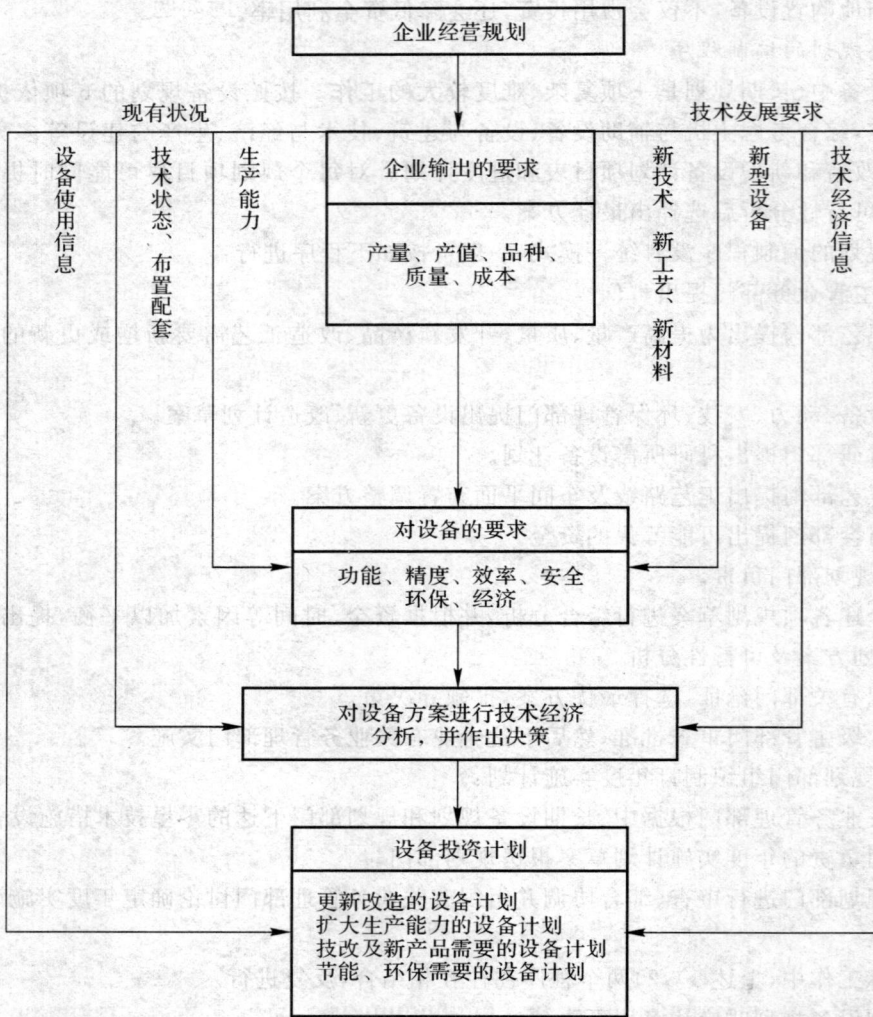

图 4-2 设备规划的程序

可行性研究的内容随行业不同有所差别。对于成套设备的建设,往往需要同时改进厂房和增设辅助设备。这种项目的设备规划是按建设项目可行性分析的,其内容包括以下方面:

(1)项目的背景和历史;

(2)产品方案,国内、外市场预测,建设规模;

(3)建设条件,项目的建设位置、自然条件,原有建筑、设备、能源等可利用情况,原材料能源的供应及主要协作条件;

(4)技术方案,包括产品工艺方案、设备、建筑、辅助设备等;

(5)对环境保护的影响程度及治理方案;

(6)投资费用、资金筹集、生产成本预测、销售收益及投资回收期预测;

(7)项目的实施计划;

(8)不确定性分析;

(9)结论:综合各项数据,论证技术、经济的可行性,提出存在的问题及建议。

这样的项目可行性研究通常由多方面的专家组成的专门小组或设计研究部门负责(有的建设银行也主动委托有关部门进行项目可行性的技术经济论证,以更好发挥资金的投资效益),在此仅是对其内容作一般介绍。

对于非成套设备的建设,也应从市场、技术、经济几个方面进行可行性研究(可有简有繁,视实际问题而定),合理解决项目的必要性、方案在技术上的可行性和在经济上的合理性等问题。

对于单台设备的购置,可行性研究(或技术经济论证)一般应包括以下主要内容:

(1)立项依据。要进行市场预测和分析,分析市场对产品的需求量、本厂产品的市场占有率、产品寿命及价格变化情况;要研究生产需求的情况,本设备的加工对象(何种产品的何种部位),产品的技术质量要求和产量要求;要弄清购置的理由(原来加工情况、添置或更新的理由);要同时考虑备选方案。

(2)技术水平的研究和比较。要从先进性、适用性、可靠性、维修性、节能性、环保性诸方面进行研究和比较(同备选方案进行比较)。

(3)经济分析。经济上的预测和分析是验证技术决定的正确性的,要用数据说话,既要有基本数据(如资金来源及各种来源的比例、固定资产投资和折旧、国家税收等),又要有计算数据(如收入、成本、利润等)。当进行经济分析时,要进行价格比较(国内、外同类设备);要对设备维持费进行分析;要对经济效益进行计算(如净收益、投资收益率、投资回收期等),并进行综合评价,从而得出结论。

二、设备投资方案的评价与决策

为了正确评价各种设备投资方案的经济效果,需要采用一些特定的技术经济评价方法,进行严格的数字分析和对比,从中选出最佳方案。特别是企业购置重要生产设备更应该进行严格的可行性研究和技术经济评价,经综合平衡后,做出规划决策。

设备投资项目对企业经营情况有着长期的影响,其投资也需要经过若干年后才能收回,所以进行技术经济评价与决策时,必须考虑投资额的时间价值。决策正确可以选择出最佳的设备投资方案,以便编制出最优的设备投资计划。常用的设备投资评价方法有投资回收期法、净现值法、贴现投资收益法、内部报酬率法、设备寿命周期费用评价法等。这些方法的详细内容可参阅设备技术经济分析等有关教材和资料。

三、设备的选型购置与评价

外购设备的选型购置,是在设备规划确定之后,由企业的工艺和设备管理部门根据规划要求,对不同制造厂家的产品(设备),进行分析比较,选定购置。但是长期以来,不少企业对设备的选型评价和制造厂家的选择重视不够,常常使得设备更新改造规划延误,致使设备质量差,新增设备的功能不能满足生产的需要。因此,企业的设备管理部门应当按照《设备管理条例》的要求,参与并做好设备选型购置工作,注意把好设备选型关。

1.设备选型购置的原则和注意事项

设备选型购置应遵循"技术先进、生产适用、运行可靠、便于维修、经济合理"的原则。这是因为先进的设备是世界范围内新技术成果的主要载体和凝聚物,追求设备的先进性是推动工业技术进步的基础工作,设备的适用性应作为先进性的补充。先进设备的购置与投产不是孤立的,它是技术、经济、人才、社会诸因素综合作用的结果。先进的设备必须赋予先进的管理,否则就无法发挥作用。设备的可靠运行和易于维修是保证均衡生产、减少设备故障、缩短设备不能工作时间、降低维修费用的必备条件。设备的经济性是更新选型的关键,设备选型方案的优劣,主要看设备寿命周期内的综合经济效益。

在实际的设备选型购置中,应注意以下各点:

(1)设备的生产效率必须满足企业规划的产品产量需要,且留有适当的余地;

(2)设备的工作精度能稳定地满足产品工艺要求,并有足够的精度储备;

(3)对以后开发新产品有一定的适应性;

(4)操作简便,和旧设备相比,降低了操作者的疲劳强度;

(5)符合国家有关劳动保护、环境保护等法规的规定;

(6)能耗低;

(7)与企业其他设备的关联性、成套性符合要求;

(8)交货期能满足需要,价格合理;

(9)制造厂家为用户处理产品质量问题,及时供应备件,提供售后服务,有良好的信誉。

2. 设备选型购置的步骤

设备的选型购置通常是按照以下三步选择的程序进行的。

第一步选择:广泛收集国内、外市场上设备货源的信息,如产品目录、产品样本、产品广告、有关专业人员提供的情报、从产品展销会上收集到的情报以及销售人员上门提供的情报等。把收集的情报分类汇编索引,从中挑选一些可供选择的机型和厂家。这就是预选过程。

第二步选择:对预选机型的厂家进行调查访问或书面查询,较详细地了解产品的各种技术参数、附件情况、货源多少、价格及供货周期、用户反映、制造厂售后服务信誉等,并做好记录,然后进一步分析比较,从中再选出最有希望的两三个机型和厂家。

第三步选择:向第二步选定的几个厂家提出书面询价。在询价的信函、电函中应提出订货要求,其内容一般应包括设备的名称、主要规格、自动化程度、需用的附件、随机备件及期望交货期等,必要时附产品图纸及计划年产量。国外设备的询价须由承办的外贸公司负责办理。

由制造厂按订货要求(如用户提出产品图纸,应进行工艺分析)提出设备的报价书,其内容包括设备名称、型号、详细技术规格、设计结构特点的说明、供货范围、质量验收标准、价格及交货期、随机备件、技术文件及技术服务项目等。

在接到几个制造厂的报价书后,经过仔细分析研究,对有疑问之处和认为有必要提出要求制造厂局部修改设计的问题,与制造厂进行深入和具体磋商,必要时可在制造厂的近似规格性能设备上对本企业产品进行加工试验,以获得能否满足产品质量和生产效率的实际结论。另一方面,通过谈判取得制造厂认可的优惠价格和交货期。

在完成上述调查研究和订货谈判后,由工艺、设备、使用等部门对几个厂家的产品对比分析,做出技术经济评价,选出最理想的厂家产品作为第一方案,同时也要准备第二以至第三方案,以便适应可能出现的订货情况变化,最后经主管领导审查决定。这样,就完成了设备选型的全过程。

设备选型步骤如图4-3所示。

当选购国外设备和国产大型、高精度或价格高的设备时,一般均应按上述步骤进行。对国产中、小型设备,可视具体情况而简化。

由上述可知,选型的第三步是和订货工作同时进行的;对重要设备的选型订货采用招标方式,可以利用投标厂商的互相竞争获得价格、交货期等方面的优惠。但在招标前应对投标厂的产品及信誉进行充分的调查研究。

四、设备订货合同及管理

1.订货程序

企业订购设备,根据设备投资规划决策所列出的外购设备计划,选型后的明细,先进行市场货源调查,参加设备订货会议及向制造厂

图 4-3 设备选型步骤图

家(或供应商)联系、询价和了解供货情况,收集各种报价和供货可能、做出评价选择,与制造厂家对某些细节进行磋商,经双方谈判达成协议,最后签订订货合同或订货协议,由双方签章后生效。订货签约前谈判协商的具体内容包括以下方面:

(1)设备具体规格、精度、性能及专门要求;

(2)设备附件的要求;

(3)设备用途及加工范围的要求;

(4)操作性能、结构合理性要求;

(5)安全防护装置的要求;

(6)设备可靠性和维修性的要求;

(7)设计的特殊要求和特殊附件、附具;

(8)交货期的协商;

(9)费用及付款方式、开户银行、账号、到站、联系经办人、收货单位;

(10)协议书及合同附加条款说明和期限;

(11)技术服务与技术培训,包括备件、图纸资料、维修作业指导书等。

在社会主义市场经济体制下,设备订货将会更多地依靠市场,这样设备的商品属性将更充分地体现出来。设备订货程序如图 4-4 所示。

图 4-4 设备订货程序

对国产一般中、小型设备的订货程序,视用户需要和货源情况,可以适当简化。

国内一些企业在设备订货中,突出经济观点,考虑设备寿命周期内的总费用、有优不订劣、有近不选远、货比三家的做法是可取的。

2.订货合同及管理

设备订货合同是供需双方在达成一致协议后,经双方签章具有法律效用的文件。国内合同按国家有关规定执行。其注意事项如下:

(1)合同的签订必须以洽商结果和往来函电为依据,双方加盖财务上规定的合同章后

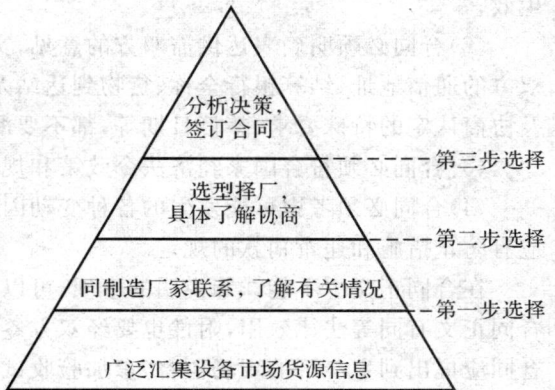

生效；

（2）合同必须明确表达供需双方的意见，文字要准确，内容必须完整，包括供货、收货单位双方的通信地址、结算银行全称、货物到达站及运输方式、交货期、产品名称、型号、规格、数量及协商认定的特殊要求、签订日期等，都不要漏掉或误写；

（3）合同必须符合国家经济法令政策和规定，要明确双方互相承担的责任；

（4）合同必须考虑可能发生的各种变动因素，如质量验收标准、价格、交货期、交货地点，并应有防止措施和违章罚款的规定。

在合同正文中不能详细说明的事项，可以附件形式作为补充。附件是合同的组成部分，与合同正文有同等法律效用，附件也要经双方签章。对大型、特殊高精度或价格高的设备订货，合同应提出到生产厂的现场监督、参加验收试车，并要求生产厂负责售后的技术服务工作。

合同签订后，有关解释、澄清合同内容的往来函电，也应视为合同的组成部分。

企业应做好设备订货合同的管理。订货合同一经签订就受法律保护，订货双方均应受法律制约，都必须信守合同。合同一式四份，甲、乙双方各两份。甲方收到合同后，一份交财务部门，另一份留设备计划采购部门管理。合同要进行登记，建立台账和档案，比如设备采购部门专门设立"设备订货合同登记表"和"订货档案"。合同的文本、附件、往来函电、预付款单据等都应集中管理，这样便于查阅，也是双方发生争议时的仲裁依据。乙方应按合同规定交货，甲乙双方应经常交流合同执行情况，对到期未交货要及时查询。

顺便说明，用户为了及早做好设备安装准备工作以达到设备到货后即可开始安装，在签订合同时应征得卖方同意，在合同生效后一定时间内提交设备外形尺寸图、基础布置图，其余稍后提交。

3.入库检查验收

设备到货后应按合同和装箱单及时开箱并验收入库。开箱检查的内容如下：

（1）检查外观包装情况，看包装箱（包括内包装塑料袋）是否有损坏的地方；

（2）到货的设备型号、规格、附件等是否与合同相符；

（3）按部件、零件装箱者，是否与装箱单相符；

（4）从外观上检查零部件是否有锈蚀、损坏现象；

（5）随机技术文件是否齐全。

开箱检查时要对照装箱单逐件清点、做好记录。如果发现损坏、锈蚀、零部件短缺等问题，应以照相或其他方法做好记录，作为向制造厂或有关部门交涉索赔的依据。

设备开箱检验后，如果不能随即开始安装，应重新包装好，并做好防锈、防潮工作。

设备开箱检验完毕验收入库后，应及时通知企业的规划、工艺、设备管理和安装部门，随机技术文件应按企业有关规定及时入档。

第三节　设备的安装、验收及使用初期管理

一、设备的安装和验收

按照设备工艺平面布置图及有关安装技术要求，将已到货并经开箱检查后的外购设备（或自制设备）安装在基础上，进行找平、灌浆稳固，使设备安装精度达到安装规范的要求，并通过

调试、运转、验收,移交生产。设备由购置单位或受委托单位负责安装。

1.设备安装工作内容

(1)设备的定位。按照工艺技术部门绘制的设备工艺平面布置图及安装施工图、基础图的位置、设备轮廓尺寸及相互间距等要求划线定位,组织基础施工及设备搬运就位。

设计设备安装平面布置图时,除按照工艺布置的原则外,对设备的安装定位,要重点考虑以下几点:

1)应考虑适应产品加工条件的需要(包括环境温度、粉尘、噪声、光线、振动等);

2)应方便工件的存放、运输和切屑的清理,有利于车间的定置管理和文明生产:

3)应考虑设备主体,附属装置的外形尺寸及运动部件的极限位置;

4)应满足设备安装、维修、操作安全的要求;

5)必须考虑厂房的跨度(有吊车的厂房应考虑吊车的高度)、门的宽度和高度;

6)应考虑动力供应和劳动保护的要求。

(2)设备安装找平。设备安装找平的目的是保持其稳固性、减轻振动(精密设备应有防振、隔振设施),避免变形,防止不合理磨损及保护加工精度等。

设备的安装找平、选定基准面的位置、安装垫铁及地脚螺丝的选用等应按说明书和有关规定实施(例如,可参考《机械设备安装工程施工及验收规范》等)。

(3)设备试运转。设备试运转一般可分为空运转试验、负荷试验、精度试验 3 种。

1)空运转试验:为了检验设备安装精度的保持性,以及传动、操纵、控制、润滑、液压等系统是否正常、灵敏可靠性等各项参数和在运动状态下的情况(如噪声、振动等)。

2)负荷试验:主要检验设备在一定负荷作用下的工作能力,如因条件限制,可结合产品进行加工试验。在负荷试验中应按所规定的规范主要检查轴承的温升,液压系统的泄漏,传动、操纵、控制、自动、安全等装置工作是否正常、安全、稳定、可靠。

3)精度试验:一般应在正常负荷试验后按说明书的规定进行。对金属切削机床进行几何精度及主要传动精度的检查,以及机床加工精度检查。其他设备按专门规定的检查项目进行。

(4)设备试运转后进行的工作。首先断开设备的动力源,然后做好下列设备检查和运转试验记录:

1)设备几何精度、加工精度的检查记录和其他机能的试验记录;

2)设备试运转中的情况(包括在试车中对故障的排除);

3)对于无法调整及消除的问题,经过分析原因后,从设备原设计、设备制造、安装的质量等几方面进行分类归纳;

4)对整个设备运转做出评定结论,办理移交生产的手续,并注明参加试运转的人员及日期。

2.设备安装工程管理

设备安装工程包括设备基础施工及安装试车。设备的可靠性不但取决于设计、制造质量,而且与安装质量有关。保证安装质量、缩短安装工程周期,使设备及早投入使用,以发挥投资效益是设备前期管理所追求的目标之一。因此应力求做到在设备到货前完成安装准备工作和基础施工前做好生产准备工作。对重大设备,按合同规定的交货期,预测到货时间。以此时间作为设备基础已达到可以安装设备和完成各项准备工作的最迟时间(安排计划时应留有余地),编制出包括各项准备工作的安装工程网络计划,明确关键路线,采取措施保证作业质量和缩短作业时间，从而保证设备安装工程以最短的时间完成。

(1)安装工程准备工作。对于我国的工业企业，当企业技术改造和设备更新时，设备安装准备工作往往比新建企业更为复杂，下面介绍的准备工作内容是综合归纳出来的，在实际工作中应按设备的具体情况而定。

1)核定设备安装布置图。当制订设备规划时，虽然已经确定了设备安装布置图，但考虑到新购设备所需占有的空间与原来设计的安装布置图可能有所不同，因此必须进行核对，必要时适当修改。

2)设计设备基础图，前面已经谈到了为在设备到货前完成基础工程，必须及早设计设备基础图。

现代化大型机床，特别是长床身导轨的机床，对基础刚度和振动提出了很高的要求。例如捷克的落地镗铣床要求在静、动负荷作用下，基础的弹性变形量不超过 0.01/1 000mm，提高精度的大型万能磨床要求基础的弹性变形量不超过 0.008/1 000mm。对基础受外来振源影响产生的振动应不超过下列数值：

频率/Hz	振幅/μm
<25	2.5
<50	0.5
<100	0.1

德国和日本的机床也有类同的要求。如果以传统的概念设计设备基础，已不能满足上述要求。对此应引起重视，否则可能造成严重后果。

3)清除安装场地的障碍物。如拆除、搬迁现有的设备，清除堆积的物品等。

4)编制安装工艺规程及作业计划。设备的安装工艺规程一般应包括安装零部件的吊装方法、试车程序、检验标准、需用的工具、仪器、材料明细表等，根据安装工艺规程及工程进度要求，编制安装试车作业计划。对重大复杂设备，应用网络计划技术优选出最佳作业计划方案。

5)改善安装地点环境条件。设备对安装地点的环境有特殊要求(如环境温度必须控制在允许的范围内，粉尘浓度不超过允许数值)者，做好改善环境条件的措施。

6)改善能源或增容。例如用计算机控制的设备对电压的变化必须保持在规定数值内，如现有电源电压变化不能满足需要时应采取改善措施。新设备电容量大，车间现有的供电设备的容量不能满足需要，应采取增容措施。

7)编制负荷试车工艺规程。编制负荷试车工艺规程，并按工艺规程准备好试车用原材料或毛坯件以及必要的工具和工艺装备。

8)培训使用及维修人员。对一般设备可由本企业有关业务管理部门进行培训，对重大复杂设备最好在制造厂总装试车阶段派使用、维修人员前往制造厂培训。受过培训的人员尽可能地参加安装工作。

9)编制安装工程预算。根据上述各项准备工作，由安装部门编制工程预算报规划部门(或工程归口管理部门)审核批准。

(2)施工管理。对设备安装的具体施工活动、施工过程、施工工艺应按照机械工业设备安装规范和说明书严格执行，并认真做好施工技术管理工作。

(3)设备安装工程的竣工验收。设备安装工程的最后验收在设备试车合格后进行。不论由外单位施工还是本企业施工，均以企业设备管理部门为主协同工艺部门组织使用、安装、检验部门等有关人员参加。根据安装工程分阶段检验记录、空运转试车、负荷试车、精度检验记录，共同签定并确认合格后由安装部门填写设备安装竣工验收单，经设备管理部门及使用部门签章后方可竣工。

对锅炉、受压容器安装试车合格后，应按国家有关主管部门的规定，由政府指定的检查监督部门检查认证后方可办理最终验收。

(4)设备安装工程的费用管理。设备安装工程的季、月进度表，对每一项设备安装任务给以编号，作为派工号。与安装工程有关的劳务费和器具、材料费用等，均记入此工号以核算安装成本。设备所发生的安装费用均计入各专项费用(如技措、更新等)，分别由修建、设备、动力等部门汇总报财会部门核算。零星移装设备所发生的搬迁、清理和安装费用，可由生产费摊销。

设备安装部门应协同计划和财会部门监督安装工程费用的使用，定期进行分析和审查，严格按照安装计划(包括安装质量、安装工程成本和安装进度)完成安装任务。

二、设备使用初期管理

设备使用初期管理是指设备经安装试运转后投入使用到稳定生产的这一段时间的管理工作，一般为半年左右。

设备经过使用初期管理(效果分析、总结评价)后，就可以移交生产了。至此，设备前期管理的工作内容全部结束，而转入设备的后期管理(维修管理)工作。

根据设备故障的典型曲线(浴盆曲线)，新设备在使用初期，往往出现较多的故障，这些故障大多是设备的设计和制造缺陷所造成的，也有的故障是由安装质量不良造成的。传统的管理分工，在使用初期，排除故障是由维修人员负责的。而当设备故障原因属于设计、制造缺陷时，往往等待基建管理部门与设计、制造单位联系解决，甚至有时等待相当长的时间故障仍未排除，影响设备效能的发挥。因此，在使用初期，负责前期管理的选型、购置、安装人员应与维修人员密切结合加强管理，以达到下述目的：

(1)及时排除故障，使设备尽快达到稳定生产；

(2)验证所购置的新设备是否达到预期的技术经济效果；

(3)验证安装工程质量；

(4)把设备的技术、经济信息反馈给设计、制造单位，以利于改进质量。

使用初期的主要管理工作：

(1)观察和记录产品质量、生产效率、设备性能的稳定性和可靠性；

(2)加强检查，发现设备初期故障期的故障并及时排除，认真做好记录(如故障次数、故障部位、故障原因等)和分析；

(3)按说明书规定，清洗和更换润滑及液压系统用油及其他工作介质；

(4)定期对设备进行紧固和调整；

(5)评价设备质量和工程质量；

(6)向设计、制造单位进行信息反馈。

三、索赔与保修

1. 索赔

当设备供货商出现以下违背合同的行为时，买方可以提出索赔：

(1)设备出现缺陷；

(2)缺少合同清单所列内容；

(3)未能提供合同规定的技术服务；

(4)到货时间延误；

(5)设备被海水浸蚀等。

买方可通过信函、传真等形式要求违约方对给自己造成的损失进行相应的赔偿和补偿。索赔最好在第一索赔期内进行(设备到岸交货至设备安装完毕的时间内)。在反复交涉不能得到违约方赔偿的情况下，可诉诸法律解决。

2.保修

在设备保修期内(设备使用初期，或第二个索赔期)，企业除应做好使用初期管理外，还应争取得到供货商的维修服务，及时提出保修诉求，以减少损失。

第四节　设备招投标管理

一、招标的分类

招标是指在一定范围内公开货物、工程或服务采购的条件和要求，邀请众多投标人参加投标，最后由招标人通过对各投标人所提出的价格、质量、交货期限和该投标人的技术水平、财务状况等因素进行综合比较，并按照规定程序确定其中最佳的投标人为中标人，并与之最终签订合同的过程。

招标一般分为公开招标和邀请招标。公开招标是招标人通过招标公告的方式邀请不特定的法人或者其他组织投标。邀请招标，又称限制性竞争招标，是指招标人以投标邀请的方式邀请特定的法人或其他组织(一般不能少于 3 家)参加投标竞争。还有一种称谈判招标，即议标，是采购人采取直接与一家或几家投标人进行合同谈判确定承包条件和标价的方式，也就是通过直接谈判达成交易的一种方式。它是在非公开状态下采取的一对一谈判，所以很难对其进行有效的行政监督，极易产生钱权交易。

进行招标采购是为了防止采购腐败，保证公平竞争、公正评估、科学决策和依法行事的交易过程，因此，在《中华人民共和国招标投标法》中没有列入议标，这实际上是取消了议标作为一种法定的招标方式。但在一些不适宜采取招标方式的情况下，议标可作为众多的交易方式之一，仍有它的应用场合，供采购方选择使用。

二、招投标程序

与招标相对的一个概念是投标，投标是指投标人接到招标通知后，根据招标通知的要求，在完全了解招标"标的"的技术规范和要求以及商务条件后，编写投标文件(也称标书)，并将其送交给招标人的行为。可见，招标与投标是一个过程的两个方面，分别代表了采购方和供应方的交易行为。

设备的招标投标，与其他货物、工程、服务项目的各类招标投标一样，不仅具有明显的组织性、公开性、公平公正性、一次性和规范性等特征，而且基本程序也都是由招标、投标、开标、评标、定标和签订合同六个阶段组成的。

设备招标采购的一般程序：

(1)采购员编制采购计划；

(2)采购员与招标代理机构办理委托手续,确定招标方式；

(3)根据采购项目,编制招标文件；

(4)发布招标公告或发出招标邀请函；

(5)出售招标文件；

(6)接受投标人投标；

(7)在公告或邀请函中规定的时间、地点公开开标；

(8)由评标委员会对投标文件评标；

(9)依据评标原则及程序确定中标人；

(10)向中标人发送中标通知书；

(11)组织采购单位与中标供应商签订合同；

(12)进行合同履行的监督管理,解决中标人与采购单位的纠纷。

设备招投标流程如图4-5所示。

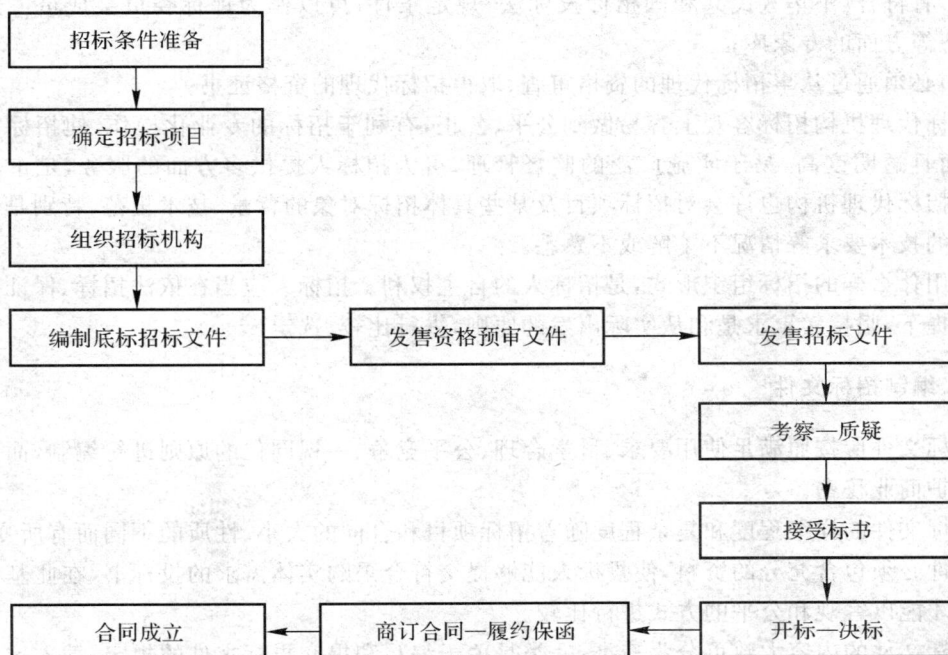

```
┌──────────────┐
│  招标条件准备  │
└──────────────┘
        │
        ▼
┌──────────────┐
│  确定招标项目  │
└──────────────┘
        │
        ▼
┌──────────────┐
│  组织招标机构  │
└──────────────┘
        │
        ▼
┌──────────────┐      ┌──────────────┐      ┌──────────────┐
│ 编制底标招标文件│─────▶│ 发售资格预审文件│─────▶│  发售招标文件  │
└──────────────┘      └──────────────┘      └──────────────┘
                                                     │
                                                     ▼
                                             ┌──────────────┐
                                             │  考察—质疑   │
                                             └──────────────┘
                                                     │
                                                     ▼
                                             ┌──────────────┐
                                             │   接受标书    │
                                             └──────────────┘
                                                     │
                                                     ▼
┌──────────────┐      ┌──────────────────┐  ┌──────────────┐
│   合同成立    │◀─────│  商订合同—履约保函  │◀─│  开标—决标   │
└──────────────┘      └──────────────────┘  └──────────────┘
```

图4-5　设备招投标流程图

三、组织招标机构

招标人在操作和完成招标过程中可以采取招标人自行招标或招标人委托招标机构代理招标的组织形式。

1.招标人自行招标

按照《中华人民共和国招标投标法》规定,招标人具有编制招标文件和组织评标能力的,可以自行办理招标事宜。《中华人民共和国招标投标法》还规定,依法必须进行招标的项目,招标人自行办理招标事宜的,应当向有关行政监督部门备案。这就是说,招标人自行招标也要受到一定条件的限制。

招标人自行招标的优点是,招标人对其项目的情况及使用要求最了解、最清楚,实行自行招标,掌握全过程,责任容易落实,也便于招标项目的合同管理与整个项目的组织实施。其缺点是对招标业务不如专业招标代理机构熟悉,有时容易失真、受行政干预以及一方说了算,公正性与公平性不如招标机构那样有保障。对于中小企业来讲,还需要临时组建专业班子,不利于专业化管理,也不经济。

2.委托招标代理机构代理招标

招标人没有招标条件自行招标,或虽有条件,但招标人不准备自行招标的,可以委托招标机构代理招标。《中华人民共和国招标投标法》规定,招标人有权自行选择招标代理机构。招标代理机构应当在招标人委托范围内办理招标事宜。

当选择招标代理机构时,要注意所选的招标代理机构是否具备以下条件:

(1)有从事招标代理业务的营业场所和相应资金;

(2)有能够编制招标文件和组织评标的相应专业力量;

(3)有符合《中华人民共和国招标投标法》规定条件、可以作为评标委员会成员人选的技术、经济等方面的专家库;

(4)必须通过从事招标代理的资格审查、取得招标代理的资格证书。

招标代理机构招标客观上容易做到公平、公正,有利于招标的专业化操作,使招标质量有保证,而且透明度高,易于实施广泛的监督管理,可为招标人提供多方面的服务,是市场的桥梁。但招标代理机构也许会对招标项目及某些具体招标对象的背景、技术规范,特别是一些特定复杂的技术要求等情况不了解或不熟悉。

采用什么样的招标组织形式,是招标人的自主权利。招标人应当在依法招标、保证招标质量的前提下,坚持实事求是和从实际出发的原则,进行比较、选定。

四、编制招标文件

招标文件应按照满足使用要求、科学合理、公平竞争、一视同仁的原则进行编制,而且还要注意保护商业秘密。

招标文件的详细程度和复杂程度随着招标项目和合同的大小、性质的不同而有所变化,但招标文件必须包含充分的资料,使投标人能够提交符合采购实体需求的投标书,在此基础上采购实体才能以客观和公平的方式进行比较。

招标文件的内容大致可分为三类:一类是关于编写和提交投标文件的规定,载入这些内容的目的是尽量减少符合资格的供应商或承包商由于不明确如何编写投标文件而处于不利地位,或其投标因此遭到拒绝的可能性;一类是关于投标文件的评审标准和方法,这是为了提高招标过程的透明度和公平性,因而是非常重要的,也是必不可少的;一类是关于合同的主要条款(主要指商务性条款),有利于投标人了解中标后签订的合同的主要内容,明确双方各自的权利和义务。其中,技术要求、投标报价要求和主要合同条款等内容是招标文件的实质内容,统称实质性要求。

招标文件一般应至少包括下列内容:

(1)投招标人须知。这是招标文件中反映招标人的招标意图的条款,是投标人应该知晓和遵守的规则的说明。

（2）招标项目的性质、设备名称、设备数量、设备用途说明。

（3）技术规格。招标项目的技术规格或技术要求是招标文件中最重要的内容之一，是指招标项目在技术、质量方面的标准，如一定的大小、轻重、体积、精密度、性能等。技术规格或技术要求的确定，往往是招标能否具有竞争性，达到预期目的技术制约因素。因此，世界各国和有关国际组织都普遍要求，招标文件规定的技术规格应采用国际或国内公认、法定标准。

（4）招标价格的要求及其计算方式。投标报价是招标人评标时衡量的重要因素。因此，招标人在招标文件中应事先提出报价的具体要求及计算方法。如货物招标时，国外的货物一般应报到岸价（CIF）或运费保险付至目的地的价格（CIP），国内的现货或制造、组装的货物，包括以前进口的货物，报出厂价（Exworks，或称货架交货价）。如果要求投标人承担内陆运输、安装、调试或其他类似服务的话，比如需要签定供货与安装合同，还应要求投标人对这些服务另外提出报价。招标文件中应说明投标价格是固定不变的，或是采取调整价格。价格的调整方法及调整范围应在招标文件中明确。招标文件中还应列明投标价格的一种或几种货币。

（5）评标的标准和方法。评标时只能采用招标文件中已列明的标准和方法，不得另定。

（6）交货日期、交货地点。

（7）投标人应当提供的有关资格和资信证明文件。

（8）投标保证金的数额或其他形式的担保。在招标投标程序中，如果投标人投标后擅自撤回招标，或者投标被接受后由于投标人的过错而不能缔结合同，那么招标人就可能遭受损失（如重新进行招标的费用和招标推迟而造成的损失等）。因此，招标人可以在招标文件中要求投标保证金或其他形式的担保（如抵押、保证等），以防止投标人违约。投标保证金可以采用现金、支票、信用证、银行汇票，也可以是银行保函等。投标保证金的金额不宜太高，现实操作中一般不超过投标总价的2%，以免影响投标人的积极性。中标人确定后，对落标的投标人应及时将其投标保证金退还给他们。

（9）投标文件的编制要求。

（10）提供投标文件的方式、地点和截止时间。

（11）开标、评标的日程安排。

（12）主要合同条款。合同条款应明确将要完成的供货范围、招标人与中标人各自的权利和义务。除一般合同条款之外，合同中还应包括招标项目的特殊合同条款。

思 考 题 四

4-1　试述做好设备前期管理工作的重要意义。设备前期管理的主要内容有哪些？

4-2　设备规划的主要依据有哪些？设备选型的原则是什么？设备选型的步骤有哪几个？

4-3　设备安装工作的内容有哪些？设备使用初期管理的目的有哪些？

4-4　试述设备招标管理流程。

第五章 设备使用、维护和润滑的现场管理

设备的使用、维护和润滑管理工作,是设备使用期管理(或称后期管理)中的重要环节,这些管理工作都是在生产现场实施和完成的。所以,工夫下在现场,做好设备的使用、维护和润滑管理工作,并不断探索和总结新鲜经验,对做好企业设备管理工作具有重要的基础性意义。

第一节 现场管理概述

一、现场、现场管理

1.现场

现场指的是"实地"——实际发生行动的场地。对企业来说,即能满足顾客要求的活动场所。在工业企业里,现场主要指生产场地,如工场、车间、生产第一线。现场为企业创造出附加值,是企业活动最活跃的地方。

生产现场是企业从事产品生产加工、制造或提供生产服务的场所,即劳动者运用劳动手段、作用于劳动对象,完成一定生产作业任务的场所。

2.现场管理

现场管理是指运用科学的管理思想、管理方法和管理手段,对现场的各种生产要素,如人(操作者、管理者)、机(机器设备、设施)、料(原材料、元器件)、法(工艺、检测方法)、环(环境)、资(资金)、能(能源)、信(信息)等,进行合理配置和优化组合的动态管理过程,通过计划、组织、协调、控制、激励等管理职能,保证生产现场按预定的目标,实现优质、高效、低耗、均衡、安全、文明的生产作业。

二、现场管理的特点

现场管理在本质上是生产作业系统管理或者说是一种综合性管理。在理论和实践上具有鲜明的特点,主要表现在以下方面。

1.综合性

生产现场是人、机、料、法、环等诸生产要素的结合点,也是生产、技术、质量、成本、物资、设备、安全、劳动环境等各项专业管理的落脚点和集中曝光的场所。因此,企业的现场管理具有十分鲜明的综合性,是一项综合管理,而且是一项纵横交叉的立体式综合管理。

2.基础性

现场管理属于作业性质的基础管理,是企业管理的基础。它是以管理基础工作为依据,离不开标准、定额、计量、信息、原始记录、规章制度和教育等项基础工作,充分体现了现场管理的基础性。现场管理要抓基础工作、基本功训练和基本素质提高。

3.直观性

由于现场是企业各项专业管理的集节点,是一个开放性的系统,能够综合反映企业的素质,正所谓"百闻不如一见",所以现场管理具有直观性。

4.全员性

现场管理的核心是人,现场的一切活动都要由人去掌握、操作和完成。这就要求与生产现场有关的所有员工参与管理,积极开展各项民主管理活动,实行自我管理、自我控制,不断提高员工素质,发挥广大员工的积极性和创造性。

5.规范性

要做好现场管理必须严格执行各项操作规程,遵守工艺纪律及各种行为规范,严禁违章操作,确保安全生产。

6.动态性

现场各生产要素的配置是在一定的生产技术组织条件下,在投入与产出的转换过程中实现的,这是一个不断变化的动态过程。现场管理应根据变化了的现状,不断提高生产现场对环境变化的适应能力,从而不断提高企业的市场竞争能力。

三、现场管理的目的和任务

1.目的

按照企业的生产经营目标,合理有效地计划、组织、协调和控制各种要素,以达到优质、高效、低耗、均衡、环保和安全文明地完成产品的生产过程。

2.任务

(1)建立正常的生产秩序和文明的生产环境;

(2)实现各种生产要素的最佳结合;

(3)提高企业的经济和社会效益,做到眼睛盯住市场,工夫下在现场。

四、现场管理的内容

从管理的要素或对象来看,现场管理包括以下内容:人、机、料、物、法、环、资、能、信等,或者为人、财、物、机、技、情(报)、时等。

从系统管理角度,现场管理的内容如下:

(1)现场生产组织管理;

(2)现场技术工艺管理;

(3)现场质量管理;

(4)现场物资管理;

(5)现场劳动管理;

(6)现场安全管理;

(7)现场环境管理;

(8)现场成本管理;

(9)现场设备管理。

可以说,前面8项内容或多或少都与设备管理有关,有的关系还相当密切。可见,现场设备管理是最基本的和主要的管理内容。

现场设备管理的内容可概括为如下 3 方面：

(1)对现场的人进行管理——达到提高人的工作效率的目的；

(2)对现场设备的管理——达到提高设备效率的目的；

(3)现场改善与治理——达到构建文明现场的目的。

五、现场管理的基本原理(理念)

简单地说，"改善"是现场管理的基本原理。"改善"的理念就是要求现场的每一个人、每一项工作都要致力于不断地改进，追求完美和卓越；就是要不断创新、去寻求更好的方法去实现现场管理的超越。

在改善的范畴里，管理具有两项主要功能，即"维持"与"改进"。"维持"是指从事于保持现有技术、管理及作业标准的活动，以及支持这些标准所需的训练和纪律。在"维持"的功能下，管理部门要执行工作的指派，使每一个人都能依照标准的作业程序来工作；而"改进"则是以改进现有标准为目标的活动。改进可分为"改善"和"创新"。所谓"改善"，是由于持续不断的努力，产生诸多小步伐累积而成的改进；"创新"则是借助大笔资源投资于新技术或设备，产生戏剧性大变化的改进。"改善"需要强调要以员工的努力、士气、沟通、训练、参与及自律来达成目标，这些都是一种常识性和低成本的改进方式。

"改善"着重于以"过程为导向"的思考模式。在"改善的过程"中，第一个步骤就是要建立"计划(Plan)—执行(Do)—检查(Check)—处置(Action)"的 PDCA 循环，以 PDCA 循环作为"改善"持续运作的工具，以达成"维持标准"和"改进标准"的目标。其中的"计划"是指建立改善的目标，"执行"是指依计划推行，"检查"是指确认是否按计划的进度在实行，以及是否达成预定的计划，"处置"是指新作业程序的实施及标准化，以防止原来的问题再次发生。一旦达成改善的目标，改善后的现状便随即成为下一个改善的目标。PDCA 的意义就是永远不满足现状，因为员工通常较喜欢停留在现状，而不会主动去改善。所以管理人员必须持续不断地设定新的挑战目标，以带动 PDCA 循环。

由于与现场保持密切的接触与了解是改善的前提，因此，现场管理的基本程序如下：

(1)当问题(异常)发生时，要先去现场；

(2)检查现场的有关物件；

(3)当场采取暂行处置措施；

(4)发掘真正原因并将之排除；

(5)将有关工作标准化以防止再发生。

这五项工作被人们称为现场管理的金科玉律。

六、现场管理的基本方法

现场管理的最基本方法是"目视管理"，即"全体员工能够用眼睛看出工作的进展状况是否正常，并迅速做出判断、想出对策"。

为了保证"目视管理"的顺利进行，企业一般必须具备以下条件：

(1)全员参与。这是持续提高效果和不断进行改进的必要条件。

(2)让正常与否一目了然。

(3)充分利用五官。

（4）使其有助于提高管理效率。

（5）重视源头管理。

（6）描绘出理想状态（愿景）。

（7）投入具体的钻研和创意。

为了让全体员工，甚至是不了解现场的人也能判断现场的状况正常与否，目视管理通常需要一些管理道具以帮助员工识别工作进展状况，如显示灯、图表、工作标准、账票、手册、管理板、标签、警示灯、公告板、标示牌等。

第二节　设备现场管理的基础工作

为了做好现场管理工作，在思想上必须树立现场是"帝王"的思想，要以快的作风"跑步到现场"，尽快收集到现场的信息；管理部门的工作重心要下移到现场，为现场"帝王"服务。在工作上要强化现场管理的基础工作，对现场设备管理而言，要努力做到正确使用设备、精心维护设备、科学地检查和润滑设备。

一、设备的使用

（一）正确使用设备的目的意义

设备在负荷下运行并发挥其规定功能的过程，即使用过程。设备在使用过程中，由于受到各种力和化学作用、使用方法、工作规范、工作持续时间等影响，其技术状况发生变化而逐渐降低工作能力。要控制这一时期的技术状态变化，延缓设备工作能力的下降过程，必须根据设备所处的工作条件及结合性能特点，掌握劣化的规律；创造适合设备工作的环境条件，遵守正确合理的使用方法、允许的工作规范，控制设备的负荷和持续工作时间，精心维护设备。这些措施都要由操作者来执行，只有操作者正确使用设备，才能保持设备良好的工作性能，充分发挥设备效率，延长设备的使用寿命。也只有操作者正确使用设备，才能减少和避免突发性故障。因此，强调正确使用设备具有重要意义。

（二）设备使用守则

这是指对操作者正确使用设备的各项基本要求和规定。它包括凭证操作、定人定机、交接班制、"四项要求""五项规律""三好""四会"等工作内容，是操作者必须严格遵守的制度和准则。

1. 凭证操作

操作者在独立使用设备前，必须接受技术基础理论的教育和实际操作技能培训，设备操作考试合格，并领到设备操作证，方可独立操作设备。精、大、稀和重点设备由企业设备动力部门主考，其他设备由使用部门分管设备的主任主考。操作证均由企业设备动力部门签发。一般来说，操作证上只填写一种型号设备。对技术熟练工人经教育培训考试合格后，可取得一种以上设备的操作证。

2. 定人定机

实行定人定机是严格操作人员岗位责任，确保正确使用设备和落实日常维护保养工作的有效措施。设备岗位责任制要规定操作工人的基本职责、基本权利、应知应会的基本要求和考核奖励方法。定人定机由使用单位确定,经车间机械员同意报设备主管部门备案,精、大、稀、重点设备主管部门审查,企业分管设备领导批准执行。定人定机审批后,应保持相对稳定,确需变动时应按上述规定程序进行。公用设备应落实维护人员,明确维护责任。多人操作的设备实行机台长制,由机台长负责设备的使用和维护责任。

为了保证设备的合理使用,有的企业实行了"三定户口化"制度(即设备定号、管理定户、保管定人)。这三定中,设备定号、保管定人易于理解,管理定户就是以班组为单位,把全班组的设备编为一个"户",班组长就是"户主",要求"户主"对小组全部设备的保管、使用和维护保养负全面责任。

3. 交接班制

连续生产的设备或不允许中途停机者,可在运行中交班,交班人须把设备运行中发现的问题,详细记录在"交接班记录簿"上,并主动向接班人介绍设备运行情况,双方当面检查,交接完毕在记录簿上签字。如不能当面交接,交班人可做好日常维护工作,使设备处于安全状态,填好交班记录交有关负责人签字代接。接班人如发现设备异常现象,记录不清、情况不明和设备未按规定维护可拒绝接班。如因交接不清设备在接班后发生问题,由接班人负责。

企业在用的每台设备,均须有"交接班记录簿",不准撕毁、涂改。区域维修站应及时收集"交接班记录簿",从中分析设备现状,采取措施改进维修工作。设备管理部门和车间负责人应注意抽查交接班制度的执行情况。

4. 使用设备的"四项要求"

(1)整齐:工具、工件、附件摆放整齐,安全防护装置齐全,线路管道完整;

(2)清洁:设备内、外清洁,各滑动面、丝杠、齿条、齿轮等无油垢、无碰伤,各部位不漏水、不漏油,切屑垃圾清洁干净;

(3)润滑:按时加油、换油,油质符合要求,油壶、油枪、油杯齐全,油毡、油线、油标清洁、油路畅通;

(4)安全:实行定人定机和交接班制度,遵守操作规程,合理使用,监测异常,不出事故。

5. 使用设备的"五项纪律"

(1)凭操作证使用设备,遵守安全操作规程;

(2)经常保持设备清洁,并按规定加油;

(3)遵守设备交接班制度;

(4)管理好工具、附件,不得遗失;

(5)发现异常,立即停车,自己不能处理的问题应及时通知有关人员检查处理。

6. 设备使用的"三好"要求

(1)管好设备:设备有专人保管,未经批准,不能使用和改动设备;

(2)用好设备:认真贯彻操作规程,不超负荷使用设备;

(3)修好设备:要求操作工人要配合维修工人及时排除设备故障。

7. 设备使用的"四会"要求

(1)会使用:操作者要学习设备操作规程,经过实习,取得操作合格证后方能独立操作;

(2)会维护:学习和执行维护、润滑规定,保持设备清洁、完好;

(3)会检查:了解设备结构、性能和易损零部件,懂得设备的正常与异常的基本知识,协同维修工进行检查并找出问题；

（4）会排除故障：熟悉设备特点，懂得拆装注意事项，会做一般的调整，协同维修工人排除故障。

（三）设备操作规程和使用规程

设备操作规程是操作人员正确掌握操作技能的技术性规范，是指导工人正确使用和操作设备的基本文件之一。其内容是根据设备的结构和运行特点，以及安全运行等要求，对操作人员在其全部操作过程中必须遵守的事项。一般包括如下方面：

（1）操作设备前对现场清理，设备状态检查的内容和要求；

（2）操作设备必须使用的工器具；

（3）设备运行的主要工艺参数；

（4）常见故障的原因及排除方法；

（5）开车的操作程序和注意事项；

（6）润滑的方式和要求；

（7）点检、维护的具体要求；

（8）停车的程序和注意事项；

（9）安全防护装置的使用和调整要求；

（10）交接班的具体工作和记录内容。

设备操作规程应力求内容简明、实用，对于各类设备应共同遵守的项目可统一成标准的项目。

设备使用规程是根据设备特性和结构特点，对使用设备做出的规定。其内容一般包括以下方面：

（1）设备使用的工作范围和工艺要求；

（2）使用者应具备的基本素质和技能；

（3）使用者的岗位责任；

（4）使用者必须遵守的各种制度，如定人定机、凭证操作、交接班、维护保养、事故报告等制度；

（5）使用者必备的规程，如操作规程、维护规程等；

（6）使用者必须掌握的技术标准，如润滑卡、点检和定检卡等；

（7）操作或检查必备的工器具；

（8）使用者应遵守的纪律和安全注意事项；

（9）对使用者检查、考核的内容和标准。

（四）设备的完好标准和确定原则

保持设备完好，是企业设备管理的主要任务之一。按操作和使用规程正确合理地使用设备，是保持设备完好的基本条件。因此，应制定设备的完好标准，为衡量设备技术状态是否良好规定一个合适尺度。

设备的完好标准是分类制定的，以金属切削设备为例，其完好标准包括以下方面：

（1）精度、性能能满足生产工艺要求；

（2）各传动系统运转正常、变速齐全；

（3）各操纵系统动作灵敏可靠；

（4）润滑系统装置齐全，管道完整，油路畅通、油标醒目；

（5）电气系统装置齐全、管线完整、性能灵敏、运行可靠；

（6）滑动部位运行正常，无严重拉伤、研伤、碰伤；

（7）机床内、外清洁；

（8）基本无漏油、漏水、漏气现象；

（9）零部件完整；

（10）安全防护装置齐全。

以上标准中（1）～（6）项为主要项目，其中有一项不合格即为不完好设备。

对于非金属切削设备（如锻压设备、起重设备、工业炉窑、动力管道、工业泵等）也都有其相应的完好标准。

不论哪类设备的完好标准，在制定时都应遵循以下原则（或叫作应满足的要求）：

（1）设备性能良好，机械设备能稳定地满足生产工艺要求，动力设备的功能达到原设计或规定标准，运转无超温超压等现象；

（2）设备运转正常，零部件齐全，安全防护装置良好，磨损、腐蚀程度不超过规定的标准，控制系统、计量仪器仪表和润滑系统工作正常；

（3）原材料、燃料、润滑油、动能等消耗正常，基本无漏油、漏水、漏气（汽）、漏电现象，外表清洁整齐。

完好设备的具体标准由各行业主管部门或行业协会统一制定。

二、设备的维护保养

设备的维护保养是管、用、养、修等各项工作的基础，也是操作工人的主要责任之一，是保持设备经常处于完好状态的重要手段，是一项积极的预防工作。设备的保养也是设备运行的客观要求，马克思说："机器必须经常擦洗。这里说的是一种追加劳动，没有这种追加劳动，机器就会变得不能使用。"陈云同志也指出："企业一定要维护设备，特别是关键设备，四个九不行，必须做到万无一失。"设备在使用过程中，由于设备的物质运动和化学作用，必然会产生技术状况的不断变化和不可避免的不正常现象，以及人为因素造成的耗损，例如松动、干摩擦、腐蚀等。这些设备的隐患，如果不及时处理，会造成设备的过早磨损，甚至形成严重事故。做好设备的维护保养工作，及时处理随时发生的各种问题，改善设备的运行条件，就能防患于未然，避免不应有的损失。实践证明，设备的寿命在很大程度上决定于维护保养的程度。

因此，对设备的维护保养工作必须强制进行，并严格督促检查。车间设备员和机修站都应把工作重点放在维护保养上，强调"预防为主、养为基础"。

1. 设备的维护保养要求与内容

通过擦拭、清扫、润滑、调整等一般方法对设备进行护理，以维持和保护设备的性能和技术状况，称为设备维护保养。设备维护保养的要求主要有 4 项：

（1）清洁。设备内、外整洁，各滑动面，丝杆，齿条，齿轮箱，油孔等处无油污，各部位不漏油、不漏气，设备周围的切屑、杂物、脏物要清扫干净。

（2）整齐。工具、附件、工件（产品）要放置整齐，管道、线路要有条理。

保持设备清洁、整齐,也是保证和提高产品质量、实行文明生产的要求。国外一些企业常用"挑剔"的观念来对待设备的维护保养,专家们和咨询人员走进一家工厂看到机器没有擦得光亮或半成品上沾有污泥都会提出令人意外的尖刻批评,经常令人感到是"吹毛求疵"。他们认为这些问题首先反映了工作作风的不严谨,而在这种作风下企业产品的质量是很令人怀疑的。

(3)润滑。按时加油或换油,不断油,无干摩擦现象,油压正常,油标明亮,油路畅通,油质符合要求,油枪、油杯、油毡清洁。

(4)遵守安全操作规程,不超负荷使用设备;设备的安全防护装置齐全可靠,及时消除不安全因素。

设备的维护保养内容一般包括日常维护、定期维护、定期检查和精度检查,设备润滑和冷却系统维护也是设备维护保养的一个重要内容。

设备的日常维护保养是设备维护的基础工作,必须做到制度化和规范化。对设备的定期维护保养工作要制定工作定额和物资消耗定额,并按定额进行考核,设备定期维护保养工作应纳入车间承包责任制的考核内容。设备定期检查是一种有计划的预防性检查,检查的手段除人的感官以外,还要用一定的检查工具和仪器,按定期检查卡执行,定期检查有人又称为定期点检。对机械设备还应进行精度检查,以确定设备实际精度的优劣程度。

设备维护应按维护规程进行。设备维护规程是对设备日常维护方面的要求和规定,坚持执行设备维护规程,可以延长设备使用寿命,保证安全、舒适的工作环境。其主要内容如下:

(1)设备要达到整齐、清洁、紧固、润滑、防腐、安全等的作业内容、作业方法、使用的工器具及材料、达到的标准及注意事项;

(2)日常检查维护及定期检查的部位、方法和标准;

(3)检查和评定操作工人维护设备程度的内容和方法等。

2.三级保养制

企业采用什么样的维修体制,是直接影响和关系着企业设备管理维修水平的重要标志,也是在国外维修管理体制影响下、结合国内企业实际情况而产生和形成的维修管理的发展阶段。三级保养制是我国在总结苏联计划预修制在我国的实践、逐步完善和发展起来的一种保养修理制,它体现了我国设备维修管理的重心由修理向保养的转变,反映了我国设备维修管理的进步和以预防为主的维修管理方针的更加明确。三级保养制是以操作者为主对设备进行以保为主、保修并重的强制性维修制度。一些行业和企业实行的三级保养大修制(或三级保养加两修等)也可以统称为三级保养制。

三级保养制突出了维护保养在设备管理与计划检修工作中的地位,把对操作工人"三好""四会"的要求更加具体化,提高了操作工人维护设备的知识和技能。三级保养突破了苏联计划预修制的有关规定,改进了计划预修制中的一些缺点、更切合实际。在三级保养制的推行中还提出了完好设备的概念,并逐步把对设备完好率的考核作为企业设备管理的主要技术考核指标。在三级保养制的推行中还学习吸收了军队管理武器的一些做法,并强调了群管群修。由于三级保养制的贯彻实施,有效地提高了企业设备的完好率、降低了设备事故率,延长了设备大修理周期、降低了设备大修费用,取得了较好的技术经济效果。

三级保养制的内容如下:

(1)日常维护保养(日保):也称例保,即每天由操作者照例要进行的保养。要求操作者每班必须做到班前对设备进行检查、润滑,班中严格执行操作规程,下班前15至20分钟(周末适当延长)对设备进行认真的清扫擦拭,将设备状况记录在交接班记录本上。日保养是维护保养工作的基础,是一项积极的预防措施,是操作工人份内的一项经常性工作,具有与完成生产任务一样的重要意义。日保的目的是保证设备达到整齐、清洁、润滑、安全,预防事故和故障的发生。为了严格对设备的日常维护保养,有些行业(如机械行业)还制定了设备保养规程。

(2)一级保养(一保):以操作工人为主,维修工人辅导进行。这是一项计划性维护保养工作,也可叫定期保养(定保)。它要求按计划对设备进行局部和重点部位拆卸、检查,彻底清洗外表和"内脏"、疏通油路,清洗或更换油毡、油线、滤油器,检查磨损情况,调整各部件配合间隙,紧固各部位,达到脱黄袍、清"内脏",油路通、油窗亮,操作灵活,运转正常。电气部分的保养工作由维修电工负责。一保完成后应记录并注明尚未清除的缺陷,车间机械员组织验收。一保的范围应是企业全部在用设备,对重点设备应严格实行。一保的主要目的是减少设备磨损、消除隐患、延长设备使用寿命,为完成到下次一保期间的生产任务在设备方面提供保障。

一些企业、上级主管部门和设备管理协会,在实施和推进设备一级保养方面做了卓有成效的工作。例如,上海市设备管理协会、上海市机电工业设备管理协会,他们在本市和本行业积极组织金切等设备的一级保养竞赛,取得良好效果,对进一步贯彻落实《设备管理条例》的精神起到了促进作用。

(3)二级保养(二保):以维修工人为主,操作工人参加,对设备的规定部分进行分解检查和修理。其内容除包括一保内容外,尚须进行机电检修,更换磨损的零件,部分刮研,机械换油、电机加油等。二保完成后,维修工人应详细填写检修记录,由车间机械员和操作者验收,验收单交设备动力科存档。二保的主要目的是使设备达到完好标准,提高和巩固设备完好率,延长大修周期。

二级保养虽也有保养的成分,但规定以维修工人为主,且从内容上讲,主要还是修理。所以这和日保、一保是有区别的,应当把二保看作是计划修理的一个类别来对待和考核。

三级保养制在我国的企业取得了好的效果和经验,但它都从技术管理角度来强调,如何使它符合经济管理的要求,还需在实践中不断总结经验。

对于一些进口设备(精、大、稀的单机设备或生产线设备)如何实施三级保养(或还要不要实行三级保养等)也需要进一步探讨和总结。

3.提高设备维护水平的措施

为提高设备维护水平应使维护工作基本做到三化,即规范化、工艺化、制度化。

规范化就是使维护内容统一,哪些部位该清洗、哪些零件该调整、哪些装置该检查,要根据各企业情况按客观规律加以统一考虑和规定。

工艺化就是根据不同设备制定各项维护工艺规程,按规程进行维护。

制度化就是根据不同设备不同工作条件,规定不同维护周期和维护时间,并严格执行。

对定期维护工作,要制定工时定额和物资消耗并要按定额进行考核。

设备维护工作应结合企业生产经济承包责任制进行考核。同时,企业还应发动群众开展专群结合的设备维护工作,进行自检、互检、开展设备大检查。

4.设备维护保养工作的检查评比

设备维护保养的检查评比是在主管厂长的领导下由企业设备动力部门按照整齐、清洁、润滑、安全四项要求和管好、用好、维护好设备的要求,制定具体评分标准,定期组织的检查评比活动。检查结果在厂内公布、并与奖惩挂钩,以推动文明生产和群众性维护保养活动的开展,它是不断提高设备完成率的重要措施。

企业要成立设备维护保养状况检查评比领导机构，对以下内容进行检查评比：

(1)各级岗位责任制建立和贯彻情况；

(2)设备管理各项资料的健全情况；

(3)各项技术经济指标完成情况，如设备完好率和完好设备抽查合格率，维护保养抽查情况，故障情况等。

检查评比应以鼓励先进为主，以推动设备管理工作的开展。"红旗设备竞赛"活动是搞好设备维护保养的一种好形式，应不断总结经验，以求实效。

5.设备维护组织

设备管理先进企业的经验已证明，设备维护工作必须专业管理与群众管理相结合，推行设备维护保养责任制。群众管理组织形式以班组为基础建立群管网，负责设备的日常维护和定期维护。单人操作设备，使用者负责维护保养；分班作业，建立机长负责制，并实行交接班制；公用设备，由使用单位领导指定专人负责维护保养；班组设备员负责全班组设备的维护管理。

设备专业维护的主要组织形式是区域维护组。区域维护组全面负责生产区域内的设备维护保养和应急修理工作，它的工作任务如下：

(1)负责本区域内设备的维护修理工作，确保完成设备完好率，故障停机率等指标；

(2)认真执行设备定期点检和区域巡回检查制，指导和督促操作工人做好日常维护和定期维护工作；

(3)在车间机械员指导下参加设备状况普查、精度检查、调整、治漏，开展故障分析和状态监测等工作。

区域维护组这种设备维护组织形式的优点：在完成应急修理时有高度机动性，从而可使设备修理停歇时间最短，而且当值班钳工无人召请时，可以完成各项预防作业和参与计划管理。

设备维护区域划分应考虑生产设备分布、设备状况、技术复杂程度、生产需要和修理钳工的技术水平等因素。可以根据上述因素将车间设备划分成若干区域，也可以按设备类型划分区域维护组。流水生产线的设备应按线划分维护区域。

区域维护组要编制定期检查和精度检查计划，并规定出每班对设备进行常规检查的时间。为了使这些工作不影响生产，设备的计划检查要安排在工厂的非工作日进行，而每班的常规检查要安排在生产工人的午休时间进行。

为了提高设备维护质量，应编制设备维护卡和设备维护工艺指导卡。设备维护卡应包括该设备的维护工作详细清单、各项维护工作的周期和间隔期。各项维护工作的间隔期要根据设备的故障分析资料来确定。因为设备维护间隔期长短与设备的重要性、使用条件和磨损速度有关，所以，对于同一种型号的设备，可能规定不同的间隔期，并且当使用条件改变时，原来规定的维护工作间隔期就应修订或改变。

设备维护工艺指导卡是按设备编制的，进行设备维护时应严格遵循该指导卡的规定。设备维护工艺指导卡应包括各项维护工作的工序、工步及其完成方法，它有以下各栏目：作业编号，各工序和工序的序号，作业内容及其完成的方法和顺序，各组装单元的简图和技术要求，工具名称和编号，作业的时间定额，工作所要求的技术等级等。

6.设备点检制

设备点检制是日本"全员生产维修制"中的一项内容。这种制度将维修管理的重心由保养转到了检查,可使设备的异常和劣化能早期发现而避免因突发故障而导致生产和质量下降,从而把可能造成的损失,限制在最小限度。它代表了保养修理制的最新发展阶段。

所谓设备点检制,是指为了维持设备所规定的机能,在规定的时间内,按规定的检查标准(内容)和周期,由操作工或维修工凭感觉和简单测试工具,对设备进行检查,并依据标准判断设备的技术状况和决定维护检修工作的设备维护管理制度。

点检工作一般分为日常点检和定期点检两类。日常点检主要由操作工进行,定期点检主要由维修工负责,操作工配合,这种点检经常是连检带修。

为做好点检制工作,应遵循下列的基本要求:

(1)实行全员管理,尤其是生产工人参加点检,只有最广泛的群众基础,才能有效实现这种以预防为主的预防性维修制度。

(2)在吸收广大生产工人参加点检的同时,设置专职点检员,包括专业维修工人按设备分区进行的专业点检和工程技术人员的精密点检,以保证正确判断设备的技术状况。

(3)点检人员必须要有相应的管理职能,并应按其责任给予相应的职权。点检人员的主要管理职能:检查和掌握设备状态,分析和处理设备事故,制订修理计划,提出维修资料计划和费用预算。

(4)要有一套科学的点检标准、点检表和制度。日常点检表见表5-1。

点检工作的方法可归纳为如图5-1所示的一套工作环节。

表5-1 日常点检表(磨床日点检表)

项 目	检查项目	检查内容	检查方法	备 注
A	润滑	润滑油箱中是否加了油,压力是否正常	目视确认	
B	异音	开动时,旋转部分是否有异常声响	听音检查	
C	尺寸控制装置	动作是否正常	目视确认	
D	漏油	油管、油压泵是否漏油	目视检查	
E	安全机构	异常停机、异常退刀是否正常	操作试验	

日期 项目	1	2	3	4	5	6	7	8	9	10	11	12	13	14	15	16	17	18	19	20	21	22	23	24	25	26	27	28	29	30	31
A																															
B																															
C																															
D																															
E																															
说明	记录符号:良好√ 可以△ 不好×																														

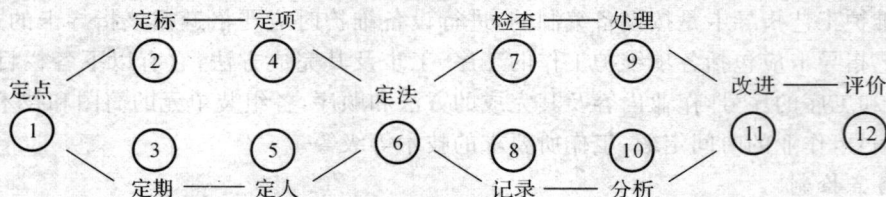

图5-1 设备点检工作图

(1)定点。首先确定一台设备必须"要保"的维护点,只要"看住"这些点,设备就不会出现事故,有了故障也会及时发现。

(2)定标。按规定的点逐点制定检查、处理标准和给油脂基准。

(3)定期。按点的不同确定检查周期,分小时、日、周、月、季、年等。

(4)定项。检查的项目要明确作出规定,一个点可能一项,也可能多项。

(5)定人。确定检查人,由操作工人、检修工人或工程技术人员承担。

(6)定法。确定检查方法和检查手段。如用人的眼、耳、鼻、手等感官,工具,仪器。

(7)检查。检查的环境条件,是停机还是运行中检查,设备解体或不解体。

(8)记录。逐点检查,按规定格式认真填写检查数据、判断印象、处理意见、检查时间等,检查人必须签字。

(9)处理。检查中发现的问题能处理的要及时处理,并将结果记入检查处理记录,无力或无条件处理的及时报告有关部门处理,并记录结果。

(10)分析。对检查记录和处理记录进行定期分析,找出故障率高或损失大的环节和薄弱点,提出分析情况资料,反馈给管理部门。

(11)改进。根据记录和分析的问题,采取改进措施。

(12)评价。对每一项的改进都要进行评价,要看经济效果,然后不断完善,进行循环往复的实施,提高设备管理水平。

对这里所介绍的12步工作环节,概括地讲就是两部分:一部分是点检的准备工作,一部分是点检的实施工作,点检的实施中不可避免地要对设备进行清扫。这里要强调的是"定点"(定部位)这一环节,它更多地是指对设备现场关键部位的点检,体现了抓主要矛盾的思想。

设备的关键点检部分(点检点)主要包括如下方面:

(1)参数显示类点检部位(工艺参数、设备状态、安全环境监测等);

(2)安全防护和报警类点检部位;

(3)机械振动、冲击、疲劳、拉伸及磨损类点检部位;

(4)热疲劳类点检部位;

(5)连接、接触、焊接类点检部位;

(6)腐蚀、锈蚀类点检部位;

(7)密封、泄漏类点检部位;

(8)润滑系统类点检部位;

(9)电气系统类点检部位;

(10)质量相关类点检部位等。

三、设备的润滑管理

(一)润滑管理的意义

设备润滑管理是设备维护保养工作的重要组成部分,当然也是设备管理的一个极其重要的组成部分。加强设备的润滑管理工作,并把它建立在科学管理的基础上,对保证企业的均衡生产、保持设备完好并充分发挥设备效能、减少设备事故和故障、提高企业经济效益和社会效益都有着极其重要的意义。

润滑在机械传动中和设备保养中均起着重要作用,润滑能影响设备性能、精度和寿命。对企业的在用设备,按技术规范的要求,正确选用各类润滑材料,并按规定的润滑时间、部位、数量进行润滑,以降低摩擦、减少磨损,从而保证设备的正常运行、延长设备寿命、降低能耗、防止污染,达到提高经济效益的目的。因此,搞好设备的润滑工作是企业设备管理中不可忽视的环节。

将具有润滑性能的物质施入机器中相对运动的零件的接触表面上,以减少接触表面的摩擦,降低磨损的技术方式,称为设备润滑。施入机器零件摩擦表面上的润滑剂,能够牢牢地吸附在摩擦表面上,并形成一种润滑油膜。这种油膜与零件的摩擦表面结合得很强,其分子间系数很小,因而两个摩擦表面能够被润滑剂有效地隔开。这样,零件间接触表面的摩擦就变为润滑剂本身的分子间的摩擦,从而起到降低摩擦、磨损的作用。由此可以看出,润滑与摩擦、磨损有着密切关系。人们把研究相互作用的表面作相对运动时所产生的摩擦、磨损和进行润滑这三个方面有机地联系起来,从理论(机理)上、实践上进行探讨的工作统称为摩擦学,并逐步形成一门学科。国内、外的工程技术人员在摩擦学的研究上都做了不少工作,既有理论上的深入探讨、也有实践上的试验和探索,对改善润滑工作起到了积极作用。

在实践中,人们对解决摩擦、磨损和润滑中的问题的认识不断加深,对摩擦、磨损的危害性的认识不断加深,这将逐步成为企业设备管理中必须关心的最普遍、最重要的问题之一。

据调查,无论国外还是国内,每年由于摩擦、磨损造成的工业效率损失都是严重的,而在加强润滑管理后,所收到的经济效益又是巨大的。

据统计分析,在我国由于摩擦、磨损而造成的设备事故或计划外停机的比例也是很大的,分析其原因,直接或间接地都与润滑有关。某冶金工业总公司对所属企业过去10年中发生的较大设备事故进行调查和分析,发现润滑不良是造成设备事故的重要原因。其中,某钢铁厂10年中发生机械设备事故76起,直接由于润滑不良引起的事故22起,占28.91%,且主要集中在滑动轴承烧瓦上,可见问题之严重。

另外,我国不少企业设备老化现象严重、漏油现象较为普遍,按照国家"双增双节"的要求,搞好设备润滑管理更具有实际意义。

(二)润滑管理的目的和任务

控制设备摩擦、减少和消除设备磨损的一系列技术方法和组织方法,称为设备润滑管理。其目的如下:

(1)给设备以正确润滑,减少和消除设备磨损,延长设备使用寿命;

(2)保证设备正常运转,防止发生设备事故和降低设备性能;

(3)减少摩擦阻力,降低动能消耗;

(4)提高设备的生产效率和产品加工精度,保证企业获得良好的经济效果;

(5)合理润滑,节约用油,避免浪费。

润滑管理的基本任务如下:

(1)建立设备润滑管理制度和工作细则,拟定润滑工作人员的职责;

(2)搜集润滑技术,管理资料,建立润滑技术档案,编制润滑卡片,指导操作工和专职润滑工做好润滑工作;

(3)核定单台设备润滑材料及其消耗定额,及时编制润滑材料计划;

(4)检查润滑材料的采购质量,做好润滑材料进库、保管、发放的管理工作;

(5)编制设备定期换油计划,并做好废油的回收、利用工作;

(6)检查设备润滑情况,及时解决存在的问题,更换缺损的润滑元件、装置、加油工具和用具,改进润滑方法;

(7)采取积极措施,防止和治理设备漏油;

(8)做好有关人员的技术培训工作,提高润滑技术水平;

(9)贯彻润滑的"五定管理",总结推广和学习应用先进的润滑技术和经验,以实现科学管理。

(三)润滑管理组织

1.组织机构

为了保证润滑管理工作的正常开展,企业润滑管理组织机构应根据企业规模和设备润滑工作的需要,合理地设置各级润滑管理组织和配备适当人员,这是搞好设备润滑的重要环节和组织保证。

润滑管理的组织形式目前主要有两种,即集中管理形式和分散管理形式。在转换企业经营机制过程中根据设备管理的需要企业可以统筹考虑润滑组织的设置。

(1)集中管理形式,就是在企业设备动力部门下设润滑站和润滑油再生组,直接管理全厂各车间的设备润滑工作,如图5-2所示。这种管理形式的优点是有利于合理使用劳动力,有利于提高润滑人员的专业化程度、工作效率和工作质量,有利于推广先进的润滑技术。这种组织形式的缺点是与生产的配合较差。所以,这种组织形式主要用于中、小型企业。

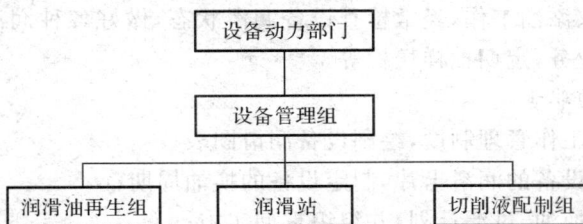

图5-2 集中管理形式

(2)分散管理形式,就是在设备动力部门建立润滑总站,下设润滑油配制组、切削液配制组和废油回收再生组,负责全厂的润滑油、切削液和废油再生。车间都设有润滑站,负责车间设备润滑工作,如图5-3所示。这种形式的优点是能充分调动车间积极性,有利于生产配合,其缺点是技术力量分散,容易忽略设备润滑工作。分散管理形式主要用于大型企业。

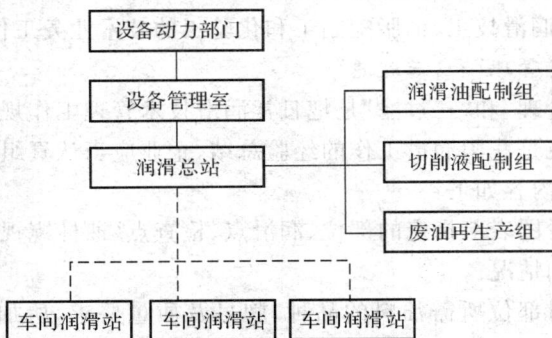

图5-3 分散管理形式

2.润滑管理人员的配备

大中型企业,在设备动力部门要配备主管润滑工作的工程技术人员。小型企业,应在设备动力部门内设专(兼)职润滑技术人员。润滑技工的数量可根据企业设备复杂系数来确定。按修理复杂系数确定人员的配备的比例参考数,见表5-2。

表5-2 润滑工人配备比例

设备类别	机械修理复杂系数 F_j	应配人数
金属切削设备	800～1 000	1
铸锻设备	600～800	1
冲剪设备	700～900	1
起重运输设备	500～700	1

根据开展润滑油工况检测和废油再生利用的需要,大中型企业应配备油料化验室和化验员。设有废油处理站的应有专人管理。

润滑技术人员应受过中专以上机械或摩擦润滑工程专业的教育,能够正确选用润滑材料,掌握有关润滑新材料的信息,并具备操作一般油的分析和监测仪器,判定油品的优劣程度的能力,不断改进润滑管理工作。

润滑工人是技术工种,除掌握润滑工应有的技术知识外,还应具有二级以上维修钳工的技能。要完成清洗、换油、添油工作,经常检查设备润滑状态,做好各种润滑工具的管理,还应协助搞好各项润滑管理业务,定期抽样送检等。

3.润滑管理人员的职责

(1)制定设备润滑工作管理制度,绘制设备润滑图表;

(2)编制全厂机械设备的润滑卡片,制定设备的换油周期;

(3)编制设备清洗换油、过滤计划,并组织贯彻实施;

(4)贯彻执行设备润滑的"五定管理",检查油质情况,根据化验结果进行换油和过滤;

(5)经常检查在用设备的润滑状况及泄漏情况,提出防止措施,编制治漏计划;

(6)负责组织润滑油料的化验分析和废油的回收利用工作;

(7)编制润滑油料需用量的申请购置计划,提交供应部门采购供应;

(8)负责润滑油料的选择、代用、掺配及冷却切削液的配制业务指导;

(9)定期统计润滑油料消耗情况及编制各种报表;

(10)领导润滑站及润滑技工、油脂配制工和化验工的技术业务工作。

4.设备润滑的"五定管理"和"三过滤"

设备润滑的"五定管理"和"三过滤"是把日常润滑技术管理工作规范化、制度化、保证搞好润滑工作的有效方法,也是我国润滑工作的经验总结,企业应当认真组织、切实做好。

润滑"五定管理"的内容如下:

(1)定点。根据润滑图表上指定的部位、润滑点、检查点(油标窥视孔),进行加油、添油、换油,检查液面高度及供油情况。

(2)定质。确定润滑部位所需油料的品种、牌号及质量要求,所加油质必须经化验合格。采用代用材料或掺配代用,要有科学根据。润滑装置、器具完整清洁,防止污染油料。

（3）定量。按规定的数量对各润滑部位进行日常润滑,实行耗油定额管理,要做好添油、加油和油箱的清洗换油。

（4）定期。按润滑卡片上规定的间隔时间进行加油,并按规定的间隔时间进行抽样化验,视其结果确定清洗换油或循环过滤,确定下次抽样化验时间,这是做好润滑工作的重要环节。

（5）定人。按图表上的规定分工,分别由操作工、维修工和润滑工负责加油、添油、清洗换油,并规定负责抽样送检的人员。

设备部门应编制润滑“五定管理”规范表,具体规定哪台设备、哪个部位、用什么油、加油（换油）周期多长、用什么加油装置、由谁负责等。随着科学技术的发展和经验的积累,在实践中还要进一步充实和完善“五定管理”。

为了切实保证润滑油的清洁,对润滑油要进行三级过滤（即“三过滤”）:入库过滤、发放过滤、加油过滤。

5.换油的组织形式

理论分析和实践表明,对设备必须及时换油。机械设备的换油方式有定期换油和按质换油两种。

定期换油方式主要用于用油少、开动率高的设备。定期换油方式的主要缺点是,有时主要油质指标还符合使用标准的油也被强制换掉,造成了浪费。

按质换油方式主要用于用油量大或开动率不高的设备。应推广油品检测技术,实行按质换油。

（四）设备润滑计划工作

设备润滑计划是润滑管理人员开展各项工作的依据。计划内容包括清洗换油计划、油质化验计划、设备用油计划和治漏计划等。

1.清洗换油计划

清洗换油计划分年度和月度清洗换油计划。年度清洗换油计划是根据润滑卡片上规定的换油周期、上次换油时间和设备的计划开动率,分车间编制的整年度分月计划。为了减少对生产的影响,清洗换油时间尽量与维修时间结合起来。

月度清洗换油计划是在年度设备换油计划的基础上,根据取样化验情况制订的。

2.油质化验计划

为了保证精密设备的正常润滑,加强对精密设备的油质监控,以及对开动率低的设备实施按质换油,每月必须编制油质化验计划。开动率低的一般设备的化验周期等于该设备的换油周期,即在计划换油前进行油质化验。精密设备除换油前要求进行油质化验外,还必须根据设备的特点,在换油周期内安排 1～2 次油质化验。

3.设备用油计划

根据计划期内计划开动设备数、机台年油箱换油定额、机台年油箱正常添油定额和机台年日常保养供油定额,由润滑管理人员编制设备用油计划。用油计划必须按油品的规格分别汇总出年度及年度分季需要量,该计划由设备动力部门提出,由供应部门负责采购供应。

4.设备治漏计划

设备管理人员和润滑管理技术人员对漏油设备要作详细调查,对漏油部位和原因登记制表,并根据漏油的严重程度,安排治漏计划和实施方案。

治理漏油、实施治漏方案不仅是设备维修管理工作的一项任务,也是节能、降低消耗的内容之一。治漏工作应抓好查、治、管三个环节。

查:查看现象、寻找漏点、分析原因、制订规划、提出措施。

治:采用堵、封、引、接、修、焊、改、换等方法,针对实际问题治理漏油。

管:加强管理,巩固查、治效果。在加强管理上,应结合做好有关工作,例如,建立健全润滑管理制度和责任制,严格油料供应和废油回收利用制度;建立健全合理的原始记录制并做好统计工作;建立润滑站,配备专职人员、加强巡检并制定耗油标准。

一些企业在润滑管理中总结出了治理漏油的十种方法,即勤、找、改、换、缠、回、配、引、垫、焊的设备治漏"十字法"。

勤:勤查、勤问、勤治。

找:仔细寻找漏油部位和原因。

改:更改不合理的结构和装置。

换:及时更换失效的密封件和其他润滑元件。

缠:在油管接头处缠密封带、密封线等。

回:增加或者扩大回油孔,使回油畅通,不致外溢。

配:对密封圈及槽沟结合面做到正确选配。

引:在外溢、外漏处加装引油管、断油管、挡油板等。

垫:在结合面加专用纸垫或涂密封胶。

焊:焊补漏油油孔、油眼。

做好密封工作对防止和减少漏油也会起到积极作用。

(五)润滑剂及其选用

1.润滑剂的主要作用

(1)润滑作用:减少摩擦、防止磨损。

(2)冷却作用:在循环中将摩擦热带走,降低温度、防止烧伤。

(3)密封作用:防止水分或其他杂质侵入。

(4)洗涤作用:从摩擦面上洗净污秽、金属粉粒等异物。

(5)防锈防蚀:使金属表面与空气隔离,防止氧化。

(6)减震卸荷:对往复运动机构有减震、缓冲、降低噪音的作用;压力润滑系统有使设备启动时卸荷和减少启动力矩的作用。

2.润滑剂的分类和选用依据(原则)

(1)分类。润滑剂分为液体润滑剂、固体润滑剂、气体润滑剂三大类。液体润滑剂使用得最广泛,其中矿物润滑油脂是最普遍、最常用的一种,例如各种机械油、液压油、齿轮油等。

(2)选择润滑剂的基本依据(原则)。基于润滑剂的多种积极作用,企业必须积极做好这项技术性较强的工作。正确选择润滑剂的基本依据如下:

1)运动速度:运动速度高,应选用低黏度润滑油,反之,应选用黏度较大的润滑油。

2)运动负荷:负荷和压强越大,应选用黏度较大的润滑脂,反之,则应选用黏度低的润滑脂。

3)工作温度:低温条件下,应选用黏度小的润滑油;高温条件下,应选用油性好、氧化安定性强的润滑油(脂);温度变化大,应选用黏度受温度变化小的润滑油。

4)工作环境:对水湿环境应选择乳化性强、油性及防锈性好的油料,对尘屑环境应注意防尘密封,有腐蚀气体的环境下应选用抗腐蚀性好的油料。

5)摩擦副间隙、表面精度和位置:摩擦副间隙小、表面精度高,选用低黏度的润滑油,容易使油流失的位置,选用大黏度的润滑油。

3.润滑油的代用

本厂润滑油牌号不全,允许用其他油品代用,这是一种情况。另一种情况,而且是更为突出和重要的,那就是进口设备润滑油的国产化代用问题,在近些年表现得较为突出,应引起足够重视。

润滑油的代用须遵循以下原则:

(1)优先考虑黏度指标;

(2)应考虑油品精制深度;

(3)应考虑油品的添加剂;

(4)应考虑机械的工作条件;

(5)对重负荷的蜗轮副及类似部件,可选用黏度相当的导轨油等待用;

(6)变压器油不宜代替润滑油。

总之,所选用的代用油,其黏度、闪点等主要规格指标,应与被代用油相同或相近。值得强调的是,只允许用黏度偏大的油去代替黏度较小的油,只有这样才能保证达到润滑机器的目的。

(六)润滑管理工作存在的问题及采取的措施

我国企业的润滑管理工作虽然取得了一些成绩和进展,在理论研究和学术探讨上也取得了一些成绩,但仍然存在着如下一些问题:

(1)不少企业润滑管理组织机构不健全、专职管理人员不落实,没有形成自上而下的润滑管理网;

(2)润滑管理制度不健全、不完善;

(3)润滑技术管理落后,润滑剂消耗大;

(4)润滑经济效益差。

针对润滑管理工作存在的问题,应采取以下措施:

(1)更新观念,提高对润滑工作重要性的认识。不少人认为设备润滑工作差一点不要紧,设备发生异常,宁愿主观臆断,也不愿从润滑上找原因。往往是设备出了故障只要抢修,为尽快修好,只重点抓备件供应,而很少在润滑上下工夫。在承包责任制的条件下,只追求生产任务的完成,不注意合理润滑。所有这些都要求有关人员更新观念,切实把润滑工作做好。

(2)健全组织,形成自上而下的设备润滑网。

(3)应用现代化管理技术,完善润滑工作规范,控制运行设备润滑情况,保证设备合理润滑。例如,推行油品检测技术,实行设备按质换油。应用价值工程理论,合理选择润滑油脂。以润滑工作复杂系数取代机械修理复杂系数来计算润滑工作量、合理配备润滑人员等。

(4)在润滑工作中推行方针目标管理,努力提高管理水平。

(5)开展摩擦学研究。例如,进行铁谱技术研究,加强设备润滑的动态管理。推广应用润滑新材料、新工艺、新技术和润滑添加剂。加速老设备润滑装置的技术改造。做好治漏工作。

(6)加强润滑的群众管理工作。例如,润滑技术竞赛活动、润滑月活动、润滑攻关活动等。

第三节 现场的"5S"(6S)管理活动

一、"5S"的含义

"5S"(6S)起源于日本。在第一章介绍日本的TPM时已经作了简单说明,它是TPM的主要内容之一。"5S"活动,是指对生产现场的各种要素所处状态,不断地进行整理、整顿、清扫、清洁,以达到提高素质(素养)的活动。由于这五个词在日语中罗马拼音的第一个字母都是"S",所以把这一系列活动简称为"5S"活动。为强化现场的安全,我国将"安全"也纳入了"5S",统称为"6S"活动。

"5S"活动对应于工序或作业单元的管理,是生产要素投入产出过程的缩影,着重于具体事务的管理。它是从制造业中发展起来的,但在服务业中也存在着很大的应用空间。"5S"活动是现场改善的三大支柱之一(另两个支柱是标准化和消除浪费),被视为"日本现代文明的基石"。因此,除了做好现场管理的基础工作外,企业应当在生产现场(设备现场)管理中认真开展"5S"管理活动,并不断借鉴和总结新鲜经验。

"5S"(6S)的含义可简要地概括如下:

(1)整理:取舍分开,取留舍弃;

(2)整顿:条理摆放,取用快捷;

(3)清扫:清扫垃圾,不留污物;

(4)清洁:清除污染,美化环境;

(5)安全:清除隐患,预防为主;

(6)素养:形成制度,养成习惯。

二、"5S"(6S)活动的目的

"5S"(6S)活动的目的是培养员工形成不断改善现场环境的意识,通过员工的积极参与,建立良好的团队合作关系,把经理和管理人员培养为"5S"(6S)实践中的带头人,为改善和提升企业形象、提高效率、消除故障、保障安全、降低成本、确保交货期、保证质量、焕发精神等打下坚实基础。

三、"5S"(6S)活动的原则

1.自己动手、自我管理的原则

一个良好的工作环境,不能单靠添置设备、设施,投入金钱,也不能指望别人来创造。应当充分依靠现场的每一位员工的积极性和创造性,通过自己动手、自我管理为自己创造一个整齐、清洁、方便、安全、温馨的工作环境,使他们在改造现场环境的同时,也改变自己对现场管理的看法,产生"美"的意识,养成现代化大生产所要求的遵章守纪、严格要求、注重细节的作风和习惯。况且,自己动手创造的成果自己会倍加珍惜,也就容易保持和坚持下去。

2.规范、高效、勤俭办企业的原则

一些企业推行"5S"(6S)活动时,总是抱着"废物利用""变废为宝""也许将来可以利用"等想法,任何东西都想保管起来,不想处理,认为这才是勤俭办企业。殊不知,规范、高效率的现场管理所带来的效益远远大于残值处理或误处理所造成的损失。杂乱无章的现场绝不仅仅是浪费场地而已,它妨碍管理人员科学管理意识的树立。因此,在建立合理的处理程序的基础上,该处理的一定要处理,否则再多的地方、空间都会被塞满,厂房之间搭上天棚的"临时"放置区域恐怕永远都无法消除了,只会越搭越多。

3.持之以恒的原则

"5S"(6S)活动开展起来比较容易,可以搞得轰轰烈烈,并能在短时间内取得明显的效果,这已被不少企业的实践所证明。但要坚持下去、持之以恒、不断优化就不太容易。开展"5S"(6S)活动,贵在坚持和保持,将之作为日常工作的一部分,天天、月月、年年都去做,并将它纳入岗位责任制,严格要求、认真考核和评比检查,并形成 PDCA 循环。

四、"5S"(6S)活动的具体内容

1.整理

整理是指先区分需要与不需要的事、物,再对不需要的事、物加以处理。它是开始改善现场的第一步,其要点是对生产现场的现实摆放和停滞的各种物品进行分类,区分什么是现场需要的,什么是现场不需要的,对现场不需要的物品(如剩余的材料、多余的半成品、边角料、切屑、垃圾、废品、多余的工具、报废的设备、工人的个人生活用品等),要坚决清理出生产现场。要做到以下几方面:

(1)不用的东西不放现场——坚决扔掉;

(2)不常用的东西——放远点(仓库中);

(3)偶尔使用的东西——集中放在车间;

(4)经常使用的东西——放在作业区。

整理的目的是腾出空间,改善和增加作业面积,现场无杂物、人行道通畅、提高工作效率,防止误用、误送,塑造清爽的工作场所。

整理的实施要领:自己的工作场所(范围)全面检查(包括看得到和看不到的),制定"要"和"不要"的判别标准,将不要的物品清除出工作场所,对需要的物品调查使用频度、决定日常用量和放置位置,制定废弃物处理方法,每日自我检查。

2.整顿

整顿是把需要的事、物定量和定位。通过上一步整理后,对生产现场需要留下的物品进行科学合理的布置和摆放,以便最快速地取得所要之物,在最简捷、有效的规章、制度、流程下完成工作。要做到以下几方面:

(1)要的东西定位置摆放——物各有位、物在其位;

(2)定置摆放、目视管理——过目知数;

(3)取用还置方便——没有寻找时间;

(4)工具要归类摆放——一目了然。

整顿的目的:工作场所清楚明了,工作环境明亮、整洁,消除多余的积压物品,工作秩序井然,消除寻找物品的时间。

整顿的实施要领:彻底落实前一步的整理工作,流程布置、确定放置场所,便于寻找、消除因混放而造成的差错,规定放置方法、明确数量,划线定位、场所、物品标识。

整顿的"三要素":场所、方法、标识。判断整顿"三要素"是否合理的依据在于是否能够形成物品容易放回原地的状态。当寻找某一件物品时,能够通过定位、标识迅速找到,并且很方便地将物品归位,就说明整顿是成功的。

3. 清扫

清扫是将工作场所内看得见和看不见的地方打扫干净。彻底地清扫在很大程度上可以保持设备在正常状态下运转,从这个意义上讲清扫也是对设备的点检。清扫过程是清除工作场所内的脏污、防止脏污的发生,保持工作场所干净明亮。清扫是为了干净,但又不单是为了干净,清扫要做到如下几方面:

(1)自己用的东西自己弄干净——不增加清扫工;

(2)对设备清扫的同时要检查异常——清扫也是点检;

(3)对设备清扫的同时要检查和治理泄漏——清扫中有改善;

(4)对设备清扫的同时要润滑——清扫也是保养。

清扫的目的:清除脏污、保证工作现场干干净净、明明亮亮,提升作业质量,减少工业伤害,创造"无尘化"车间。

清扫的实施要领:建立清扫责任区(室内、室外),自己动手清扫;执行例行扫除以清理脏污;调查污染源,予以杜绝或隔离;建立清扫基准、作为规范。

4. 清洁

清洁是整理、整顿、清扫三项活动的结果和成果,使其保持完美和最佳状态,清洁要做到以下几方面:

(1)眼看、手摸都处于清洁状态;

(2)不搞突击、贵在坚持和保持;

(3)保持"美",自然美、心灵美(人人相互尊重)。

清洁的目的:通过制度化、标准化维持前面"3S"的结果,培养良好的工作习惯;形成卓越的企业文化,提升企业形象。

清洁的实施要领:落实前面"3S"活动,重视标准化工作,形成多样的考核检查和奖罚制度,重视对新进的企业员工的教育。

5. 安全

安全是通过制度和具体措施来提升安全管理水平,防止灾害的发生。要做到以下几方面:

(1)树立强烈的安全意识;

(2)把安全当作一件大事独立、系统地进行,并不断维护;

(3)安全工作抓细节、抓源头、抓行动的落实。

安全管理的目的:保障员工的安全,保证生产系统的正常运行,建立系统的安全管理体制,减少经济损失。

安全管理的实施要领:建立健全安全生产管理机构、安全管理制和方法;建立安全管理责任制度、层层落实;了解和普及安全基本知识和方法(如消防安全、用电安全、用气安全、机械设备安全、特种设备安全、作业环境安全、化学品安全等);实行现场巡视,排除隐患;重视员工的安全教育培训;创造明快、有序、安全的作业环境。

为了做好安全管理工作,还应该做好安全隐患识别、标识(警告、指示、禁止、提示)等安全预防、预测工作,落实"安全第一、预防为主"的方针,定期制订消除安全隐患的改善计划,细化班组安全管理。并努力做好企业安全危机事件的应急、危机管理工作。

6.素养

素养(教养)意指自律,通过"5S"(6S)活动提高全员的文明礼貌水准,促使每位成员养成良好的习惯、遵守规则,并按规则去执行。即能够每天持续做整理、整顿、清扫及清洁工作,并且已习惯地将这些活动视为每日工作的一部分。"5S"(6S)管理始于素养,也终于素养。要做到以下几方面:

(1)严格遵守规章制度,决定了的事一定要办,且按标准执行的习惯;

(2)在前4个S的过程中去提高素养,在高素养的指导下开展好"4S"活动;

(3)提升员工的素质。

素养的目的:培养具有好习惯且遵守规章的员工,提高员工文明礼貌水准,营造团队精神。

素养的实施要领:管理人员率先倡导示范,制定服装、仪容、识别标准,制定共同遵守的有关规则、规定,制定礼仪守则,对员工的教育训练,推行各种礼仪、精神提升活动等。

五、"5S"(6S)活动的推行实施

"5S"(6S)活动按形式化→行事化→习惯化的思路推行实施。按照PDCA循环进行。

1.做好心理准备

"改善"一般会使一些员工产生抗拒改变的阻力,因此,在"5S"(6S)活动初期,应该来讨论"5S"(6S)的好处及其思想哲理,使他们做好心理上的准备。了解开展"5S"(6S)活动的好处及确认员工已充分了解"5S"(6S)活动之后,才可以开始进行改善项目活动。

2.全员参与

最重要的是使工厂保持让任何人都一目了然的状态。这样也就自然形成了全员参与的局面,其关键在于以下三点:

(1)使用色彩和数字推动整理、整顿;

(2)将全员的责任分担明确化、提高参与意识;

(3)在不断发展的基础上向更高的"5S"(6S)努力,实施生产现场"零"管理。

3.营造三大场所

通过"5S"(6S)活动,营造有规律的工作场所(提高管理水平),营造清洁的工作场所,营造一目了然的工作场所("5S"(6S)标准化)。

六、"5S"(6S)活动有效推行的四大法宝

所谓"四大法宝"就是企业推行"5S"(6S)管理活动的一些做法和经验总结。它包括领导重视、全员参与、持续改进、借助外力。

1.领导重视

企业领导从经营战略出发,对"5S"(6S)活动进行策划,有目的、有侧重、有方向地逐步展开;通过誓师大会、立军令状等多种形式的"破冰行动"有效展开;强调领导要以身作则,做到"喊破嗓子不如做出样子";通过及时的勉励鞭策,做到坚持就是胜利。

2. 全员参与

前面介绍"5S"(6S)的推行实施中已强调了全员参与,这里再作以必要补充。要通过舆论导向转变全员的观念意识;在此基础上,树立样板榜样,起到示范作用;及时引导员工去关注一点一滴的改变;强化岗位责任,做到事事有人做、有人管;鼓励员工在实践中不断创新,取得新鲜经验。

3. 持续改善

前面多处提到了持续改善,这里强调管理者要从一个背后推动者变为前面引导者,把责任交给员工、把信任交给员工、把荣誉交给员工,让员工从被动到主动地去持续改善现场,并逐步做到标准化。

4. 借助外力

借鉴外部的力量、别人的经验完善本企业的现场管理工作。什么事情都想自己内部去完成是不可取的。

第四节　现场目视管理

前面已把目视管理作为现场管理的基本方法作了简要介绍,这里从"5S"(6S)活动的开展角度再加以必要阐述。

一、目视管理的含义

目视管理又称"直观管理""看得见的管理""可视化管理"。它是以形象直观、色彩适宜的各种视觉感知信号、信息为基本手段,以公开化为基本原则,利用一些工具和手段作为信息载体,将生产现场的物流、人流、场所的状态、运行态势等以快捷、形象、醒目、简单、概括、明了的方式表现出来,促使人们视觉接受和迅速做出反应,实现生产现场的有序运作和高效率管理的一种科学方法。

二、目视管理的作用

目视管理形象直观,有利于提高工作效率和工作准确度;目视管理透明度高,便于现场人员互相监督;目视管理有利于产生良好的生理和心理效应;目视管理能尽可能让大家明白管理者的要求和意图,借以推动自主管理和自我控制。

三、目视管理的对象

目视管理的适用范围包括构成工厂的全部要素,如服务、产品、半成品、原材料、零配件、各种工装夹具和设备等。

四、目视管理的常用工具

在目视管理中,作为常用的工具一般有信号灯、标示牌、画线、颜色板(杆、条等)、看板、操作流程图、样本和警示线等。在目视管理中,颜色的使用是最常见的,不同色彩会给人以不同的重量感、空间感、冷暖感、软硬感和清洁感等情感效应。

五、目视管理的常用方法

目视管理常用的方法很多，包括设置目视管理网络、设置目视管理平面图、设置各种物流图、设置标准岗位板、设置工序储备定额显示板、设置库存对照板、设置零件箱信息卡、设置成品库储备显示牌、设置明显的地面标志和设置生产线传票卡等。

六、目视管理的内容和形式

目视管理涉及仓库、模具及工装夹具、机器设备、生产管理、采购、外包和品质管理诸多方面，其形式内容多样，包括规章制度与工作标准的公开化、生产任务与完成情况的图表化、物品码放和运送的数量标准化、色彩的标准化管理、与定置管理相结合实现视觉显示信息的标准化、生产作业控制手段的形象直观与使用方便化、现场人员着装的统一化与实行挂牌制度等。

第五节　现场的定置管理

定置管理是以生产现场物品的定置进行设计、组织实施、调整、协调与控制的全部过程的管理。其核心是研究生产要素中人、物、场所的状态，以及三者在生产活动中的相互关系，力求消除工作中不合理的因素，使人、物、场所处于最佳结合状态，实现人、物、场所在时间和空间上的优化组合。从一定意义上讲，定置管理是"5S"（6S）活动的基本内容之一，也是"5S"（6S）活动的深入和发展。现场管理需要定置管理，设备现场管理也需要定置管理。

定置管理的内容随着企业的性质和所处行业的不同而有所差异，而对一个生产现场（车间）来说，一般应包括设备定置、区域定置、工具箱定置、工位器具定置、仓库定置、办公室定置、色调定置（环境）、特别定置（薄弱环节）、环境美化和净化定置等。

按照现场物流的运动状态，需要把定置的物品分类，其中：A 类——在用类，表示人、物、场所三者处于紧密结合状态，即操作者正需要使用该物品，也就是说，所需要的物品处于可以随时取到的状态；B 类——待用类，表示人、物、场所暂无紧密联系，需通过一定时间转化为"A"类物品，也就是说，所需要用的物品需要通过一定时间寻找的状态；C 类——转出类，表示人、物、场所关系松散，待转出现场的物品，如完成的待检品等；D 类——处理类，表示生产现场可遗弃、待清理的、与生产工作无关的物品，如长期不用积压的零部件、弃用的工作器具等。定置就是采用一定形式，把所有的物品进行区别划分、定置路标、标牌设计，对 A，B，C，D 类物品定置挂牌，并区别颜色。定置牌的色彩标准一般为 A 类用红底白字表示，B 类用黄底白字表示，C 类用蓝底白字表示，D 类用黑底白字表示。定置区域的色彩标准一般用黄色油漆线表示。

定置管理就是通过采取相应措施，消除 D 类状态、减少 C 类状态，分析和改进 B 类状态，使之成为 A 类状态，让现场的人与物都处在 A 状态的结合中，即达到生产中的理想状态。

定置管理的工作程序如下：

深入生产现场调查研究、收集现场工艺、人、物、场所、信息的关系状况→对人与物的结合状态进行分析，区分出几种状态→对物与场所的关系进行分析，明确关系的状况→明确信息媒介同定置的关系→进行定置设计→定置实施→定置考核。

其中定置实施是按设计标准，对照定置图整顿定置物品。将所有定置对象进行定位，做到有物必有区,有区必有物,按区存放、按图定置、图物相符。然后,再建立定置台账,并审核标明定置物特征的卡片是否与定置台账、定置图相符。

定置管理也同"5S"(6S)活动一样,也是一个循环过程,通过不断地开展定置管理,使生产现场(设备现场)管理水平再上新台阶。

第六节　企业设备维护保养和润滑管理经验简介

一、长岭炼油化工总厂的经验

石化企业具有产品品种多、工艺流程长、生产连续性强、工序衔接紧、高温高压操作、介质易燃易爆等特点,设备一旦出现故障,就会影响生产或引起灾难性事故。为此,长岭炼油厂(以下简称长炼厂)非常重视设备管理,经过多年的摸索与总结,逐步形成了以系统管理思想为指导、以全员参与为基础、以进攻型维修为方式、以生产装置达标为动力、以追求企业整体效益为目的的长炼设备管理法。该方法强调三点:一是全员,即全员参与设备管理;二是进攻,即改过去的防卸型维修为进攻型维修,包括综合强制维修、预防维修、改善维修、生产维修、维修预防等方式;三是达标,即从设备创完好、岗位创完好到生产装置创完好,实现装置达标。这种全员进攻达标法的设备管理工作的加强,提高了设备的综合管理水平,使设备完好率达到99.6%,静密封泄漏率控制在0.016%,关键机组故障率为0.26%,为生产系统的"安、稳、长、满、优"运转提供了坚实的保证。这种全员进攻达标管理方法中,就包含了设备维护保养方面的许多有长炼特色的好做法、好经验。

长炼厂设备维护保养的一个突出特点就是实现制度化。他们在学习大庆经验的基础上,在全厂范围内发动群众,制定了以"岗位专责制""巡回检查制""交接班制""设备维护保养制""安全生产制"等项制度为内容的基层岗位责任制,并通过"岗位责任制"大检查进行落实。在设备维护保养制中包括有操作工巡回检查听、看、摸、嗅、测、记、问、想、改、报的"十字"操作法;"单机15点联线科学检查法";查设备隐患的闻、看、听、试"四字观测法";机泵维护定、查、听、摸、看、记、想、改"八字法";设备检维修"定置"管理中的零件摆放"一条线""三不见天、三不落地",对生产环境的"一平、二净、三见、四无、五不缺"的规格化要求;巡回检查的定人、定时、定量、定点、定检查路线的"五定管理";借鉴日本TPM操作者自主维修的经验,列入操作工岗位责任制的日常管理"清洁、润滑、防腐、紧固、调整"的要求;强化关键设备的特级维护;以保持设备完好、确保安全生产的无泄漏控制等。下面仅对其中的强化关键设备的特级维护和无泄漏控制作以简要介绍。

1.强化关键设备的特级维护

应用ABC分类法对设备进行分类,根据不同的管理层次对设备进行分级管理,其中对整个系统生产起主导作用的关键设备要实行特级维护。所谓"特级维护",特在"四高"上,即人员高素质、巡检高密度、检查高质量、维修高效率。人员高素质是指特护小组一般由车间设备技术员、操作班长和维护班长组成,由车间设备副主任担任特护组长。巡检高密度是指对一般设备操作工2小时巡回检查一次,而对特护设备的巡回检查是1小时一次。检查高质量是指对每台关键设备除由特护小组成员按照固定的检查点、检查路线、检查标准进行检查外,还要由专业监测人员定期监测和预报。维修高效率是指特护设备一旦发生故障,各工种会在几分钟内赶到现场维修,使其尽快进入完好备用状态。此外,钳、电、仪维修工定期到现场,对特护设备进行会诊,发现问题及时解决,有效地保证设备的安全运行。由于特护小组是跨车间的组织,为加强特护管理,要执行三个统一,即各工种统一巡检路线,统一标准要求,统一考核办法。以整改故障隐患、优化设备性能为主要目的,对每台设备均详细记录其运行状况和故障,运用全面质量管理 PDCA 循环的方法,精心维护设备,及时消除设备隐患,提高机组运行可靠性,充分发挥设备效能。

　　2.无泄漏控制

　　无泄漏控制是以预防为主,运用数理统计的方法,采用国内、外先进的密封技术,充分发挥主观与客观状态监测的作用,把专业管理与群众管理结合起来,对设备、管路的泄漏采取全过程的综合管理。其具体做法如下:

　　(1)统计静密封点,计算泄漏率。对静密封泄漏的检查要按标准进行,对不同的系统可采用肉眼观察、肥皂水试漏等不同的检查方法。

　　(2)建立静密封技术档案资料,及时掌握动态。所有静密封点(共计 704 096 个)均登记造册,按区域划分建立静密封技术档案。有一处泄漏就编一个号,并于现场挂牌标注。对关键、老大难泄漏部位,除编号挂牌外,还建立"关键泄漏部位卡片",及时将泄漏变化情况、堵漏曾采取的措施及效果记录于卡片上,以便不断积累资料,分析研究,采取进一步的对策。

　　(3)建立无泄漏承包责任制。将静密封点按区域划分、分片包干,落实到班组、责任到人,做到层层负责。定期检查评比,奖惩兑现。

　　其中,生产工人重视无泄漏工作,认真进行巡回检查、及时发现和消除泄漏事故苗头,是确保装置安全生产的关键。

　　(4)制定检查验收无泄漏区、无泄漏装置、无泄漏工厂的标准。

二、华北制药厂的经验

　　在现代化、流程化大生产中,关键生产设备状况的优劣对产品的产量、质量、生产效益、安全、工人的劳动生产率和劳动强度等都有着最为直接的影响,而现场设备维护工作的质量又是直接关系设备运行状况的重要因素之一。华北制药厂在实践中所创立的设备管理点就是设备运行维护管理的一种技术与管理紧密结合的新方法。该厂实践证明,采用设备管理点进行设备运行维护管理,可以使工作科学化、标准化、规范化,使工作质量明显提高,杜绝重大、恶性事故的发生,使一般事故发生率下降 40%,故障停机率降低 40%,检修周期平均延长 20%,检修时间平均减少 25%,扣除涨价因素,平均检修费用率降低 15%,获得了显著的技术经济效果。

　　设备管理点以设备检查、润滑图表为核心来进行,以直观、定期、定质、定量、定人、定手段、定标准来指导流程化大生产中关键设备的现场维护工作。开展设备管理点工作,主要包括四项内容:

　　(1)确定管理点设备。本着少而精、突出重点、抓关键的原则,选择流程化大生产中的生产关键设备、生产薄弱环节设备和高、精、稀设备作为厂级管理设备。

　　(2)建立设备管理点技术资料,制定检查、润滑图表及其他相应技术资料。设备管理点应具备完整、准确的技术资料,包括设备技术档案,设备操作、维护、检修规程,检查图表和润滑图表,检查记录和润滑记录,数据分析台账和图表。这些资料中,检查图表与润滑图表的设计是实现设备管理点工作的关键和核心。要将设备结构简图与检查表、润滑表相结合,图上要反映出检查点、润滑点部位,检查与润滑周期;表上要反映出每一点的检查内容、技术标准、检测手段、润滑剂牌号、润滑工作内容、润滑剂加量以及检查与润滑工作的负责人。两个图表可以有效地指导现场设备运行维护人员的工作。

(3)建立三维的设备管理体系,明确分工。管理体系的建立是从全员参加设备运行维护管理出发的,分为厂级、车间(分厂)、班组、工人四层,分工明确、共同负责。

1)厂级(机动处)负责确定管理点设备,制定管理办法和工作要求,制定管理点检查图表和润滑图表,及时处理设备管理点反馈信息,与总调度室等部门的横向联系。

2)车间(分厂)设备员负责落实厂定标准和制度,组织、督促生产工人、维修工人认真按图表要求检查和润滑设备、做好记录;建立车间设备管理点台账;收集、整理和保存检查与润滑记录,随时分析记录数据、做好检修准备工作,及时向厂机动处反馈异常情况。

3)班组设备员负责督促本班组人员认真按图表要求进行操作、维护、检查和润滑,并做好记录,建立异常点分析制,及时填写信息卡反馈给车间和厂机动处。

4)生产工人、检修工人负责按检查图表、润滑图表要求去认真做好检查、润滑工作,做好记录,发现异常情况及时处理,并反馈给班组设备员。

(4)配备状态监测仪器,培训人员,掌握使用方法。设备管理点方法的主要特点如下:

1)根据抗生素生产特点,突出重点管理;

2)手段科学化、标准化、规范化,提高工作质量;

3)群专结合,全员参加;

4)体现维修观念的转变。

设备管理点方法,一方面可为实现预知维修、适时调整检修周期、缩短检修时间、减少检修费用创造条件,另一方面又可作为信息反馈、对设备的设计制造阶段及检修过程中的设备改造予以指导,以形成对设备一生的闭环管理。

三、哈尔滨轴承集团设备润滑管理

哈尔滨轴承集团公司(以下简称哈轴)拥有机械、动力能源、起重等设备 7 000 余台套,这些设备多数结构简单、专业化强,自动化程度高,设备利用率较高,磨损速度快且磨损部位集中。如果润滑管理不到位,不但设备精度下降,不能生产出合格产品,而且直接影响设备的使用寿命。哈轴设备管理部从实际出发,在注重润滑管理的同时,强化创新管理,节约了大量资金,提高了企业效益。

哈轴设备管理部以往润滑管理的方式是每年初向各分厂下达年度设备换油计划,要求定期换油,并填写换油卡片,年末检查验收,将完成情况作为评定先进单位的依据。这种管理体制的弊端是由于生产的产品品种不均衡,利用率高的设备磨损严重、油质变坏却得不到及时换油,造成润滑不良及精度和使用寿命下降;利用率低的设备油质良好,不该换油却换了油,浪费厂能源,影响了经济效益。从 1999 年起,针对润滑管理现状向润滑管理要效益,哈轴采取了新的管理模式,从基础抓起,面貌大为改观。

1. 以人为本,强化润滑管理的重要性

每年至少举办润滑管理培训班两次,对各单位机修工长、润滑工、油工进行专业知识培训,使其掌握润滑原理及基本常识,并以点带面,提升全体操作者的素质,从而达到重视润滑管理的目的。在此基础上,要求各分厂合理配备润滑工、油工,如规定金属切屑机床每 1 000 个复杂系数配备一名润滑工等,保证设备润滑做到定人、定期、定点、定量。现在,哈轴拥有一支100余人的专业润滑队伍。

2. 制度创新,强化管理

为使润滑管理有"法"可依,哈轴设备管理部先后制定了《设备润滑管理制度》《设备日常维护保养制度》《润滑工、油工责任制度》《油品化验、检验制度》《目标跟踪责任制》等多项有关润滑的文件,并加强了对实施情况监督检查的力度。以无心磨床 M1083 为例,除必须按机床润滑图表进行润滑外,对所用油质及润滑方式也有严格要求,如砂轮箱、齿轮箱、导轮箱使用不同品质的全损耗系统用油。技术中心设专职油质化验员,设备部有专职管理员严格坚持先化验后使用原则,绝不使用不合格油质,杜绝了以次充好、随意代用的现象,使润滑管理走上制度化、规范化。

3. 技术创新,合理配置资源

在定期润滑的基础上,对各类设备实施状态监测,随时抽样化验,监测换油,适时更换杂质多的润滑油;对重点设备及质量控制点设备设报警系统,在油温升高到临界状态、黏度增大及杂质较多的情况下自动报警;对利用率较低的设备实行定期化验,该换油的换油,不该换的坚决不换,保证了油品的有效利用,达到了使设备减少摩擦、减轻磨损、提高效率和延长寿命的目的。同时设立润滑情况信息反馈系统,随时掌握各单位润滑情况。

在此基础上,对油杯、油壶、油枪等润滑工具进行了补充和部分改进,对各单位油库进行了不同程度的改造,做到了账、物、卡一致,油品标识清楚、责任到人。为合理利用润滑油资源,每年再生废油约 1 000t,主要用于精度要求不高、制造简单备件及工具等的机床,节省了大量资金。

4. 加强日常维护保养及监督检查的力度

近年来,哈轴一直坚持日维护、周清扫、月保养,即每天下班前 15～20min、每周末下班前 40～60min 对设备进行检查、润滑、清扫擦拭;每月底对设备进行一级保养,即对设备重点部位进行拆卸检查,彻底清洗外表及内部,疏通油路,清洗或更换油毡、油线、滤油器,检查磨损情况,进行机械换油、电机加油等,做到油路通、油窗亮、操作灵活、运转正常,确保设备整齐、清洁、润滑、安全,使设备达到完好标准。

通过一系列改革措施,收到了明显的经济效益,仅润滑管理一项,每年可节约资金 600 多万元。一方面,设备完好率明显提高,由原来的 91.26% 提高到 95%;故障率明显下降,由原来的 2% 下降到 0.9%;备件消耗由原来的每年 180 万元减少到 100 万元;设备修理周期明显延长,修理费用明显减少。另一方面,由于采用了废油再生技术,每年可节约润滑油 400t,节省了公司的支出。

四、胜利油田现河采油厂润滑管理

胜利油田现河采油厂拥有在用设备 3 197 台,其中带润滑油箱的设备有 3 163 台,约占全部设备的 99%。以往设备润滑管理的方式是每年初向各三级单位下达年度设备换油计划,所需润滑油从供应站领取,要求按时换油并填写换油卡片。这种体制的弊端是,利用率高的设备在油质变坏时得不到及时更换,且各三级单位在换油时为节约成本而偷工减料,从而导致设备使用寿命下降;利用率低的设备在不该换油时却换了油,既浪费了能源,又影响了经济效益。从 2001 年起,现河采油厂设备管理科在厂领导的大力支持下,加大润滑管理力度,从而实现了设备全过程润滑管理的新模式,面貌大为改观。

1.建立一支专业润滑技术队伍

摩擦与润滑是一种能产生巨大经济效益的科学技术,不仅需要普及,更要建立专业技术队伍将分散化管理转变为集约化管理。为此,现河采油厂上至设备管理科,下至各三级单位,抽出大专以上学历的技术人员参加润滑知识集中培训,并由他们对各自部门的设备操作者进行润滑知识的培训、学习和考核。

2.建立设备润滑检测网络,实现科学用油

过去是根据经验来更换润滑油剂,无论能否继续使用,一律定时更换。现在,采油厂投入大量资金购置了一批先进的检测仪,由其决定何时换油,跟踪检测每台设备的润滑状况,尤其对精、大、稀、关键设备更是定期检测。其中检测人员和换油操作者都经过了润滑知识培训。

3.建立健全设备润滑档案

过去仅对设备机械运转部分建立了详细档案,而润滑与冷却部分却无案可查。现在必须清楚设备每一润滑部位的润滑条件和方式,应该使用和实际使用润滑油、剂的品种牌号及数量,什么时候、什么原因更换何种润滑油、剂,谁实施更换操作和润滑过程中发生了什么情况等全面的设备信息。为此,统一制定了大量详细的设备润滑资料,并对每台设备制定了清晰、详细的单机设备润滑图表,以健全设备润滑档案。

4.建立润滑站

润滑站直属厂设备管理科领导,配置了含两名润滑工程师在内的 40 名具有润滑知识的专业人员。润滑站主要负责全厂润滑剂的优选、采购、押送、检验、保管及发放;负责所管设备润滑状况的跟踪检测,发现设备异常磨损情况,研究磨损规律;负责设备润滑剂的更换作业,原则上车辆类设备须到润滑站换油,不能到润滑站的可在现场换油;参加设备事故调查,提出有关润滑问题的意见;开展小包装润滑剂的生产和废旧润滑剂的再生生产;负责制定修改和实施润滑管理制度及有关资料的收集整理和档案、台账的建立;承包和结算设备润滑成本。

5.建立润滑管理全过程质量监督机构

成立了设备质量监督分站,行政上隶属厂质量技术监督站,业务上受厂设备管理科指导。配置了具有 10 年以上润滑管理工作经验的润滑工程师,负责全过程润滑管理质量的监督检查,并具有奖惩权利,以确保润滑管理的每一环节落实到位,高效运行。

自 2001 年实施全过程设备润滑管理以来,润滑管理一项,每年可节约资金 360 余万元,取得了显著的经济效益。设备完好率明显提高,由原来的 92.15% 提高到 99%;故障率明显下降,由原来的 3% 下降到 0.8%,减少了停工时间,提高了生产效率;备件消耗由原来的每年 200 万元减少到 100 万元;设备的使用期限和修理周期明显延长,节约了运输和更换费用;优选润滑剂使设备得到合理润滑的同时,延长了润滑剂的使用周期,节约了润滑费用,减少了换油工作量。此外,由于采用废油再生技术,每年可节约润滑油 350t,降低了生产成本,节约了资金。

思 考 题 五

5-1　设备使用守则的主要内容有哪些?设备操作规程的主要内容有哪些?完好设备的标准有哪些?

5-2　试述设备三级保养制。

5-3　设备润滑管理的基本任务有哪些？设备润滑"五定管理"和"三级过滤"的内容有哪些？

5-4　试述设备点检制。

5-5　现场管理的特点是什么？现场管理的任务和内容是什么？

5-6　试述"5S"(6S)活动的目的和原则。从"5S"(6S)活动得到哪些启示？

5-7　目视管理在生产现场管理(设备现场管理)中的作用是什么？目视管理的含义是什么？

5-8　什么是生产现场(设备现场)的定置管理？定置管理的程序有哪些？

第六章　设备故障管理与维修管理

第一节　设备的故障管理

一、故障及分类

在现代化工业生产中,由于企业的设备结构复杂、自动化程度很高,各部分、各系统的联系非常紧密,因而设备的故障,哪怕是局部的失灵,都会造成整个设备的停转,整个流水线、整个自动化车间的停产。设备故障给企业带来巨大经济损失和造成严重事故危害的例子不胜枚举。因此,加强和做好设备故障管理具有重要意义。

1. 故障的概念

故障是指设备(系统)在使用中因某种原因丧失了规定功能或降低了效能的事件或状态。这里主要指可修复产品的功能故障,或简称故障。这里必须明确什么是规定功能,设备的功能丧失到什么程度才算出了故障。如汽车制动不灵,在规定的速度下刹车,停车超过了允许的距离,那么就认为制动系统出了故障。规定功能,只有在设备运行中才能显现出来。如设备已丧失规定功能而未开动,则故障就不能显现。有时设备尚未丧失功能,我们可根据某些物理状态、工作参数、仪器仪表检测,来判断是否即将发生故障,及故障可能造成的危害,在故障发生之前进行有效的维护或修理。这种根据某些物理状态、工作参数而事先鉴别出设备即将发生的故障,称为潜在故障。通过有效手段诊断潜在故障并及时予以排除,是现代维修技术中所要解决的一个重要课题。

2. 故障的分类

设备的故障,按其性质、原因、影响、特点等情况,可作如下分类:

(1)按故障性质,可分为间断性故障和永久性故障。

(2)按影响程度,永久性故障按造成的功能丧失程度可分为完全性故障和局部性故障。

(3)按故障原因,可分为磨损性故障、错用性故障和固有的薄弱性故障。

(4)按故障的危险性,可分为危险性故障和安全性故障。

(5)按故障发生的快慢,可分为突发性故障和渐发性故障。

从设备管理角度讲,人们更关心的是按故障发生的快慢(状态)的分类方法。这种分类中的突发性故障是指通过事先的测试或监控不能预测到的,即事先并无明显征兆、亦无发展过程的随机故障。突发故障的概率与使用时间无关,如润滑油突然中断、过载引起零件折断等。渐发性故障是指通过事前测试或监控可以预测到的故障,它是由于设备的规定功能随使用时间的增加而逐渐变化引起的。显然,发生这类故障的概率与使用时间有关,使用时间越长发生故障的概率越高,如零件磨损、腐蚀、疲劳、老化等。由于渐发性故障有明显征兆,可以通过事前的检测或监测预测到,所以设备状态监测和故障管理主要是针对这类故障进行的。

每一种故障都有其主要特征,即所谓故障模式,或故障状态。各种机器设备的结构是多种多样的,即使一个系统、一台机器,其功能也是复杂的,要罗列各种设备的故障状态是相当繁杂的,但还是可归纳出它们的共同形态:异常振动,磨损,疲劳,裂纹,破裂,过度变形,腐蚀,剥离,渗漏,堵塞,松弛,溶融,蒸发,绝缘劣化,异常声响,油质劣化,材料劣化,粘合,污染及其他。针对不同的故障模式和故障机理开展故障管理、提出预防或维修对策、减少计划外停机和故障率,是工业企业设备管理工作的重要任务。

二、全面故障管理

从积极的角度讲,企业应开展全面故障管理,它包括故障预防管理和故障管理两大部分。故障预防管理是全面故障管理的核心和方向,它有利于实施设备的状态监测维修。故障管理是全面故障管理的重要组成部分,它为开展故障机理研究、避免重复性故障的发生,为开展可靠性研究等提供了数据和实用信息,为提高在用设备的开动率,为提高换代设备的质量提供了依据。全面故障管理工作程序,如图6-1所示。

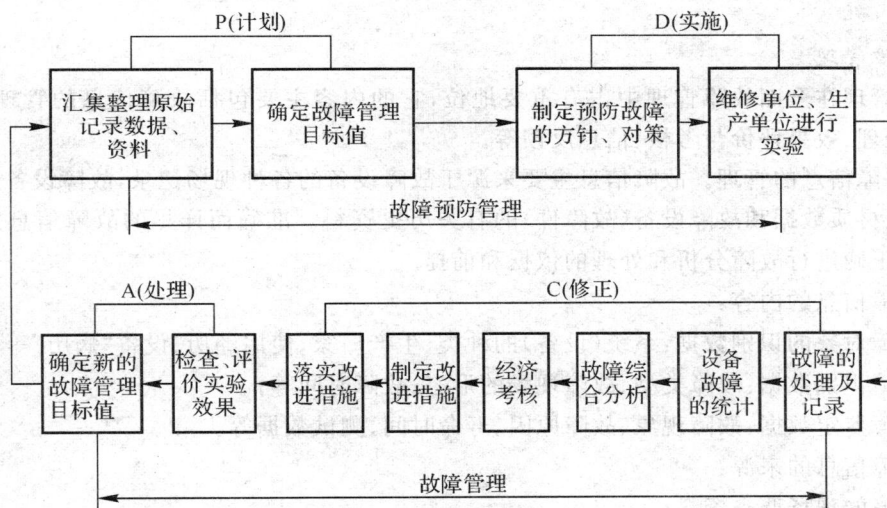

图6-1 全面故障管理工作程序图

1. 故障预防管理

(1)确定故障管理目标值。

1)汇集整理前期原始记录、数据、资料,对故障次数、故障停机时间、设备开动时间进行统计,力求取全、取准。根据统计计算出前期设备故障率、故障频率、万元产值故障损失率:

$$设备故障率 = \frac{故障停机时间}{设备开动时间} \times 100\%$$

$$设备故障频率 = \frac{故障发生次数}{设备开动时间}$$

$$\text{万元产值故障损失率} = \frac{\text{故障修理费} + \text{减产损失费}}{\text{企业实际完成产值(万元)}} \times 100\%$$

2)由维修人员、操作人员、技术人员民主讨论故障管理目标值,如故障次数、故障停机时间等。

3)由设备主管部门综合本企业实际情况确定设备故障管理目标值。目标值的确定既要有先进性,又要有合理性。

4)根据确定的故障管理目标值,并参照原始统计和民主讨论情况,把故障管理目标值分解到各有关基层单位;把故障停机次数、故障停机时间落实到班组和个人。

(2)预防设备故障发生的组织、管理、技术措施。

1)设备主管部门应围绕预防设备故障的发生搞好设备的技术管理和经济管理,积极推行全员设备管理、设备点检制、设备故障诊断等,对下属单位的设备故障管理工作情况进行检查和考核。

2)设备维修单位应认真执行有关的工作制度,及时查明和消除设备隐患,认真做好设备巡检及跟班维修记录。

3)设备使用者和操作工应严格遵守设备使用规程、操作规程和维护规程,杜绝违章操作,并努力做好设备日常点检工作,尽力消除发生故障的因素,及时采取有效措施,防止发生突发故障。

2. 故障管理

故障管理在全面故障管理中占有重要地位,它的内容主要包括故障信息的管理、故障分析、故障处理、效果评价与考核、信息反馈等。

(1)故障信息的管理。故障信息主要来源于故障设备的各种现场记录,故障设备及其零部件的性能、材质数据和故障设备(故障件)的有关历史资料。准确而详尽的故障信息是搞好故障管理并正确进行故障分析和处理的依据和前提。

1)故障信息的内容:

①故障对象的识别数据:系统(设备)的种类、生产厂家、使用经历、设备"病历"等;

②故障识别数据:故障类型、故障现场的形态、故障时间等;

③故障鉴定数据:故障现象、故障原因、寿命时间、测试数据等。

2)故障信息的来源:

①故障的现场调查资料;

②故障专题分析报告;

③故障报告单;

④设备使用情况报告;

⑤定期检查记录;

⑥设备运行日志;

⑦状态监测和故障诊断记录;

⑧产品说明书、出厂检验、试验数据;

⑨设备安装调试记录;

⑩其他的故障信息资料。

3)设备故障原始记录与统计工作:

①跟班维修人员检修记录。跟班维修人员除严格执行巡回检查及对突发故障进行抢修外，对设备故障的全过程应做好详细记录，如故障部位、故障停机时间、处理情况、发生的原因等，对一些不能立即处理的设备故障隐患也要详细记录。维修人员的原始记录由维修单位每月底汇集整理后上交设备主管部门。

②生产操作工人设备点检记录。生产操作工人每班按点检表要求对所操作设备要逐点检查、逐项记录，对点检中发现的设备隐患除按规定要求进行处理外，对隐患处理情况（包括因各种原因未能立即处理的）要按表格要求认真填写。点检记录每月底由生产单位设备点检员汇集整理后上交设备主管部门。

③生产调度日志。

④设备故障报告单。

⑤设备故障统计。故障统计是故障管理科学化的基础，统计的偏差将会直接影响故障的分析。故障统计要准确及时、如实反映设备技术状况。

利用计算机做好设备故障统计工作并在此基础上做好故障信息的储存和管理工作是提高故障管理现代化水平的重要手段和途径，企业应该积极做好。

（2）故障分析。进行设备的故障分析主要是要搞清楚发生故障的原因和机理，从而为减少和消灭故障制定有效的措施。企业不仅要对每一项具体的故障进行分析，还应对本企业全部设备（特别是主要生产设备）的基本情况、主要问题及其规律性有全面了解，以找出薄弱环节，采取针对性措施，改善设备的技术状况。

故障分析的主要内容有故障原因分析、故障机理分析、同类设备的重复故障分析、故障部位分析、故障损失费用统计分析等。这里仅对其主要内容作以介绍。

1）故障原因分析：从宏观上讲，产生故障的原因是多方面的，归纳起来主要有设计不合理，制造、修理缺陷，原材料缺陷，使用不当，自然耗损。

有些故障是由单一原因造成的，有些故障则是多种因素综合引起的，有些是一种原因起主导作用而他种因素起媒介作用。因此，必须研究故障发生的规律，以便正确地处置故障。开展故障分析时，应将本企业的设备故障原因种类规范化，明确每种故障的确切内容。原因种类不宜分得过粗或过细，划分的准则是以容易看出每种故障的主要原因或存在的问题，便于进行统计分析为妥。

2）故障模式与故障机理分析：故障模式已如前述。故障机理是指诱发零件、部件、设备发生故障的物理、化学、电学和机械学的过程。产生故障的共同点，是来自设备的工作条件、环境条件、设备内部和外部多种因素等方面的能量一旦超过某一界限，设备（零部件）就要发生异常，丧失其规定功能。任何一种故障损坏都是在故障应力以不同故障模式作用下，使故障件的材料所承受的载荷超过了它的允许承受能力时产生的。即，任何一种故障损坏，都可以从材料学等角度找出它的产生机理（当然对机电一体化设备的软件故障的产生机理应另作分析）。分析故障模式和故障机理时，必须综合考虑故障件本身设计、制造过程中各种应力的作用，以及使用和维护保养等。

3）故障规律的定量分析：故障频率和强度率分析。故障频率分析可对系统（设备）各期的故障频率进行比较，以观察其故障多少和变化趋势。

为了反映故障的程度、故障停机时间的长短和费用损失程度，还应进行故障强度率分析，故障强度率可表示为

$$故障强度率 = \frac{同期设备故障停机小时}{设备实际运转台时} \times 100\%$$

平均故障间隔时间（MTBF）分析。设备的 MTBF 是一项在投入运行后较易测得的可靠性参数，当评价设备使用期的可靠性时这项参数用得较广。

设备可利用率分析。设备可利用率当用可靠性参数（可靠性时间特征量）表示时，设备可利用率 A 为

$$A = \frac{MTBF}{MTBF + MTTR + MWT}$$

式中　MTBF——平均故障间隔时间；

　　　MTTR——平均修复时间；

　　　MWT——平均等待时间（或平均等候时间）。

从设备可利用率表达式看出，在设备使用中，如果不发生故障、不需要处理和修理，则 MTTR 和 MWT 趋于零，而可利用率趋于1。因此，企业应购置可靠性高的设备，应提高维修管理的组织水平，应从统计 MTBF,MTTR 和 MWT 着手，研究故障随时间的变化规律。

（3）故障树分析法的应用。故障树分析法是追查探索故障原因的一种基本方法，是国外20世纪70年代发展起来的一种用于复杂系统的有效工具。故障树是一个特定的系统故障模式与所属部件故障关系的事件逻辑图，即描述故障结果与原因关系的逻辑图。故障树分析（Fault Tree Analysis,FTA），是从上位层次的故障结果出发，向下位层次的故障原因进行分析的方法，即逆向地以结果向原因进行的分析方法。对于设备而言，可以分析设备零部件对整个设备产生故障的影响。这种方法不仅可以分析硬件故障，而且可以分析软件、人为因素、环境因素等引起的故障；不仅能分析单一零部件故障引起的设备故障，而且可以分析由两个以上零部件故障引起的设备故障。采用这种分析方法对有效防止故障乃至事故，减少停产损失，提高企业经济效果，有着积极的作用。

故障树分析法的特点是直观性强，灵活性大，便于暴露系统设计的薄弱环节，便于规定正确的故障检查顺序，容易看出故障树内部的相互关系。由于它可被看作一个逻辑线路，因而适合用布尔代数求解，便于用计算机处理。

1）故障树分析中的专门术语及符号：

①顶端事件：构成故障树顶部的事件，即最终故障现象。

②中间事件：能造成顶端事件发生的各种故障，但它又是其他故障引起的，它不是最终原因，而是中间环节。

③初始事件（又称底事件）：造成顶端或中间事件的故障，无法再寻求原因的故障。

④分枝：对任一中间事件形成的逻辑图称为总故障的一个分枝。

⑤最小割集：一定会引起顶部事件发生的底事件的组合，即最小的一组初始事件。利用一种简易"逐行替换法"可以求得故障树的最小割集，对于复杂的系统，由于底事件很多，可借助计算机求解出最小割集。

故障树分析中常用的符号见表6-1。

表 6-1　故障树分析中常用符号

分　类	符　号	含　义
事件符号	▭	待展开分析的事件
	○	初始事件
	◇	不进一步分析的事件：尚未探明或不需探明的事件
	⬠	常发生的事件：在正常情况下将会发生的事件
逻辑符号	（与门符号）	与门：所有输入事件同时发生，输出事件才发生
	（或门符号）	或门：输入事件中只要有一个发生，输出事件就发生
	（禁门符号）条件输入	禁门：当条件输入得到满足，则输入事件的发生方导致输出事件的发生
转移符号	△	输入符号：一个事件转入相关的逻辑门
	△	输出符号：一个事件由相关的逻辑门转移出来

2)故障树举例：如图 6-2 所示是一个手提式电动砂轮机的工作原理图。应当防止系统发生的事件有电动机过热烧坏，电动机润滑不良，电动机不工作，保险丝失效，转动的砂轮碰手，等等。现以电动机过热作为故障树的顶端事件来分析。

根据故障统计，能引起电动机过热的主要原因有内部导线有短路，电动机润滑不良，散热不好；电源电压过高，有电涌；保险丝选得过大不起保险作用；负荷过大工作时间过长等。从顶端事件开始，层层寻因，一直到底事件，其间用"与门""或门"连接，就可绘出如图 6-3 所示的电动机过热烧坏的故障树。

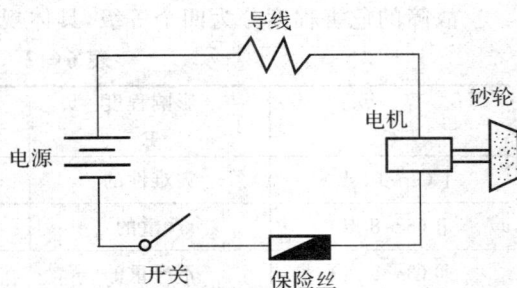

图 6-2　手提电动砂轮原理

（4)故障模式影响与危害性分析法的应用。故障模式影响与危害性分析（Failure Mode Effect and Criticality Analysis，FMECA），是追查探索故障原因的又一种基本方法，是国外 20 世纪 50 年代发展起来的一种用于复杂系统的有效工具。这种方法是为了了解影响设备功能的一些关键性零部件发生故障时，将对系统（设备）的功能产生何种影响及造成危害的程度。FMECA 的实质，是从构成设备的零部件逐步向设备、系统展开，搞清楚当系统、设备的下一层次的零部件发生故障时，对其上一层次的设备、系统发生何种影响及危害程度。它是通过分析故障模式和发生故障的原因，由设备零部件"顺方向"地向设备、系统展开的，这种分析方法通

常以表格形式进行,包括以下主要内容:

1)用表示设备各零部件间的系统关系的简图,说明设备和零部件功能的相互关系;

2)认定零部件的故障模式,判断发生故障的可能原因;

3)分析零部件的故障对整个设备的影响,并评价其危害程度;

4)提出预防、减少故障的措施。

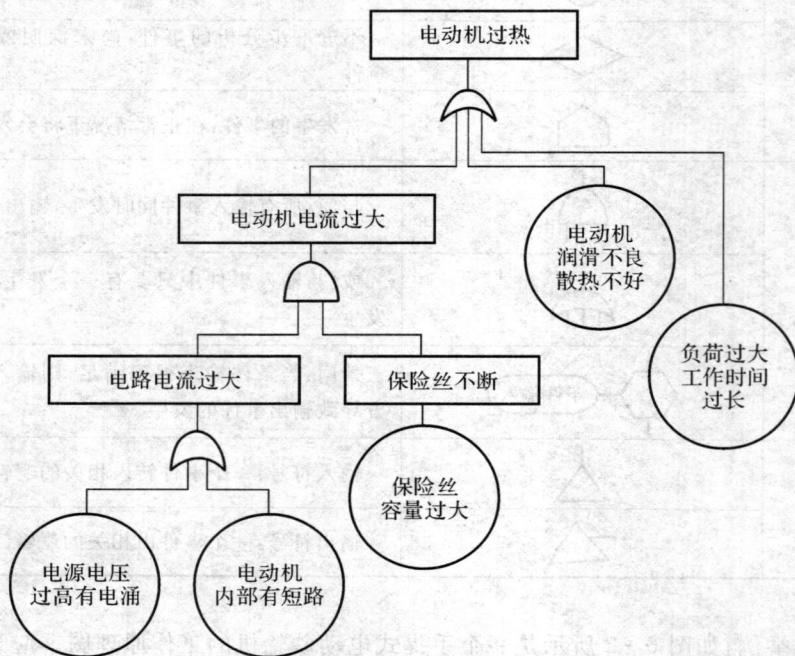

图 6-3 电动砂轮电机过热故障树

故障的危害程度分为四个等级,具体规定见表 6-2。

表 6-2 危害程度的等级

等级 C	影响程度 E	出现频繁程度 P	排除故障的紧急程度 T
Ⅰ(9~10点)	灾难性的	非常容易发生	立即进行
Ⅱ(6~8点)	严重的	容易发生	尽快
Ⅲ(3~5点)	不严重的	偶尔发生	可慢些
Ⅳ(1~2点)	轻微	极少发生	不受限制

评价故障的危害程度时,首先分别评价故障的频繁程度(P)、影响程度(E)和排除故障的紧急程度(T),然后将三者加以综合,突出危害性等级(C)。综合三项内容时,首先要考虑故障的频繁程度(P),因为即使故障的影响程度轻微,但若极易发生,也是很不利的。一般取 E,P,T 三者中的大值定为危害性等级。

例如,若 E 为 Ⅰ,P 为 Ⅰ,则危害性等级 C 为 Ⅰ;若 E 为 Ⅱ,P 为 Ⅱ,T 为 Ⅰ,则危害性等级 C 为 Ⅱ。

危害性等级一般分为Ⅰ～Ⅳ四个等级，也可用点数表示。

设备使用阶段的 FMECA 卡片，应由熟悉设备机构性能的专业维修人员负责编制，主要为关键性零部件和易出故障、影响程度大的零部件进行分析。在使用阶段掌握的实际故障资料和经验，对分析故障是有用的。一般 FMECA 卡片见表 6-3。

表 6-3　FMECA 卡片

设备名称	模锻锤	框　图	
部件名称	汽缸及落下部分		
制造厂	××重机厂		
编制者	×××		
审核	××		
年　月　日	年　月　日		

框图（模锻锤）：
- 模锻锤
  - 10 操纵机构
  - 1 上横梁
  - 2 汽缸座
  - 3 缸盖
  - 11 连接螺栓及缓冲弹簧
  - 4 缸套
  - 6 活塞
  - 7 活塞环
  - 5 密封件
  - 8 锤杆
  - 12 左臂
  - 13 左滑板
  - 14 右滑板
  - 15 右臂
  - 9 锤头

零件图号	框图号	功能和目的	故障模式	故障的可能原因	对设备的影响	对总系统的影响	故障检测方法	故障危害等级
	3	缸套上部密封	漏汽	螺栓预紧力不够或密封件损坏	降低工作能力		直接目测	Ⅲ
	4	活塞导向及滑动密封	磨损	润滑不良	工作能力下降		定期检测	Ⅲ
	5	缸套下部密封	损坏	未及时调整压紧螺栓	浪费能源		直接目测	Ⅲ
	6	传递压力	磨损	润滑不良	降低工作能力		定期检测	Ⅲ
	7	活塞与缸套滑动密封	磨损或折断	润滑不良或配合间隙大	不能工作		定期检测	Ⅱ
	8	传递载荷	折断	疲劳或偏打	不能工作		直接目测	Ⅰ
	9	承受打击载荷	过度变形	疲劳或偏打	不能工作		直接目测	Ⅱ

注：可以根据需要增加故障的概率、故障率、使用时间等栏。

FMECA 法的优点是当没有关于故障的定量数据时同样可以进行。它对分析人员的素质要求较高，必须由熟悉设备的机构、功能、特性的技术人员进行。

(5)故障处理。在故障分析的基础上，根据故障原因和性质，对不同的故障提出不同的对策，暂时地或较长时间地排除故障。

重复性故障可采取项目修理、改装或改造的方法，提高局部（发生故障的部位）的精度，改善整机的性能；对多发性故障的设备，视其故障的严重程度，采取大修、更新或报废的方法；对于设计、制造、安装质量不高,选购不当,先天不足的设备,采取技术改造或更换元器件的方法;因操作失误,维护不良等引起的故障,应由生产车间培训、教育操作工人来解决;因修理质量不高引起的故障,应通过加强维修人员的培训,重新设计或改进维修工夹具,加强维修工的考核等来解决。总之,在故障处理问题上,应从长远考虑,采取有效的技术和管理措施加以根除,使设备经常处于良好状态,更好地为生产服务。

(6)成果评价与信息反馈。对故障管理成果的评价是带有总结性的工作,是为今后开展故障管理工作积累经验的。应在总结的基础上按有关要求和考核指标(包括故障预防管理的目标值)认真做好考核工作。信息反馈是将故障管理的有关信息及时反馈给有关部门和设备设计、制造单位。

企业对全面故障管理工作的情况,每月或每季进行一次综合分析和评价,每年进行一次总的分析、检查和评价,运用 PDCA 循环法不断推进全面故障管理各个环节的工作,提高设备管理效率,达到更好的故障管理目标值,并逐步向实施设备零故障管理的目标靠近。

对于设备故障管理基础工作做得好的企业,应创造条件实施计算机辅助故障动态管理。

第二节　设备的维修管理

一、维修方式的选择

1. 维修方式的分类

(1)事后维修。设备在使用中发生了故障才进行修理称为事后维修。当停产损失较小,只须调整或更换易损件即可排除故障时,采用这种维修方式比较经济。

(2)预防维修。从预防的观点出发,在故障出现之前进行预防性的维护与修理称为预防维修。

1)定期修理,这是一种以时间为基础的预防维修。它的特点是具有周期性,人力、备件、物料资源可事先预计,并可作长期安排。这种维修方式适用于设备劣化与设备使用累计时间有直接关系的零部件。这种维修方式虽能防患于未然,但由于不考虑设备实际的技术状态,只按事先规定好的周期修理,往往会造成维修过剩或维修不足,这是很大的弊端。

2)状态维修,这是一种以设备状态为基础的预防维修。它用人工或仪器对设备进行监测和诊断,通过数据分析处理,了解并掌握设备或零部件的劣化程度、故障隐患,从而可选择适当时机安排修理工作。状态维修的特点是针对性强,可有计划地排除甚至消灭故障,使停产损失降到最低。

(3)改善维修。这种方式是根据故障记录和状态监测的结果,在修复故障部位的同时对设备性能或局部结构加以改进,旨在克服设备的先天不足,改善设备性能,减少故障,但不能补偿设备的无形磨损。

2. 维修方式的选择

选择最佳的维修方式是要用最少的费用取得最好的修理效果。如果从修理费用、停产损失、维修组织工作和修理效果等方面去衡量,每一种维修方式都有它的优点和缺点,企业可根据自己的生产特点、各类设备特点、故障规律、资源和资金等情况分别择优选用。在一个企业里,多种维修方式可以并存。

　　从故障的发展过程看,有磨损型的规律性故障,即磨损程度与时间有关,还有偶发性的随机故障,即发生故障的概率与时间无关。在这两种故障中,均包含有发展期和无发展期的两种故障,如图6-4所示。

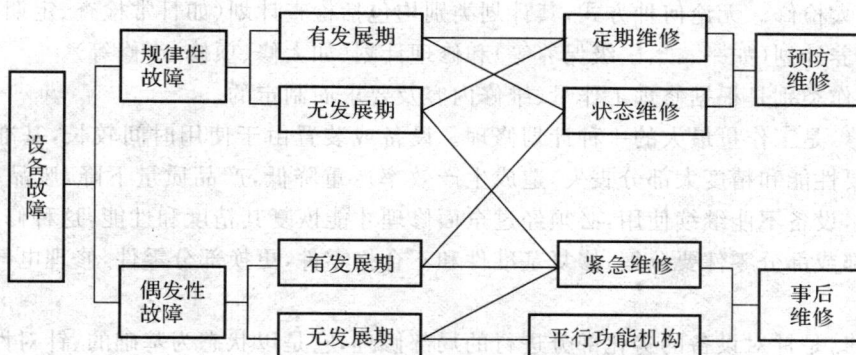

设备故障 → 规律性故障 → 有发展期 / 无发展期 → 定期维修 / 状态维修 → 预防维修

设备故障 → 偶发性故障 → 有发展期 / 无发展期 → 紧急维修 / 平行功能机构 → 事后维修

图 6-4　维修方式的选择

　　规律性并有发展期的故障,如机床导轨、轮胎等的磨损性故障,因其有规律,故障发展过程中有征兆,可以预测、观察和记录,故宜采用状态维修。但是,状态维修需用仪器和投入人力,是否合算应综合考虑技术和经济因素而定。此外,也可采用定期维修。

　　规律性但无发展期的故障,如疲劳断裂、电器元件损坏等,当出现在重点零部件上时,最好按其使用寿命期采用定期更换或修理的方式。如果出现在不重要的零部件上,采用事后维修较经济。

　　偶发性有发展期的故障,较典型的如轴承。虽然某个轴承出现故障是随机的,但它是有发展期的,可测出其故障征兆及时维修或更换。如不管轴承状态如何,只按规定定期更换,则很不经济。对某种轴承的研究结果表明:每个轴承使用寿命期各不相同,同一批轴承,大约有10%在一年中损坏,而90%左右的轴承是好的,故采用状态维修较好。对某些易于更换或修理的零件、元件,所用修理停机时间不长、损失不大时也可选择事后维修方式。

　　偶发性且无发展期的故障,如在冲击载荷下的突然破裂,液压、电器故障等,因无从得知其要发生故障,只有采用事后维修。对于非重点设备停产影响不大的,可使用到发生故障后再紧急修理。对于重点设备,突然停机影响生产且损失较大的(如要害装置上的电机、泵等),可设置平行功能的备用机,出现故障时可立即更换或代用,直到故障件修复为止。

　　改善性维修侧重在改善原设计的结构、元件等的性能,它可与其他维修方式同时使用,即在预防维修或事后维修中同时排除故障和改善性能。但是,必须事先掌握故障原因,做好准备,在故障停机或预防维修时实施。

二、设备的计划维修

　　设备的计划维修(包括状态维修和定期维修)是在事先安排计划的情况下,对设备进行维护、检查和修理,以防止设备的突发故障,保证和延长设备使用寿命。

　　设备检修计划是企业生产计划的一个重要组成部分,是设备管理工作的一个重要环节。

　　企业要切合实际地制订检修计划并组织实施,尽量缩短停产检修时间、减少修理费用、保证修理质量,以确保生产顺利进行。

1.设备检修计划的类别

各企业由于情况不同,采用的维修体制也不相同。例如有的企业实行大修、中修、小修;有的则为大修、项修、小修或大修、项修;有的为大修、三级保养、精度检查,化工等流程生产装置则实行停产大检修。无论何种方式,其计划类别均包括检查计划(如日常检查、定期检查、精度检查等)、保养计划(如一、二、三级保养等)和修理计划(如大修、项修、小修等)。

修理工作类别是根据修理工作量、维修内容及要求而制定的。

(1)大修,是工作量最大的一种计划修理。设备或装置由于使用时间较长,基准零部件磨损严重,主要性能和精度大部分丧失,造成生产效率严重降低,产品质量下降,废品率增高,产品成本上升,设备不能继续使用,必须经过全面修理才能恢复其精度和性能,这种修理叫大修。大修时,全部或部分零件要分解,修复基准件和不合格零件,更换部分零件,修理电气系统及整修外观等。

(2)项修,是针对设备的劣化部分进行的局部修理,它是以状态为基础的、针对性很强的一种计划修理。设备在一个或几个部分出现劣化,经过修理恢复精度、性能,从而使整机性能提高。项修是修理体制改革的产物,是取代中修的一种修理,它吸收了状态维修的优点,克服了按固定周期中修的缺点。实践证明,项修可节省修理时间、人力、物力和费用,效果较好。

(3)小修,是工作量最小的计划修理。小修的内容除定期保养的全部内容外,还要进行机、电检修,对需要修理的部分进行分解、检查、修理,更换磨损件,对磨损部位加工等。

(4)定期精度检查调整,如对机械设备中的精、大、稀、关键设备的几何精度进行调整以达到规定标准。对一般机床设备的定期检查,一是检查磨损,为各类修理摸清情况;二是进行间隙调整,紧固松动部位等。机械设备各类修理的内容见表6-4。

表6-4 机械设备各类修理的内容

项 目	检 查	小 修	项 修	大 修
拆卸程度	打开各部位盖子,检查磨损情况	对磨损严重的零部件进行拆检	拆卸分解需修部位	全部拆卸分解
修复与更换程度	调整间隙、紧固松动处,检查零件磨损情况,查清所需修理的缺陷	清除污秽,调整间隙。更换或修复不能使用至下次修理时间的零件	检查、更换或修复劣化零件、部件。必要时校正或修理基准件	修理基准件,更换或修复所有不符合要求的零件
刮研程度	修打毛刺划痕	局部修刮或填补划痕	视具体情况而定	全部刨削、磨削或刮削接合面
精度要求	摸清精度下降情况,提出检修意见	对工件进行加工试验,达到技术要求	恢复所修部位的性能和精度	达到出厂标准或大修检验标准
喷漆要求	不进行	不进行	喷漆或补漆	全部打光、刮腻子、喷漆

2.设备修理计划的编制

修理计划由企业的设备管理部门负责编制,并应与生产、财务、技术管理部门共同讨论,从人力、物力、财力等方面综合协调生产与维修时间,平衡费用支出。计划确定后报送总机动师审定、主管厂长批准,并与生产计划同时下达执行。

编制计划时应注意以下几点:应首先考虑重点设备修理计划的安排;从企业设备构成及状态出发,应尽量考虑新工艺、新技术、新材料、新方法的应用,结合修理适当改善设备素质;在保证修理质量的前提下,尽量减少停机时间和修理费用。

修理计划有年度修理计划、季度修理计划和月份修理计划。修理的项目包括大修、项修、小修。此外,企业通常还把技术改造等项目也列入其中。

(1)年度修理计划,是企业修理计划编制的重点,为保证其准确、经济、合理,要做细致的准备工作。例如,掌握需修设备的技术状况,预测修理工作量大小、难易程度,区分轻重缓急;修前的生产、技术准备,维修能力及人员安排;与企业生产管理等有关部门协调修理时间,平衡计划等。它是一项技术性很强、组织管理要求较高的工作。

(2)季度计划,是年度计划的实施计划,是按年度计划分解的大修、项修、技改、小修和安装项目,以及使用单位新提出的小修及精度调整项目计划。在年度计划执行过程中,由于种种原因,必须通过季度计划加以调整和落实。

(3)月度计划,是季度计划的执行作业计划,是根据年度和季度检修计划制订的,应在月前提出,报送企业主管领导审定批准。月度检修计划是考核修理工作好坏的主要依据。

目前许多工厂在编制计划时已采用滚动计划。所谓滚动计划,是指每次制订或调整计划时,均以计划期顺序向前推进一段时间。例如,在2000年编制2001—2005年五年计划时,到2001年底就应根据在2001年中计划完成的情况,企业内部条件及外部环境的变化,对原五年计划进行调整,在此基础上向前推进一年,即制订2002—2006年的五年计划。滚动计划的方法一般可用于编制中、长期工作计划,也可用于短期计划,视需要而定。

滚动计划的优点:可将无计划的调整、修改计划工作变为有计划进行;使企业连续的生产活动,有一个连续性的计划作指导;使整个计划及时适应变化的条件,增加了灵活性。

3.设备修理计划的实施

(1)修前技术准备工作。

1)设备修前的预检。经过预检全面了解设备状态的情况,以便制订出经济合理的修理措施和计划。预检时要求全面掌握磨损劣化情况,对更换件、修复件要提得准确、全面,尽量不遗漏。按零件校对图纸,测绘时要仔细,提供可靠的施工图。

2)编制、设计各种修理文件资料。其内容为编写"设备修理技术任务书",编制各种修、换件明细表,备件、标准件图册、目录、修理工艺规程,修后验收标准,专用修理工、夹、量具,图纸明细表,材料明细表等。

(2)设备修理计划的实施。首先要对企业总的设备修理计划做好技术及生产准备,协调好生产与维修的关系,平衡进度、时间。其次,在修理过程中修理单位与使用单位应密切合作,随时处理好出现的新问题和矛盾,共同保证计划按期完成。

4.设备修理定额

(1)设备修理复杂系数。设备修理复杂系数是表示设备修理复杂程度的一个基本单位,用"F"表示。它是由设备的结构特点、工艺特点和尺寸大小等因素决定的。设备越复杂、加工精度越高、生产效率越高、主要部件尺寸越大,修理工作量越大,则修理复杂系数越大。设备修理复杂系数分为机械设备修理复杂系数,用"JF"表示,通常规定 C620A 普通车床的修理复杂系数为 11,其他机械设备的修理复杂系数可通过查阅有关手册得到;电气设备修理复杂系数,用"DF"表示,通常以额定功率为 0.6kW、保护式异步鼠笼电动机的修理复杂系数为 1,其他电气设备的修理复杂系数与该电机比较而定;热工设备修理复杂系数用"$F_热$"表示。

由于科技进步和机电一体化等先进设备在企业中的使用越来越多,这些设备的修理复杂系数不宜简单地分为机械修理复杂系数和电气修理复杂系数,需要在实践中总结出一套适合这类设备修理的修理复杂系数。

由于设备修理复杂系数在制定时没有考虑设备工作中的一些动态因素(如加工对象、操作水平、维护保养好坏等),所以,修理复杂系数有它的不足和需要改进的地方。

(2)设备修理定额。设备进行修理时,每个修理复杂系数需要的劳动量、原材料、修理成本的数量标准就是设备修理定额。它是编制修理计划的依据。

修理工作进行定额管理可以促进企业的经济核算和成本管理,可以提高工作效率和降低修理费用。修理定额的制定要实事求是,通过调查研究和积累数据,不断修订和改进,使定额达到先进水平。

设备修理定额包括修理工时定额、修理停歇时间定额、修理材料定额、修理费用定额等。修理定额是考核设备修理各项消耗及分析设备修理经济活动的依据。加强修理定额管理、维修成本的统计核算和经济活动分析,是设备修理与检修工作的重要组成部分,对提高修理工作水平和经济效益有重要作用。修理复杂系数是制定修理定额的主要依据。

1)修理工时定额。修理工时定额是指各类设备修理工作劳动量的定额,以每个修理复杂系数所耗用的劳动量(h)为单位,见表 6-5。

表 6-5　修理工时定额(h/修理复杂系数)

修理工时定额/h ＼ 工时 　 　 　 修理类别	钳工工时	电工工时	机工工时
修前检查	3~4		
小修	7~10		
项修	32~42	7~9	15
大修	50~60	15~20	30

2)修理停歇时间定额。设备修理的停歇时间,系设备自停机交付修理时起至修后安装、试车、验收合格为止所需的停机时间,以每个修理复杂系数停歇的工作日(昼夜)来计算(大修、项修的停歇时间应扣除节假日),见表 6-6。

表 6-6　修理停歇时间定额(d/修理复杂系数)

修理类别	停歇时间定额/d
修前检查	0.3~0.5
小修	0.5
项修	1.5
大修	2.5~3.5

3)修理材料定额。以每个修理复杂系数耗用的材料质量(kg)来计算。

4)修理费用定额。修理费用定额是进行设备修理成本核算的依据,定额标准的高低反映了修理工作的水平。设备修理费用定额以每个修理复杂系数所需修理费(元)来计算。由于企业管理水平不同,工艺装备及修理工人平均技术等级不同,其修理费用定额标准也应有所不同。

5.设备修理质量的检验与评定

(1)修理质量的检验。设备修理质量检验的目的是保证设备修后达到规定的质量标准,降低返修率。检验工作是按修理工艺规程和质量标准,由修理质量检验的专职人员进行的。质量检验合格后,还要作修理质量的评定,以全面掌握修理工作的质量、水平、设备状态、人员素质和工、检、量具及仪器的使用,并不断改善维修管理工作。

修理质量检验的主要内容:修复零件的工序质量检验和终检;自制备件的工序质量检验,外购备件和材料的入库检验;修理过程中零部件和装配质量的检验;修理后对外观、试车、性能和精度的检验。

(2)设备大修质量的评定。对设备大修质量应进行评定,其内容主要是精度、性能、出力和返修率。由各行业企业根据本单位的实际情况制定评定标准。

通常,设备大修后的质量要求是全面恢复工作能力,达到原出厂标准,配齐安全装置和各种附件等。由于种种原因,设备精度会发生变化,故可根据实际情况予以升级或降级,大体有如下几种:

1)设备经过改善性修理,其精度有所提高,可以升级;

2)设备虽经多次大修,但因日常维护保养好,大修后其精度仍较好,可以保持原有精度等级;

3)经过多次大修或严重损坏、原制造有严重缺陷,技术参数和其他经济、技术指标达不到规定标准者,可以降级;

4)当设备出了重大事放,经修复后达不到原技术参数标准和技术经济指标时,可以降级。

6.开展设备状态维修

状态维修,又称预知维修,它是把状态监测技术与计划修理结合起来的一种以状态为基础的预防性计划修理。它使计划修理工作建立在设备实测状态的基础上,保证设备修理计划更加准确合理,节省时间和费用,从而提高企业生产效率和经济效益。

(1)状态维修的优点:

1)根据对设备状态监测与诊断获得的异常信息,及时安排修理,防止劣化的发展和突发故障的产生,可以提高设备的可靠性,保证安全生产。

2)状态维修不仅具备定期修理的某些优点(如提前做好人力、物力、工艺技术准备工作等),而且在制订修理方案、措施等方面增加了灵活性和针对性。

3)可以减少停机修理时间,提高设备利用率。

4)可以减少停产损失和维护费用,提高经济效益。

5)状态监测提供的故障参数、性能变化数据,为研究维修对策,制定检验方法,设备的可靠性设计和改造提供有价值的资料。

(2)开展状态维修应注意的问题:

1)首先应权衡状态维修与定期维修的效率与费用,权衡停产损失与维修费用,并从设备综合管理的观点出发,追求设备寿命周期费用的经济性。

由于开展状态维修的费用较高,通常主要应用于生产线上的关键设备或精密、大型、稀有的重点设备。

2)要配备必要的工具、仪器,具备完整的检验方法、标准,并积极培养掌握诊断技术的专门人员。

3)要建立状态维修管理工作信息系统,使维修工作向现代化逐步发展。

4)根据磨损劣化的实际状态修理,可以修正按磨损理论推算的检修间隔期,防止因维修不足造成的加速磨损,或因过剩维修造成的设备不需修理部分的异常变化。

5)状态维修可使操作维修人员更加具体和定量地掌握设备状态及修理要求,在使用中注意设备负荷及速度的调整,有效地提高设备效率。

第三节　网络计划技术在设备修理中的应用

网络计划技术是把一项任务的工作(研制和管理)过程,作为一个系统加以处理。其基本原理是将组成系统的各项任务,细分为不同层次和不同阶段,按照任务的相互关联和先后顺序,用网络图的方式表达出来,形成工程问题或管理问题的一种确切的数学模型,用以求解系统中的各种实际问题。它是系统工程各种技术方法中获得广泛应用的一种方法,在国内和国外都很流行,具有典型性,已成为现代管理技术中一个重要组成部分。

网络计划技术常用的有 PERT 和 CPM 两种。PERT 是 Program Evaluationand Review Technigue 的缩写,译为计划评审技术。CPM 是 Critical Path Method 的缩写,译为关键路线法。两者有时统一记为 PERT/CPM。

PERT 是 1958 年美国海军特种计划局在研制"北极星"导弹核潜艇中,在汉密尔顿公司及洛克菲勒公司的协助下,首次提出的控制进度的先进方法。"北极星计划"是一项规模庞大、组织管理工作复杂的任务,整个工程由 8 家总承包公司、120 家分包公司、3 000 家三包公司、9 000家厂商承担。由于使用了 PERT 技术,提高了工作效率,整个工程比预定计划提前两年完成。

CPM 是 1956 年美国杜邦公司为管理公司内不同业务部门的工作,研制了这种管理方法。它首先应用于新化工厂的建设,后又应用于生产设备的维修,效果都很显著。路易维尔工厂原来因设备大修需停产 125h,采用 CPM 后,缩短为 78h。杜邦公司在采用 CPM 后的一年中就节约了 100 万美元,5 倍于该公司用于研究发展 CPM 所花费的经费。

在 20 世纪 60 年代初期我国引进该技术,在推动国防工程项目的研制上起了很大作用,提高了人们对复杂工程的研制管理能力。目前在我国许多行业的工程管理上得到推广,颇受欢迎,并将其称为网络计划技术。

一、实例

某厂大修一台镗床,根据该厂情况,各工序所需工时见表 6-7。

在进行网络计划技术工作之前,我们可能会考虑下列问题:

(1)如果各维修环节(简称工序)全部按上述时间完成,共需修多少天(简称总工期)?

(2)如果要求把总工期缩短,应缩短哪些工序的工时才是有效的?

（3）根据本厂所能采取的措施，总工期最短可缩成多少天？

显然，如果没有一套科学的分析方法，上述3个问题都不是一下子可以回答的。

表 6-7 大修镗床各工序所需工时

工序代号	维修（工序）内容	所需工时/d
A	拆卸	2
B	清洗	2
C	检查	3
D	电器维修与安装	2
E	床身与工作台研合	5
F	零件修理	3
G	零件加工	8
H	变速箱组装	3
I	部件组装	4
J	总装及试车	4

由于总工期是我们这里最关心的问题，所以我们把它作为这个问题的总目标——系统的目标（或功能）。利用各工序之间在时间顺序和工作关系之间的相互联系，把所有工序联接起来构成一个有机的整体。下面我们用箭头线（→）代表工序，用圆圈代表各工序间的衔接点，以反映它们之间的依从关系，从而把所有工序根据它们在维修过程中所处的不同地位联接起来，形成系统模型，也就是网络图，如图 6-5 所示。

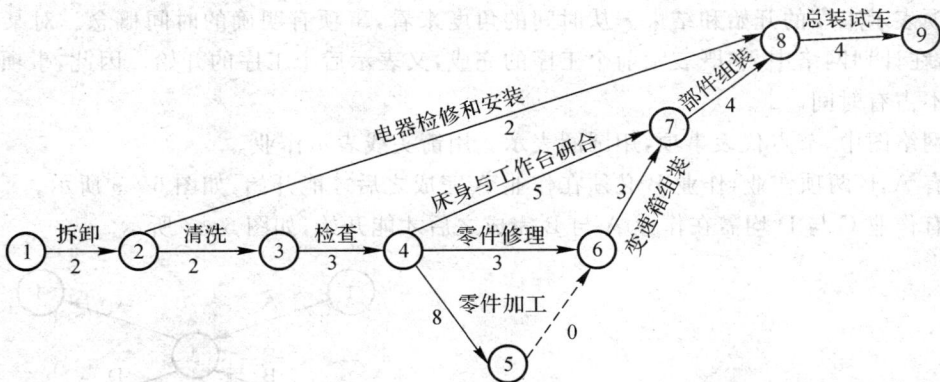

图 6-5 大修镗床网络图

图 6-5 是在系统思想指导下，把实际问题转换成一个清晰、形象的系统模型，即把大修镗床的具体问题转换成对一个系统进行分析。这一转换给我们分析、认识问题带来了极大的方便，使我们有可能利用网络图明确而科学地来回答上述问题。

对第一个问题按照网络图，我们可以很容易地回答大修镗床的总工期为 26 天。因为路线（1,2,3,4,5,6,7,8,9）是网络图中工期最长的一条路线。只有这条路线上的所有工序都完工了,整个任务才完成。因此总工期由这条路线(称为关键路线)上的总工时所确定。显然,这条路线上的工序是直接影响总工期的工序,称为关键工序。

对第二个问题的回答就更容易了,只要设法缩短关键路线上可能缩短(根据各厂情况)工时的工序,才是有效的。因为缩短非关键路线上的工序工时,对总工期毫无影响。对第三个问题的回答,要根据各厂具体情况而定。我们看到工序 G(零件加工)所需工时 8 天,如果可能我们把零件加工改为两个作业组同时进行,假定各为 4 天,则网络图中的工序 G 可以变成两条,每条工时各为 4 天,则总工期将缩短 4 天。

二、网络计划技术解决实际问题的具体步骤和内容

现在我们面临的问题是如何画出网络图,如何计算时间参数,如何确定关键路线,如何优化。

1. 具体步骤

(1)正确建立实际问题的网络图,是深入分析问题的基础。为此,必须首先根据实际情况,确切弄清包括哪些具体内容(工序),并予以明确划分,然后确定各工序间的顺序和衔接关系以及各工序所需时间。

(2)找出关键路线,这是进行网络分析的基础内容。通常可应用目测法(对小型网络而言)、分析计算法等常用的分析方法。

(3)进行网络优化,这是网络分析的根本落脚点。不进行优化的网络往往不是最佳网络。

2. 网络图的绘制

(1)作业与事项。作业又称为工序,是实现一项工程必须完成的意义明确的工作任务(或工作任务的组合)。这里的"工序"不同于机械工艺学中"工序"的概念。它可以用来表示一种零件的整个加工过程,但更多地用来表示工程计划中的一个阶段。

事项表示工序的开始和结束。从时间的角度来看,事项有明确的时间概念。对某一特定的事项,在计划网络中,它既表示前个工序的完成,又表示后个工序的开始。因此,事项在计划网络中不占有时间。

在网络图中,节点代表事项,用圆圈表示。用箭头线表示作业。

设有 A,B 两项作业,作业 B 必须在作业 A 完成之后才能开始,如图 6-6 所示。

设有作业 C 与 D 均需在作业 A 与 B 完成之后才能开始,如图 6-7 所示。

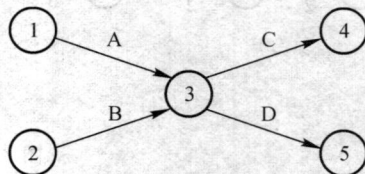

图 6-7 网络图

图 6-6 网络图

(2)虚弧:用节点之间的虚箭头线表示的弧为虚弧,它表示的作业称为虚作业,虚作业不消耗时间和资源,仅是为了表示作业之间的逻辑关系而引入的。因此虚作业只是为了绘制网络图的需要而虚设的,实际上没有这个作业,如图 6-8 所示。

图 6-8 中表示的逻辑关系是作业 D 必须在作业 A 与 B 均完成之后才能开始,而作业 C

只需在作业 A 完成之后就能开始,不以作业 B 的完成与否为先决条件,如果不引入虚作业,这种关系就难于表达。在网络图中我们可以把虚作业理解为作业时间为零的作业,它与真实作业的区别也仅在于此,因此它同样构成网络中的通路。

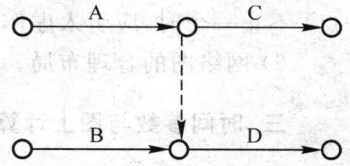

图 6-8　虚作业网络图

(3)并行作业。有时为了加快工程进度,常将一项作业分为多项并行作业同时进行。为保证作业的单一性,又不能画成并行弧,此时可借助于虚作业,如图 6-9 所示。

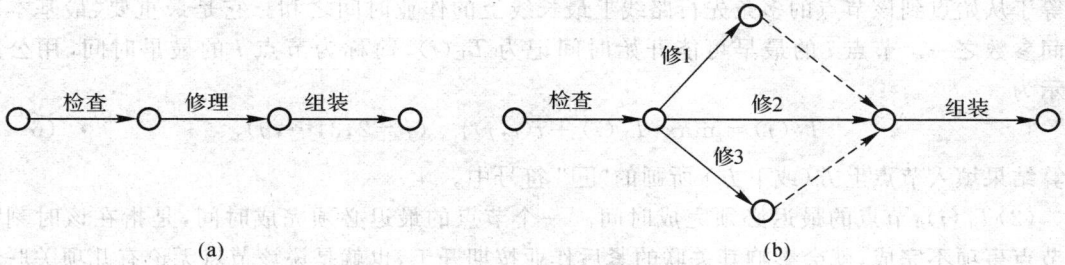

图 6-9　并行作业网络图

(a)作业；　(b)并行作业

(4)交叉作业。为了加快工程进度,也常将几项作业分段交叉进行,这时也需引入虚作业,如图 6-10 所示。图中,B 为 A 的紧后作业,它们均可分为 3 段进行。

$$A=A_1+A_2+A_3 \quad B=B_1+B_2+B_3$$

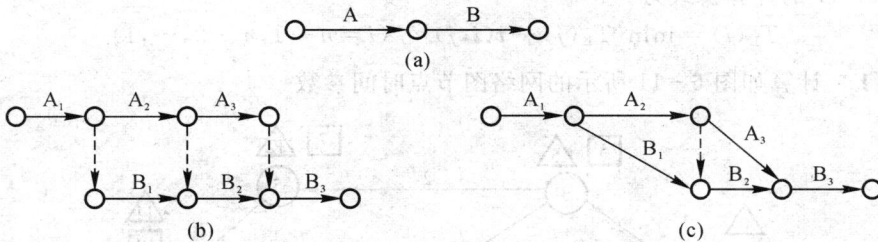

图 6-10　交叉作业网络图

(a)不交叉作业；　(b)交叉作业；　(c)(b)的优化

(5)网络图的一些规定:

1)图中的箭头方向是从左向右,不能有回路式循环现象。

2)一对节点之间只能有一条箭线,必要时需引入虚作业来实现上述规定。

3)网络图的有向性与不可逆性。网络图是一种有向无回路网络图,其每条弧分别表示一项作业。作业是需要消耗时间的,而时间是不可逆的。网络图上的作业,只能随着时间的推移而向前(即向右)推进,不能逆向来做,任何一项作业(i,j),其节点 i 的实现时刻必定不能迟于节点 j 的实现时刻。这就是网络图的不可逆性。

4)网络图的连续性。网络图必须是从起点到终点经各个中间节点连通,而不应有中断的作业或前后无关联的孤立作业或孤立的节点,这就是网络图的连续性。

5)网络图的封闭性。封闭性是说一张网络图只能有一个始点,一个终点,当始点(或终点）不止一个时，应引入虚作业使其归一而封闭。

6）网络图的合理布局。应尽量避免箭头线转折与交叉，以免含混不清。

三、时间参数与图上计算法

1.节点的时间参数

（1）$T_E(i)$：节点的最早可能开始时间。一个节点的最早可能开始时间，是指它所代表的事项最早可能在什么时刻进行，或者说该节点关联的紧后作业最早可在什么时刻开始。它应该等于从始点到该节点的多条先行路线上最长线上的作业时间之和。它是最重要、最基本的时间参数之一。节点 i 的最早可能开始时间记为 $T_E(i)$，简称为节点 i 的最早时间，用公式表示为

$$T_E(j) = \max_i \{T_E(i) + t(i,j)\} \quad (j=2,3,\cdots,n) \tag{6-1}$$

计算结果填入节点上方（或下方）所画的"□"符号中。

（2）$T_L(i)$：节点的最迟必须完成时间。一个节点的最迟必须完成时间，是指在该时刻如果节点事项不完成，就会影响其关联的紧后作业按期开工，也就是说该节点无论有几项关联的紧前作业，都必须在该时刻之前完工。节点 i 的最迟必须完成时间可简称为节点 i 的最迟时间，记为 $T_L(i)$。

$T_L(i)$ 的计算是从网络图的终点开始，从右向左逐点反向进行，直至始点为止，节点 i 的最迟时间 $T_L(i)$ 等于节点作业时间减去从该点到终点多条后续路线中最长路线上的作业时间之和。计算结果填入节点上方（或下方）所画的"△"符号中。

节点 $T_L(i)$ 的计算公式为

$$T_L(i) = \min_j \{T_L(j) - t(i,j)\} \quad (i=n-1,n-2,\cdots,1) \tag{6-2}$$

例 6-1 计算如图 6-11 所示的网络图节点时间参数。

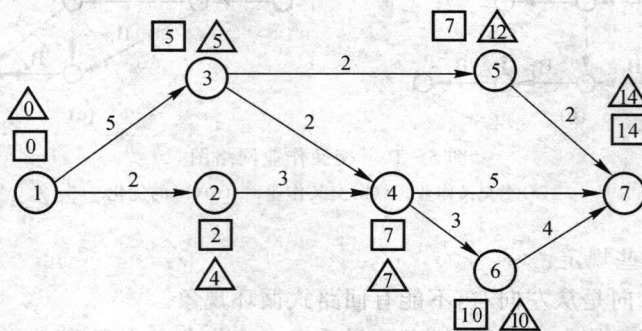

图 6-11 网络图计算节点时间参数

解 首先从节点 1 开始，从左向右逐点计算 $T_E(i)$：

$$T_E(1) = 0$$
$$T_E(2) = T_E(1) + t(1,2) = 0 + 2 = 2$$
$$T_E(3) = T_E(1) + t(1,3) = 0 + 5 = 5$$
$$T_E(4) = \max\{T_E(2) + t(2,4), T_E(3) + t(3,4)\} = \max\{2+3, 5+2\} = 7$$
$$T_E(5) = T_E(3) + t(3,5) = 5 + 2 = 7$$

$$T_E(6) = T_E(4) + t(4,6) = 7 + 3 = 10$$

$$T_E(7) = \max\{T_E(4) + t(4,7), T_E(5) + t(5,7), T_E(6) + t(6,7)\} =$$

$$\max\{7+5, 7+2, 10+4\} = 14$$

将所得数据分别填入图 6-11 节点上方或下方的"□"中。

然后从节点 7 开始,从右向左逐点计算 $T_L(i)$:

$$T_L(7) = T_E(7) = 14$$

$$T_L(6) = T_L(7) - t(6,7) = 14 - 4 = 10$$

$$T_L(5) = T_L(7) - t(5,7) = 14 - 2 = 12$$

$$T_L(4) = \min\{T_L(7) - t(4,7), T_L(6) - t(4,6)\} = \min\{14-5, 10-3\} = 7$$

$$T_L(3) = \min\{T_L(5) - t(3,5), T_L(4) - t(3,4)\} = \min\{12-2, 7-2\} = 5$$

$$T_L(2) = T_L(4) - t(2,4) = 7 - 3 = 4$$

$$T_L(1) = \min\{T_L(3) - t(1,3), T_L(2) - t(1,2)\} = \min\{5-5, 4-2\} = 0$$

将所得数据分别填入图 6-11 节点上方或下方的"△"符号中。

2. 作业的时间参数

计算作业的时间参数有两种方法:其一是利用上述计算 $T_E(i)$ 与 $T_L(i)$ 的结果,计算作业的时间参数,将结果直接标注在图上(但不需全部都标注),故称图上计算法;另一种是利用作业之间的相互关系列表进行计算,故称表上计算法。我们这里只介绍图上计算法。

(1) 作业的最早开始时间 $T_{ES}(i,j)$:作业 (i,j) 的最早开始时间显然等于箭尾节点 i 的最早开始时间,即 $T_{ES}(i,j) = T_E(i)$。将这一参数值填入作业线下所画的"□"符号中。

(2) 作业的最早完成时间 $T_{EF}(i,j)$:在正常情况下,作业 (i,j) 若能在最早开始时间开始,就有一个最早完成时间,该最早完成时间为箭尾节点的最早时间加上作业 (i,j) 所需的工时,即

$$T_{EF}(i,j) = T_E(i) + t(i,j) = T_{ES}(i,j) + t(i,j) \qquad (6-3)$$

(3) 作业的最迟完成时间 $T_{LF}(i,j)$:作业的最迟完成时间等于箭头节点 j 的最迟完成时间,即

$$T_{LF}(i,j) = T_L(j) \qquad (6-4)$$

(4) 作业的最迟开始时间 $T_{LS}(i,j)$:在正常情况下,作业 (i,j) 完成得最迟是因为开工迟,所以对应于最迟完成时间 $T_{LF}(i,j)$,就有一个最迟开始时间 $T_{LS}(i,j)$,它等于作业 (i,j) 的箭头节点 j 的最迟时间减去作业自身所消耗的工时,即

$$T_{LS}(i,j) = T_L(j) - t(i,j) = T_{LF}(i,j) - t(i,j) \qquad (6-5)$$

将这一参数填入作业线下所画的"△"符号中。

例 6-2 计算如图 6-12 所示的网络图作业的时间参数。

解 在图 6-12 中,节点的时间参数已经算出,故可计算出 $T_{ES}(i,j)$,$T_{LS}(i,j)$,分别标在图 6-12 上。

四、关键路线

在网络图始点与终点之间多条作业路线(通路)中,总工时最长的路线就是关键路线。

在图 6-12 中,作业路线 $P_1 = (1,3,4,6,7)$,其总工时 T_1 为

$$T_1 = t(1,3) + t(3,4) + t(4,6) + t(6,7) = 5 + 2 + 3 + 4 = 14 = T_E(7)$$

其他路线的总工时都少于 14。例如作业路线 $P_2(1,2,4,7)$ 其总工时 T_2 为

$$T_2 = t(1,2) + t(2,4) + t(4,7) = 2 + 3 + 5 = 10 < T_1$$

所以,作业路线 P_1 为关键路线,记为 CP(Critical Path) 有时又称为主要矛盾线。

关键路线可能不止一条,但不管有几条,其总工时必须相等,且等于 $T_E(n)$。显见,整个任务的总工期就是关键路线的总工时。如果关键路线上的各项作业能按期或提前完成,则整个任务的总工期就能按期或提前完成;如果关键路线上的作业拖延,则整个任务的总工期必然拖延。因此我们有必要突出并重视关键路线,在网络图上用粗线或红线表示之。在任务实施过程中,要千方百计保证关键路线上的各项作业如期完成。

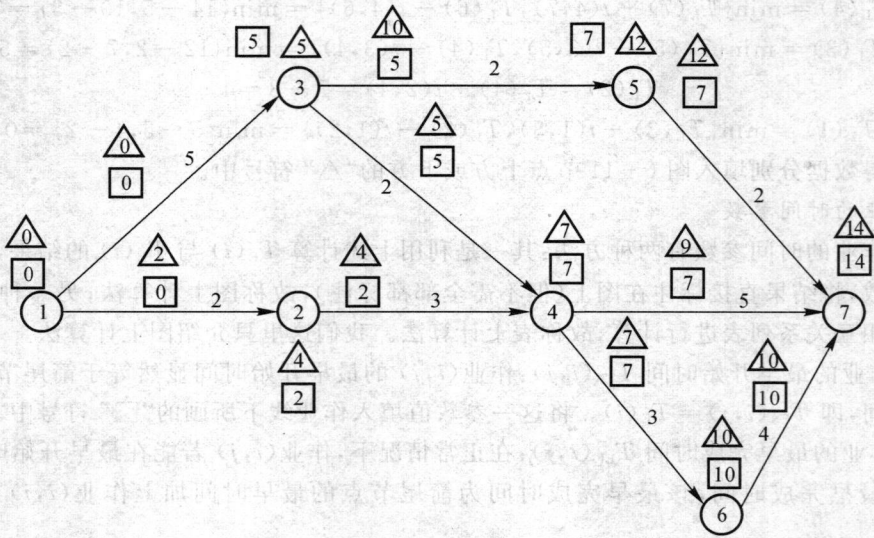

图 6-12　网络图计算作业的时间参数

随着计划的执行,网络方案的关键路线是不断变化的,关键路线可以变成非关键路线,非关键路线可以变成关键路线。领导和管理部门要根据网络方案分析,及时变更自己的工作重点,抓关键,抓薄弱环节。

关键路线是在分析时间量的基础上找出来的,因此我们将通过计算作业时差的方法来寻找关键路线。

五、时差(又称时间余度或富裕时间)

1.节点的时差

由以上介绍可知,网络图中每一个节点 i 具有两个时间参数:最早开始时间 $T_E(i)$ 与最迟完成时间 $T_L(i)$。后者描述与节点 i 关联的紧前作业 (h,i) 的结束,前者描述与节点 j 关联的紧后作业 (i,j) 的开始。

它们发生在同一节点 i 上,所以共同描述了该节点所代表的同一事项。这两个时间参数往往并不相等,我们定义节点 i 的时差 $R(i)$ 为

$$R(i) = T_L(i) - T_E(i) \tag{6-6}$$

2.作业的时差

前面介绍了 4 种作业的时间参数,根据这些参数可以有多种方式来计算作业的时差。

（1）总时差 $R(i,j)$ 为

$$R(i,j) = T_{LF}(i,j) - T_{ES}(i,j) - t(i,j) = T_{LF}(i,j) - T_{EF}(i,j) \qquad (6-7)$$

$$R(i,j) = T_{LS}(i,j) - T_{ES}(i,j) \qquad (6-8)$$

也就是说，总时差等于作业的最迟完成时间减去最早完成时间，或等于最迟开始时间减去最早开始时间。故总时差的计算公式可以化为

$$R(i,j) = T_L(j) - T_E(i) - t(i,j) \qquad (6-9)$$

式（6-7）～式（6-9）是等价的。

（2）单时差 $r(i,j)$。在本项作业 (i,j) 的最早完成时间 $T_{EF}(i,j)$ 与紧后作业 (j,k) 的最早开始时间 $T_{ES}(j,k)$ 之间，可能有间隙。这种间隙就为本项作业 (i,j) 提供了机动，其机动范围称为"单时差"或称为"自由时差"。其计算公式为

$$r(i,j) = T_{ES}(j,k) - T_{EF}(i,j) \qquad (6-10)$$

或

$$r(i,j) = T_{ES}(j,k) - T_{ES}(i,j) - t(i,j) \qquad (6-11)$$

也可以用节点参数计算

$$r(i,j) = T_E(j) - T_E(i) - t(i,j) \qquad (6-12)$$

（3）干扰时差 $S(i,j)$。干扰时差反映了总时差与单时差之间的关系。

由单时差的定义可以知道，作业 (i,j) 消耗的机动时间如果超过了单时差 $r(i,j)$，就会干扰后续作业，但只要不超过总时差 $R(i,j)$，就不会影响任务的总工期。我们将作业 (i,j) 的总时差与单时差两者之差称为干扰时差。

$$S(i,j) = R(i,j) - r(i,j) \qquad (6-13)$$

设有作业 $A = (i,j)$，$B = (j,k)$，它们互相邻接，则两相邻作业的时差关系如图 6-13 所示。

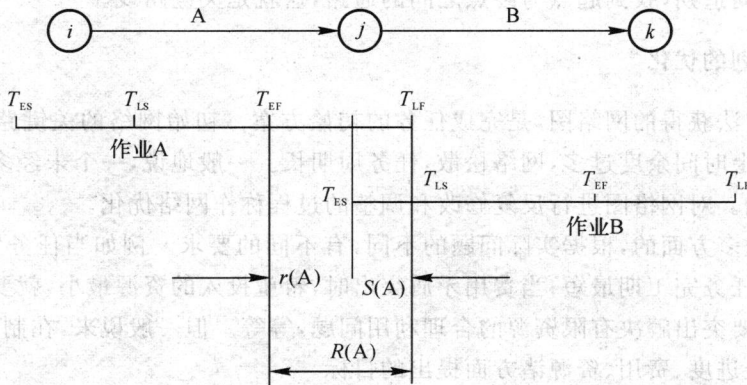

图 6-13 两相邻作业的时差关系图

3. 调用时差的比较

调用时差的比较，见表 6-8。

我们可以根据作业时差来寻找关键路线：

（1）总时差为零的作业组成的路线必为关键路线；

（2）总时差为零的节点组成的路线未必是关键路线。

但是,由于节点时差容易计算,所以可以把节点时差为零作为寻找关键路线的一种辅助手段。

我们也可以用破圈法找关键路线。

表 6－8　调用时差比较

时差调用情况	调用后的影响
作业(i,j)耗费的机动时间 $H(i,j) \leqslant r(i,j)$	不会影响后续作业在最早开工期开工,即对整个工程进度将无影响
$r(i,j) < H(i,j) < R(i,j)$	不会影响总工期,但会干扰紧后作业,使之不能在最早开工期开工
$H(i,j) = R(i,j)$	不会影响总工期,但作业(i,j)将变为关键作业
$H(i,j) > R(i,j)$	将使整个工期不能按期完工

如图6－14所示为一个圈。其中节点k同两个箭头相关,从k点分别逆着弧的方向走,必能走到同一个节点i,节点i同两个箭尾相关,也就是说,从节点i到k有两条通路。比较两者之长(即作业工时之和),把短路上进入k点的作业箭头线切断(以符号 $\not\longrightarrow$ 表示),就破了此圈。如果两条通路等长,则保留不动。

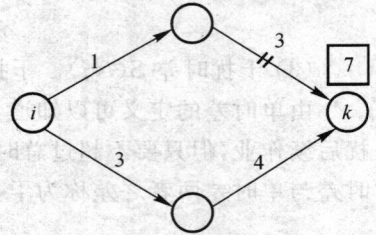

一般地破圈后,应使每一个节点只同一个箭头相关;如果不止一个,则应继续找圈并破之,或者确认该圈的两条通路等长。

图 6－14　破圈法

在复杂的网络图中,应从始点开始,逐点找圈破圈,直至终点。然后,逆向追朔,找到起点与终点之间的通路,这就是关键路线。

六、网络计划的优化

经过上述方法获得的网络图,是完成任务的初始方案。初始网络的关键路线往往拖得很长,非关键路线上时间余度过多,网络松散,任务周期长。一般地说,一个未经多次修改的网络不可能是最佳的。对网络图进行反复修改和调整的过程称作网络优化。

最佳要求是多方面的,根据实际问题的不同,有不同的要求。例如当任务紧迫时,要求缩短工程进度,使任务完工期最短;当费用矛盾突出时,希望投入的资源最小,就要求解决最少费用问题;有的则要突出解决有限资源的合理利用问题,等等。但一般说来,在制订计划方案时,往往要综合满足进度、费用、资源诸方面提出的目标。

现结合不同的具体要求介绍对网络图进行优化的方法。

1. 缩短工程进度的优化方法

在资源允许的条件下,应尽量缩短工程进度,使之尽快投入使用以提高经济效益。特别是经过判别,计划的预计周期大于上级的规定周期,应立即着手调整网络,缩短工程进度。

缩短进度的方法如下:

(1)改变网络结构以缩短工期。

(2)对网络结构不作改变,只缩短作业时间。

　　无论采取哪一种方法,都要根据具体情况采取对策,不能生搬硬套。通常可供选择的技术、组成措施如下:

　　(1)核查工作流程,去掉多余环节;核查各作业工期,改变关键路线上的工作组织。

　　(2)把串联作业改为平行作业或交叉作业。

　　(3)调整资源或增加资源(人力、物力、财力)到关键路线上的关键作业中去。

　　(4)采取技术措施(如机械化、改进工艺、采用先进技术)、组织措施(如合理组织流程、实现流程优化)。

　　(5)利用时差,从非关键作业上抽调部分人力、物力,集中到关键作业,缩短关键作业的时间。

　　2.最低成本费用优化法

　　如何谋求以最少成本来缩短工期是 CPM 讨论的重点之一。为使问题易于阐述,用讨论直接成本来叙述"经济赶工法"。

　　(1)直接成本与时间的关系。计划完成时间,常受到资源的影响。若增加资源,则可缩短完工时间,但成本增加。反之,若减少资源,将使完工时间拉长,然而可能降低成本。因此两者可以相互替换,需要进行比较。直接成本和时间的关系如图 6-15 所示。

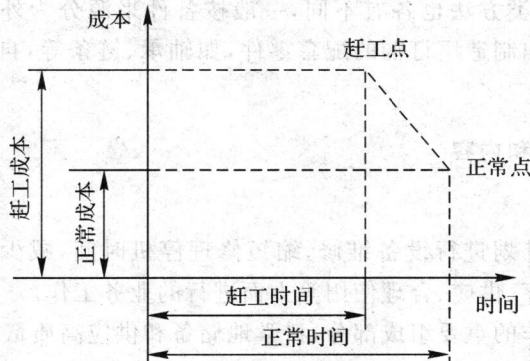

图 6-15　直接成本和时间的关系

　　赶工时间是指某项工作的作业时间从正常状态压缩到无法再压缩的作业时间。在此时间里所需的成本为赶工成本。由于将某项作业时间压缩到比正常时间更短的时间完成,以时间为单位来计算的成本,往往会比正常成本高。成本达到赶工状态时,其动向为一曲线,但很接近于赶工点与正常点的联线,该直线的斜率称为成本斜率。其意义是每缩短一单位时间所增加的费用。用公式表示为

$$成本斜率=\frac{赶工成本-正常成本}{正常时间-赶工时间}$$

　　(2)赶工的几项原则。第一,必须明确,要缩短整个任务的工期,必须缩短关键路线上的作业工时。如果不管关键路线而将非关键路线上的时间缩短,是不能影响整个工程的工期的。第二,在关键路线上,应选择成本斜率(费用率)最小的作业来缩短。第三,在缩短了关键路线上的时间后,有可能使原来的非关键路线成了关键路线,原来的非关键作业成了关键作业,关键路线的条数增多。因此需要注意情况的变化,作出新的网络图。第四,当有多条关键路线时,往往优先考虑缩短它们的共同作业的工时。

3. 资源平衡利用优化

合理安排有限资源的均衡利用,可以带来巨大的节约效益。广义的资源概念包括物资、设备、资源、人力和能源动力。

编制网络计划时,难于一次就把进度、费用资源安排合理。由于作业项数多,费用、资源利用涉及的因素比较复杂,往往需要多次平衡。从一个初始方案出发,逐步调整方案,达到资源均衡利用的过程,称作优化过程。

但应注意,当人力资源调整平衡时,机动时间就要被占用了。当费用调整时,可能在时间调整和人力调整上就要受到限制。所以在优化过程中,为了获得一方面的优化可能会以另一方面的代价作为补偿。因此如何使全局最优是管理者应该决策的。

第四节　备件管理

一、备件及其分类

为满足设备修理需要,缩短设备停机时间而储备的零件称为备件。

备件的种类很多,分类方法也各有不同,一般按备件来源分为外购备件和自制备件两大类。外购备件是指企业向制造厂订购的配套零件,如轴承、链条等,自制备件是指企业自己设计(或测绘)制造的零件。

二、备件管理的目的和内容

1. 备件管理的目的

备件管理是为了按计划进行设备维修,缩短修理停机时间,减少修理费用而对备件的计划、生产、订货、采购、储存、供应、合理使用等方面进行的业务工作。

备件管理是维修工作的重要组成部分,科学地储备和供应高质量的备件,不仅能有助于按期完成维修工作,而且能提高设备的可靠性。所谓科学地储备和供应,是指在及时供应维修所需备件的同时,储备备件所占用的资金最少,资金周转率最高,各种备件储备最适宜,管理方法先进科学。

由于备件品种繁多,各种备件的寿命及使用率不同,需要量变化大,加工及订货周期不同等原因,使备件管理工作比较复杂。备件管理是一项重要工作,企业及主管部门的领导应予足够重视。

从系统观点出发,把故障、修理及备件等项管理工作看成一个有机整体,从研究故障、修理及备件工作的规律入手,权衡停机时间和费用对设备素质和经济效益的影响,从而搞好各项工作。为此,应健全备件管理机构,加强人员培训,提高其业务素质及管理水平,推进备件管理的现代化。

2. 备件管理的内容

备件管理工作主要有 4 个部分,即备件的技术管理、计划管理、仓库管理和经济管理,下面分别加以叙述。

(1)备件技术管理:备件技术管理工作主要包括编制和积累备件管理资料,预测备件消耗量,制定合理的备件储备定额和储备形式。

1)确定备件的原则。由于企业的性质不同,同类设备的拥有量不同,管理水平、维修水平不同,通用化、标准化程度不同及企业所处地区有无备件集中供应的公司和组织等因素的影响,各企业应结合具体情况综合分析,确定备件储备的原则。

2)备件的储备形式如下:

成品储备。如齿轮、摩擦片、花键轴、活塞环、气缸等。

半成品储备。修理时进行修配或作尺寸链补偿,如轴瓦、轴套等。

毛坯或材料储备。加工工作量不大,难于决定加工尺寸的备件,可采用毛坯储备形式,如对合螺母、双金属轴瓦、镶条及关键设备上的锻、铸件等。

成对(成套)储备。为了保证备件的配合精度和传动精度,有些备件必须成对制造和更换,如一级精度的丝杆、螺母,镗杆及套,螺旋锥齿轮等。

部件储备。为了实行快速修理,减速器、液压操纵板、磨头、铣削动力头等以部件形式储备。

3)备件的储备定额。这是指企业为保证生产和设备维修需要,根据实际统计和有关资料经计算所制定的备件储备数量。储备定额是编制备件计划,指导备件生产订货,采购、储备及备件库管理的依据。

(2)备件计划管理:

1)备件计划工作是指从提出订购和制造计划开始,直到入库为止这一段时间的工作,包括申请购买和制造计划的编制与组织实施。

备件计划主要有外购备件计划,自制备件计划(分为年、季、月计划),锻、铸毛坯件制造计划,备件修复计划。

2)自制备件的生产。当选择自制备件或外购备件时,应从备件质量和经济两方面考虑,能外购的尽量外购。必须自制的备件,要在安排生产和维修计划的同时,考虑和安排备件制造计划。

3)外购备件的订货。企业按不同类别来编制外购备件计划。企业中维修用备件种类多,范围广,供应方法也各不相同,如集中订货、直接订货、向国外订货、就地购买等。

(3)备件库存管理:备件库存管理是备件管理工作的重要部分,入库、发放、保管、保养是一件既繁杂又细致的工作。管好备件分类台账和各种入库、出库单据,可为修订储备定额、压缩储备资金、总结修理使用备件的规律、提高备件管理水平提供可靠依据。

(4)备件的经济管理:

1)备件资金来源及占用范围。备件资金来源于企业的流动资金,其储备资金限额只能由属于备件范围内的物资占用。

2)备件资金的核算。目前尚无通用的方法,各单位可结合企业规模、行业特点、实际情况,如设备新度、维修能力、地区协作条件等进行核算。目前,企业采用的核算方法如下:

按备件卡规定的储备定额核算。此种方法受储备定额的准确度影响,在行业间可比性较差。

按设备原购置总值的 $2\%\sim3\%$ 估算。此种方法标准较统一,企业间可以比较,但联系本企业设备故障、维修生产实际较差。

用年度实际消耗资金与资金周转期的乘积加以修正后求得年均备件储备资金。

根据历年备件资金消耗金额,特别是上一年消耗金额,结合本年度的设备状态和修理计划,确定本年度的备件储备资金。

3）备件经济管理的考核指标：备件储备资金定额。

$$备件资金周转期＝年均库存金额/年消耗金额$$

备件占用资金的多少、周转快慢，对企业经济效益有直接影响，也反映企业备件管理水平，应在保证维修和设备完好的状态下，尽量减少备件资金占用额。备件资金周转期一般在一年半左右，若周转期过长、占有资金过多，应及时采取压缩备件品种、数量等措施加以解决。

$$资金占用率＝（备件储备资金总额/设备原值总额）×100\%$$

它反映占用资金的合理性。减少备件资金占用额，提高资金周转期是备件经济管理中突出的问题，在企业转入生产经营型以后，设备维修备件等管理工作要与之相适应，促进企业经济效益的提高。

三、备件管理现代化

1. ABC 管理法在备件管理中的应用

ABC 管理法是一种从种类繁多、错综复杂的多项目或多因素的事物中，找出主要矛盾，抓住重点，照顾一般的管理方法。企业为了保证维修需要，储备品种繁多的大量备件，占用了大量资金。每种备件的重要程度、供货难易和库存时间各不相同，为了分清重点与一般，以便区别对待，控制备件库存，现将备件划分为 A，B，C 三类。划分时考虑的原则如下：

(1)保证维修和生产的重要程度。

(2)加工难易程度和订货周期的长短。

(3)占用资金的多少。

A 类备件：重要程度高，加工困难，订货周期长，关键备件，储备量较少但占用资金多的备件。通常，A 类备件占库存资金总额的 60%～70%，库存品种数占总数的 10% 左右。对 A 类备件要严格控制，在保证维修需要的前提下，安全储备量要低，以减少资金积压和加速资金周转。用增加订货次数保证备件的使用，可采取经济、合理的批量和时间去订货与采购。备件入库与发放须详细登记，并经常检查库存情况。

B 类备件：占库存资金总额的 25% 左右，库存品种数占总数的 20%～30%。对 B 类备件的控制可放宽些，订货批量可适当加大一些，时间也可灵活些，按常规最高、最低储备量及订货点订货，定期检查，做好收、发记录。

C 类备件：占库存资金总额的 10%～20%，库存品种数占总数的 65% 左右。这类备件一般加工较简单，加工或订货周期短，市场上可随时买到。由于 C 类备件占用资金不太多，但品种多、数量大，为简化管理，可按需要用量一次集中订货，以取得优惠价格和节省人力、时间。

2. 计算机辅助备件库存管理

采用计算机管理备件，不仅可建立企业备件总台账，从而减轻日常记录、统计、报表的工作量，更重要的是可随时提供备件储备量和资金变动信息，为备件计划管理、技术管理和经济管理提供可靠的依据。

(1)建立备件管理信息系统应注意的问题：

1)计算机备件信息系统与故障维修等管理信息系统一样，是设备综合管理信息系统的一个子系统。当系统设计时，必须首先考虑设备综合关系和对备件管理的要求，同时应考虑与故障、维修信息系统的协调，以及具体程序中语言符号的统一、简化、数据共享等。

2)备件管理信息系统的建立，应着眼于备件动态管理，备件明细表中所列项目应全面考虑动态管理的需要。如 ABC 分类法的应用、各类备件使用规律、经济合理的备件储备量研究、缩短备件资金周转期的途径等。

3)加强备件管理基础工作,如实行备件的五定管理法(定储备品种和储备性质,定货源和订货周期,定最高最低储备量,定订货点和订货量,定储备资金限额和平均周转期)、四号定位(区、架、层、号定位)、五五码放等。健全并编制备件管理用的各种统计报表、卡片、单据等,以便于科学地、准确地、全面地收集各种信息数据并输入计算机。如果一个企业备件管理基础工作做得不扎实、不细致,就很难开展计算机辅助备件管理工作。

4)根据维修对备件管理工作的要求和企业实际情况,提出开发建立备件管理信息系统各功能模块的种类、数量。如出入库管理,库存分析,备件合同管理,备件的盘点、报废以及各种清单、报表,并创造条件开发更多的功能模块,对备件资金的周转期、经济合理储备等进行探讨。

(2)计算机管理工作程序如下:

1)准备工作。登记收集到的各种信息,确定各类备件的分类编号、存放。

2)备件管理信息系统程序的编制。对计算机功能提出的要求:

①追加功能:自制、外购备件的入库输入,各种收发核算单据的输入。

②修改功能:改正输入数据的错误。

③删除功能:删除已取消的备件。

④查询功能:按零件号查询备件,可获得库存、单价、资金占用、管理类别、自制、外购及"五定"的全部内容。

查询某一时刻的全部库缺备件,及时催货,保证不贻误维修工作。

查询所有超储备件或积压备件的品种、数量、金额。通过分析原因,及时处理,以加速资金周转、压缩库存资金。

查询备件资金占用额。

查询所有低于最低储备额的备件。

查询应报废的备件。

3)将全部备件信息统计并输入计算机。

4)打印报表输出。打印输出各种报表,为管理工作服务。管理人员可根据管理工作的需要设计各种报表,并按操作指令随时打印各种表格,如储备备件清单、备件分类统计表,月份备件资金分类统计表等。

5)计算。根据事前编好的计算程序,计算机可提供消耗金额、平均储备资金、平均周转期等。

3. 实行备件集中储备和专业化生产

成立地区性备件总库,集中供应各企业所需备件,以减轻企业负担,减少人力、财力、物力的浪费,提高备件质量,逐步实现备件生产专业化和供应社会化。

第五节　设备维修的专业化与社会化

一、设备维修专业化、社会化的必要性

新中国成立后,我国在引进苏联计划预修制(ПΠР)的同时,也采用了他们配置维修资源的体制,即根据工厂规模配置维修能力。在大型工厂内设置修理分厂,中型工厂设置修理车

间,小型工厂设置维修工段(组),把设备维修封闭在工厂内部,大、中型企业的设备大修理也不出厂门。

这种封闭式的设备维修体制带来了许多弊端:设备维修人员多,工作效率低;维修占用设备多,有效利用率低;维修备件储备多,资金周转率低;由于修理设备的机种多、规格杂,又是单台作业,导致修理技术水平低;修理停歇时间长;修理费用支出高。显然,实行维修专业化、社会化有利于应用维修新技术、新工艺、新材料,采用高效的维修专用工具和设备,便于合理分工,改善维修组织管理,提高劳动生产率,从而获得提高维修质量,缩短修理停歇时间,降低修理费用的良好效果。然而,在计划经济体制下,单单依靠行政手段来推行维修专业化、社会化却进展迟缓,效果不大。

市场经济体制的建立为发展设备维修专业化、社会化提供了良好的外部环境和内部动力。既然维修专业化、社会化是有效利用维修资源的良好途径,在市场经济体制下就必然会受到市场机制的有力推动。首先,建立社会主义市场经济体制要求全国统一开放的市场体系。这个市场体系内的生产要素市场中必须包含设备要素市场。缺少设备要素市场的配套、协调,就难以充分、有效地发挥市场机制的功能。其次,企业作为市场经济的基本单元,以提高自身劳动生产率和经济效益为根本目标,就必须要优化设备维修资源的配置,有效而经济地利用维修资源,因而具有推进设备维修专业化、社会化的强烈要求。

二、企业应当积极进入设备维修市场

在国外,市场经济高度发达的国家已经形成了相当完备的设备维修市场。企业一般都不设庞大的维修队伍,大多只配置一支精干的维修力量承担企业设备的日常维修,而把企业生产装置的大检修、机器设备的大修理以及一些专业性很强的设备(如压力容器、起重机、汽车、液压设备等)修理委托给社会上的专业化修理单位。承接设备修理的企业主要有设备制造厂(产品售后维修服务)、专业化设备修理公司、维修咨询公司(如维修管理咨询、维修人员培训)、维修技术服务公司(如承接设备状态监测、故障诊断服务)等。这些专业维修公司设备好、技术强,人员精干,服务及时,修理质量有保证,收费也合理。企业通过设备维修市场得到了良好有效的维修服务,既保证了设备维修质量,也节省了设备维修费用。

在我国,随着经济改革的深入发展,设备维修市场已初步形成。近几年来许多企业采取多种形式,积极推进设备维修体制改革。例如有的企业把原有的修理车间改造为产品生产车间,设备修理转向外委;有的企业实行修理车间独立核算,既对企业内部服务,也对外承接修理业务;有的企业按照"精干主体,剥离辅助"的原则,把设备修理部门分离出来走向市场,改建为自主经营、自负盈亏的设备维修公司。总之,在市场经济条件下,推进设备维修专业化、社会化,提高设备维修的经济效益势在必行。企业应当根据所处的外部环境(中心城市或边远地区)与自身条件,采取恰当措施,积极推进设备维修专业化、社会化,充分利用设备维修市场来获得良好的维修质量和经济的维修支出。

思 考 题 六

6-1 简述故障的概念和分类。

6-2 试述故障全面管理的内容和要求。

6-3 简述故障树分析法和故障模式影响与危害性分析法。

6-4 试述设备维修方式和类别。

6-5 什么是设备修理复杂系数？它有什么作用？修理定额包括哪些内容？

6-6 试根据表6-9绘制网络图，并求：

①关键路线和总工期；

②若要使总工期缩短2天,关键路线有何改变。

表6-9 作业表

作业名称	紧前作业	作业时间
a		4
b		2
c	a,b	3
d	a,b	4
e	b	3
f	c	1
g	d,e	2

6-7 已知下列资料,见表6-10,要求：

①绘制网络图；

②用图上计算法计算各项时间参数；

③确定关键路线。

表6-10 某设备维修作业表

工 序	紧前工序	工序时间	工 序	紧前工序	工序时间	工 序	紧前工序	工序时间
A	G,M	3	E	C	5	I	A,L	2
B	H	4	F	A,E	5	K	F,I	1
C		7	G	B,C	2	L	B,C	7
D	L	3	H		5	M	C	3

6-8 简述备件管理的目的和内容。

第七章　设备经济管理

设备的经济管理是对设备的生产经营活动进行的管理。它强调经济意识,从经济角度考虑问题、解决问题,即追求设备生产经营活动中的人力、物力、财力、时间、自然资源的相对节约。

设备的经济管理贯穿于设备一生。设备购置、制造之前要进行投资可行性研究,以经济效益与社会效益作为取舍、选优标准。设备运行阶段要严格设备运行费用管理,备件按经济库存量进行储备,维修方式与维修手段的确定依据是维修费用的最佳化。

设备的更新、大修和技术改造是设备一生中几个重要的抉择点,也是资金支出最多的几项投资活动,本章将重点对这些经营活动进行研究、讨论。

第一节　设备的磨损与补偿

设备在长期使用过程中发生各种磨损,导致技术性能降低,不能满足生产工艺要求,同时也使设备本身的价值降低,维持费上升。当继续使用很不经济时,则须要考虑修理、更新、改造设备。

一、设备的磨损

设备在使用或闲置过程中,会发生磨损。这里所说的磨损是广义的,含有磨损、老化、贬值、陈旧等意思。磨损分为有形磨损和无形磨损。两种磨损都会造成经济损失。

1. 有形磨损

设备的有形磨损是指设备实体上的磨损,可以分为两类:

(1)使用磨损。设备在使用过程中,由于受到外力作用,其零部件会发生摩擦、振动和疲劳,因而产生磨损。

(2)自然磨损。设备在闲置及运行过程中,由于自然力的作用而出现锈蚀、老化、变质,引起设备精度和工作能力的降低以至丧失,这种由于自然力造成的磨损,称为自然磨损。

2. 无形磨损

无形磨损是指设备实体形态上看不见的磨损,又称为经济磨损,也分为两类:

(1)第一类无形磨损。由于设备制造厂的生产技术与管理水平不断提高,使得生产同样机器设备的价格下降。这种由于相同结构设备重置价值的降低而造成的原有设备价值的贬值,就是设备的第一类无形磨损。

(2)第二类无形磨损。由于科学技术的发展,涌现出结构更先进、性能更完善、生产效率更高、原材料和能源消耗更少的新型设备,使原有设备在技术上显得陈旧落后,而且很不经济。这种价值的损失就是第二类无形磨损。

3.综合磨损

设备从诞生时起,就发生有形磨损与无形磨损,两种磨损同时发生,称之为综合磨损。

二、设备磨损的补偿

从以上分析可知,设备在使用过程中不可避免地要遭受有形磨损和无形磨损。为了保持设备良好的技术状态,必须及时对设备的各种磨损进行相应的补偿。

设备磨损补偿方式有多种:各种方式的修理可局部补偿设备的有形磨损,技术改造可局部补偿设备第二类无形磨损,设备更新可完全补偿设备有形磨损和无形磨损,而设备原型更换仅能对设备的有形磨损进行完全补偿。

三、设备磨损的度量

(1)设备有形磨损的度量为

$$\alpha_P = \frac{R}{K_1} \tag{7-1}$$

式中　α_P—— 设备有形磨损程度;

R—— 修复全部磨损零件所用的修理费;

K_1—— 在确定磨损时该种设备的再生产价值。

(2)设备无形磨损度量为

$$\alpha_I = 1 - \frac{K_1}{K_0} \tag{7-2}$$

式中　α_I—— 设备无形磨损程度;

K_1—— 等效设备再生产价值;

K_0—— 设备原始价值。

(3)设备综合磨损度量。设备遭受有形磨损后尚余部分(用百分数表示)为$(1-\alpha_P)$,设备遭受无形磨损后尚余部分(用百分数表示)为$(1-\alpha_I)$,设备遭受综合磨损后的尚余部分(用百分数表示)为$(1-\alpha_P)(1-\alpha_I)$。由此得出设备综合磨损程度为

$$\alpha = 1 - (1-\alpha_P)(1-\alpha_I) \tag{7-3}$$

式中,α为设备综合磨损程度。

设备遭受综合磨损后的净值 K 为

$$K = (1-\alpha)K_0$$

将式(7-1)～ 式(7-3)代入展开并整理得

$$K = K_1 - R \tag{7-4}$$

设备遭受综合磨损后的净值等于等效设备的再生产价值减去修理费用。

第二节　　设备大修理技术经济评价

设备大修理是设备修理工作中规模最大、花钱最多的一种设备维修形式,对设备修理经济性的研究,主要是对设备大修理经济性的研究。我们对设备进行大修理决策时,必须同设备更新以及设备改造等设备磨损补偿方式相比较。

一、设备大修理概述

设备在使用过程中不断经受着有形磨损。由于设备的零部件是由各种不同特性的材料加工制成，以及它们的使用条件也各不相同，因此设备的零部件有着不同的耐久性和服务期限。

同一台设备由于各组成部分的耐久性使用条件不同，在使用一段时间后，有的零部件已经磨损，要求修复或更换；另一些零部件还可以长时间正常工作直到必须修理为止；还有些零部件在整个设备使用期间不需要修理和更换。所以说整个设备的零部件的有形磨损是不均衡的。

所谓设备修理就是恢复设备在使用中局部丧失功能的过程。设备大修理是通过全面调整、修复或更换磨损部件的办法恢复设备全部或接近全部的机能。设备大修理能够利用被保留下来的许多零部件，其中包括不更换的基础件，如床身、壳体、电机、机座等，从而节约原材料和加工工时。设备大修理比制造新设备的周期要短很多。通常每次设备大修理的费用都比设备原值要小。因此，设备大修理与购置新设备相比具有一定的优越性。由此可知为保证设备的正常运转和良好的技术状态，进行设备大修理是必要的。即使在工业很发达的国家，这种以恢复设备原有性能为目的的大修理也尚未完全取消。

但是随着技术的进步，设备修理的经济实质将发生变化，同时也暴露了某些局限性。因此企业不应长期实行无止境修理设备的方针。我们可以从设备的有形磨损来分析设备大修理的经济实质。

设备有形磨损有它一定的规律性。设备在使用过程中其性能或效率是逐渐下降的，如不及时修理，设备寿命一定很短。经过大修，设备性能得到恢复。经某企业测算，金属切削机床经过多次大修后，其性能和效率下降的幅度一般具有如下规律：经过第一次大修后，下降5%；经过第二次大修后，又下降5%，这时设备的性能和效率已下降了10%；经过第三次大修后，再下降15%。机床经过3次大修后，它的性能和效率下降到只有原来的75%左右。机床设备如此，其他机械设备也是大同小异，如图7-1所示。

设备随着大修理次数的增加，修理费用和设备运行费用都会不断增加。设备大修理间隔期及大修理次数与运行费用之间的关系，如图7-2所示。设备使用时间越长、大修理次数越多，运行费用越高。在图7-2中，虽然每次大修都使运行费用下降，但和前一次大修后相比，运行费总是有所升高，且修理间隔期缩短。因此，设备大修理是有限度的，不能无止境地大修理。

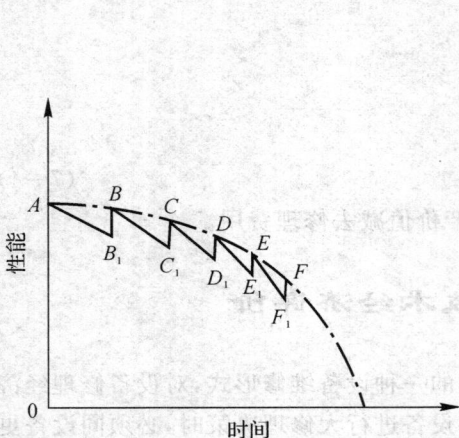

图7-1 大修理后设备综合质量劣化图

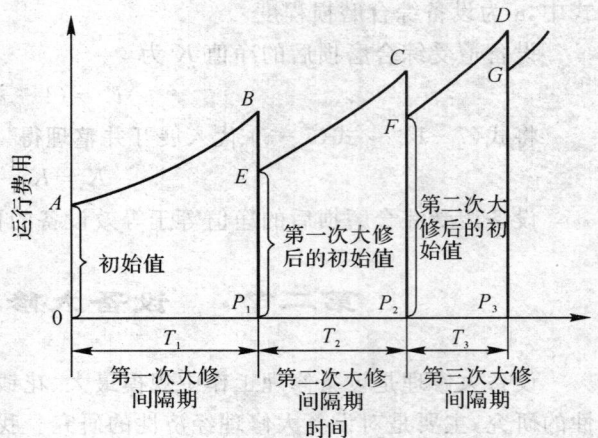

图7-2 修理间隔期与运行费用的关系

设备物理性能的劣化随着使用时间的延长而增加,设备大修费用也随着物理性能的劣化程度增加而增加。为了限制设备大修费用,有些国家规定超过限定费用就不允许大修,实行强制报废。如日本规定一次大修费用不超过设备原值的 35％,我国有些企业也规定不超过 50％的设备重置价值。通常设备第一、二次大修费用为设备原值的 30％ ～ 40％。

二、确定设备大修理经济界限的条件

如果一次设备大修费用超过同种设备的重置成本,设备不应大修。设备大修理经济界限的条件可用下式表示为

$$R \leqslant K_n - L \tag{7-5}$$

式中　　R—— 设备大修理允许费用;

　　　　K_n—— 同类新设备重置价值;

　　　　L—— 设备残值。

式(7-5)是设备大修理必要条件,其充分条件是在任何情况下单位产品成本都不超过用相同新设备生产的单位产品成本。所以,这里引出另一个条件:如果用大修过的旧设备生产单位产品成本高于采用相同用途的新设备生产单位产品成本,这种大修理是不经济的。这样,引出了第二种经济界限的条件为

$$C \geqslant C_i \tag{7-6}$$

式中　　C_i—— 大修理的旧设备加工的单位产品成本;

　　　　C—— 相同新设备加工单位产品成本。

因此,设备大修理界限应当同时满足式(7-5)及式(7-6)表示的两个基本条件。如果设备不符合经济界限的条件而进行大修理,或是继续使用旧设备都是不经济的。

大修理允许费用界限是由以下因素决定的:

(1) 投资费用,包括旧设备投资、新设备购置费与设备改造的补充投资等。

(2) 设备的使用费,包括能源、维修费、培养费等。

(3) 设备的生产率。因生产率不同引起的成本变化。

(4) 设备折旧余额。

(5) 设备报废时可回收的残值。

(6) 大修使用周期和费用的变化。

以上这些因素都会影响决策效果,故必须充分考虑这些因素的变化情况。

三、费用界限法

依据设备大修理经济界限的两个基本条件可采用费用界限法进行分析评价。此法是将设备大修费用与新设备的修正价值和残值回收等加以比较,其计算公式为

$$R \leqslant K_n \alpha \beta + (L_e - L) \tag{7-7}$$

式中　　R—— 设备大修理允许费用;

　　　　K_n—— 新设备价值;

　　　　α—— 设备大修理周期缩短系数,$\alpha = \dfrac{T_a}{T_b}$,其中,$T_a$ 为旧设备第 a 次大修理后的大修周期,T_b 为新设备第一次大修周期;

β—— 生产率修正系数，$\beta = \dfrac{P_a}{P_b}$，其中，P_a 为旧设备第 a 次大修后的生产率，P_b 为新设备的生产率；

L_e—— 旧设备账面值（净值）；

L—— 设备转让或报废时的回收残值。

如果把新、旧设备的使用费差额列入式(7-7)中，则大修理的允许费用界限为

$$R \leqslant K_n\alpha\beta - \Delta C T_a + (L_e - L) \tag{7-8}$$

式中，ΔC 为使用新设备时每年运行与维修费用的差额。

这是用型号相同的新设备的情况。如果用先进的新设备与大修后的旧设备相比较，则大修理允许的费用界限为

$$R \leqslant K'_n\alpha\beta - (\Delta C_a - \Delta P)T_a + (L_e - L) \leqslant K'_n\alpha\beta - S_e + S_a \tag{7-9}$$

式中　　K'_n—— 先进的新设备价格；

ΔP—— 用价格较贵的新设备，因固定资产增加而每年相应多支付的费用；

ΔC_a—— 由于使用先进的新设备每年产品成本降低的数值；

S_e—— 使用成本损失，$S_e = (\Delta C_a - \Delta P)T_a$；

S_a—— 未折旧完的费用损失，$S_a = L_e - L$。

大修理费用预算应小于大修理允许费用界限，这样才可做到设备大修理在经济上是合理的。即有

$$R_i < R'_i \tag{7-10}$$

式中　　R_i—— 第 i 次大修的预算需要费用；

R'_i—— 第 i 次大修的允许费用界限。

例 7-1　某厂有台设备原值为 20 000 元，折旧年限为 20 年，每次设备大修的费用参数见表 7-1。试分析该设备第一次和第二次大修理的经济合理性。

表 7-1　大修费用参数表

大修次数	大修周期 年	年维持费比新 设备增加 / 元	大修后生产率 修正系数 β	大修费预算 元	旧设备处理 回收额 / 元
新设备	6	0			
第一次	5	300	0.8	6 600	12 000
第二次	4	700	0.7	8 000	8 000

解　(1)第一次大修的经济性分析。依题意设备大修理周期缩短系数 $\alpha = T_a/T_b = 5/6 = 0.83$，生产率下降 80%，故 $\beta = 0.8$，使用 6 年后该设备的净值为

$$L_e = \text{设备原值} - \text{折旧额} = 20\,000 - 20\,000 \times 0.05 \times 6 = 14\,000 \text{ 元}$$

将计算结果代入式(7-8)得出第一次大修理允许费用为

$$R'_1 = K_n\alpha\beta - \Delta C T_a + (L_e - L) = 20\,000 \times 0.83 \times 0.8 - 300 \times 5 + (14\,000 - 12\,000) =$$
$$13\,280 - 1\,500 + 2\,000 = 13\,780 \text{ 元}$$

依题意 $R_1 = 6\,600$ 元，$R_1 < R'_1$，第一次大修理是合理的。

(2)第二次大修理的分析。依题意有 $\alpha = T_a/T_b = 4/6 = 0.67$，$\beta = 0.7$，使用 11 年后设备的净值为

$$L = 设备原值 - 折旧额 = 20\ 000 - 20\ 000 \times 0.05 \times 11 = 9\ 000\ 元$$

第二次大修理允许费用为

$$R'_2 = K_n\alpha\beta - \Delta CT_a + (L_e - L) = 20\ 000 \times 0.67 \times 0.7 - 700 \times 4 + (9\ 000 - 8\ 000) =$$
$$9\ 380 - 2\ 800 + 1\ 000 = 7\ 580\ 元$$

依题意 $R_2 = 8\ 000$ 元，$R_2 > R'_2$，第二次大修理是不经济的。

四、设备大修理效果系数法

设备大修理经济界限也可以用设备大修理效果系数表示。根据式（7-9）：

$$R_i + S_e \leqslant K_n\alpha\beta + S_a$$

对上式经整理得

$$E_r = 1 - \frac{R_i + S_e}{K_n\alpha\beta + S_a} \tag{7-11}$$

式中，E_r 为大修理效果系数。

当 $E_r > 0$ 时，说明对旧设备进行大修理经济上是合算的，当 $E_r < 0$ 时，说明更新设备在经济上是合算的，E_r 数值也可说明效果的大小。

例 7-2　某运输公司车辆大修理费用的统计数据见表7-2。试按设备大修理效果系数法计算并判定采用的方案。

表 7-2　某运输公司计算数据

大修次数	生产率系数 β	大修费用 R/元	大修周期缩短系数 α	S_e	S_a
1	0.92	13 000	0.88	7 033	7 112
2	0.83	14 000	0.77	6 430	6 387
3	0.52	15 000	0.66	6 230	5 662

解　（1）先判定是否需要第一次大修。依题意已知 $K_n = 45\ 000$ 元，$R_1 = 13\ 000$ 元，$S_a = 7\ 112$ 元，$S_e = 7\ 033$ 元，$\beta = 0.92$，$\alpha = 0.88$。将上述条件代入式（7-11）得

$$E_r = 1 - \frac{13\ 000 + 7\ 033}{45\ 000 \times 0.92 \times 0.88 + 7\ 112} = 0.539\ 9$$

由于 $E_r > 0$，所以进行第一次大修是合算的。

（2）判定第二次大修是否合算。依题意可知 $R_2 = 14\ 000$ 元，$S_a = 6\ 387$ 元，$S_e = 6\ 430$ 元，$\beta = 0.83$，$\alpha = 0.77$，得

$$E_r = 1 - \frac{14\ 000 + 6\ 430}{45\ 000 \times 0.83 \times 0.77 + 6\ 387} = 0.419$$

由于 $E_r > 0$，所以进行第二次大修也是合算的。

（3）判定第三次大修是否合算。依题意可知 $R_3 = 15\ 000$ 元，$S_a = 5\ 662$ 元，$S_e = 6\ 230$ 元，$\beta = 0.52$，$\alpha = 0.66$，得

$$E_r = 1 - \frac{15\ 000 + 6\ 230}{45\ 000 \times 0.66 \times 0.52 + 5\ 662} = -0.005\ 88$$

由于 $E_r < 0$，所以，进行第三次大修是不经济的，应更新设备。

五、价值工程在设备维修决策中的应用

设备大修是工作量最大的一种计划修理。设备或装置由于长时间使用，基准零部件磨损

严重,主要性能和精度大部分丧失,设备不能继续使用,必须经过全面修理才能恢复其精度和性能,这种修理即大修。项修是针对设备的劣化部分进行的局部修理,它是一种针对性很强的计划修理。设备在一个或几个部分出现劣化,经过修理使整机性能提高。项修可节省修理时间、人力、物力和费用,效果较好。设备维修决策就要合理确定设备维修方式,以尽可能少的维修费用满足设备使用的要求。

企业有不少普通机床在生产中作为专用机床使用,长年只加工某一种或几种零件的一两道工序。这些通用机床只使用其局部功能,其他功能未使用。如果硬性要求进行大修并全面恢复机床的出厂性能和精度,会造成维修费用的不必要支出。如果针对生产使用要求只对设备进行项目修理,则可以节约维修费用,缩短维修时间,提高设备的利用率。如果针对性的项目修理的维修工时、配件更换、维修费用都接近于大修,那么项修的优越性就不显著了。

企业可应用价值工程进行设备大修与项修的技术经济评价。步骤如下:

(1)测定每台设备大修理费用,大修理的功能满足程度为100%。

(2)测定每台设备项修费用和功能满足程度评分。

(3)计算每台设备的项修成本系数和项修功能满足程度系数:

$$项修成本系数 = 项修费用 / 大修费用$$

$$项修功能满足程度系数 = 项修功能满足程度评分 / 大修功能满足程度评分$$

(4)计算每台设备的项修价值系数:

$$项修价值系数 = 项修成本系数 / 项修功能满足程度系数$$

(5)结论:凡项修价值系数大于1.5的设备以项修代替大修具有较高的经济价值。项修价值系数小于1.2的设备因项修价值系数较低,大修更经济。项修价值系数在1.5到1.2之间的设备酌情确定修理方式。

第三节　设备更新技术经济评价

设备更新是用技术更先进、结构更完善、效率更高、性能更好、资源消耗更少的新型设备来更换那些在技术上不能继续使用或经济上不宜继续使用的旧设备。对设备更新决策不仅要考虑促进技术进步,同时要能够获得较好的经济效益。适时地更新设备,能够促进技术进步、加速经济增长,节约资源,提高经济效益。

设备更新对象有以下几类:

(1)役龄过长、设备老化、技术性能落后、生产效率低、经济效益差的设备。

(2)原设计、制造质量不良,技术性能不能满足生产要求,而且难以通过修理、改造得到改善的设备。

(3)经过预测,继续进行大修理其技术性能仍不能满足生产工艺要求、保证产品质量的设备。

(4)严重浪费能源、污染环境、危害人身安全的设备。

(5)按国家有关部门规定,应当淘汰的设备。

一、设备更新时机的选择

设备更新时机的选择,就是如何确定设备寿命的问题。设备寿命通常可分为物质寿命、折旧寿命、技术寿命与经济寿命。

设备的物质寿命,也称为自然寿命或物理寿命。它是指设备从制造完成投入使用直至报废为止所经历的时间。设备的物理寿命与维护保养的好坏有关,并可以通过修理来延长。

设备的折旧寿命是设备的折旧年限。

设备的技术寿命,是从技术的角度看设备最合理的使用期限,它是由无形磨损决定的,具体是指从设备开始使用到因技术落后而被淘汰所延续的时间,它与技术进步的速度有关。

经济寿命,是从经济角度看设备最合理的使用年限,它是由有形磨损和无形磨损共同决定的,即指能使一台设备的年平均使用成本最低的年数。

设备的使用成本由两部分组成,一是设备购置费的年分摊额,二是设备的年运行费用,这部分费用是随设备使用年限的增长而增加的。以一辆汽车为例,随着使用时间的延长,每年分摊的购置费会减少,但每年的汽车修理保养费和燃料费用都会增加,因此购置费分摊额的减少会被使用费用的增加所抵消。设备在整个使用过程中,年平均使用总成本是随着使用时间变化的,平均总成本最低的年数,就是设备的经济寿命。

二、设备经济寿命的确定

1.最小年均费用法

年均费用即年均总成本,是由年均购置费和年均运行费两部分组成的。年均费用用下式表示

$$C_i = \frac{\Sigma V + \Sigma P}{T} \tag{7-12}$$

式中　　C_i——第 i 年的年均费用;

　　　　V——年均运行费;

　　　　P——年均购置费;

　　　　T——使用年限。

年均购置费是设备原值的每年损耗。一般而言,年均购置费是随使用年份的增加而减小的。

例 7-3　某设备以 5 800 元购入,每年的运行费用和购置费分摊额见表 7-3。试计算设备经济寿命。

表 7-3　年运行费和年购置费分摊值

使用年限 / 年	1	2	3	4	5	6
运行费 / 元	1 000	1 200	1 400	1 800	2 300	2 800
购置费分摊值 / 元	3 000	1 500	750	375	175	0

解　根据表 7-3 的数据按式(7-12)进行计算,计算结果见表 7-4。

表 7-4　数据计算表

使用年限 / 年	1	2	3	4	5	6
累计运行费用 ΣV / 元	1 000	2 200	3 600	5 400	7 700	10 500
累计购置费分摊值 ΣP / 元	3 000	4 500	5 250	5 625	5 800	5 800
总使用成本 $\Sigma V + \Sigma P$ / 元	4 000	6 700	8 850	11 025	13 500	16 300
年均费用 C_i / 元	4 000	3 350	2 950	2 756	2 700	2 717

第五年末为最佳更新期,此时年均费用2 700元为最小,如图7-3所示。图中的曲线反映了年均运行费和平均购置费的变化,最小的平均费用所对应的年份为最佳更新期。

2.劣化数值法

随着使用年限的增加,设备的有形磨损逐步加剧,同时设备的运行维护费用也逐渐增加,这种变化称为设备的劣化。为简单起见,首先假定每年运行费用的劣化增量是均等的,即运行费用呈线性增长,如图7-4所示。设每年运行费用增加额为λ,若设备使用T年,则第T年时的运行费用为

$$C_T = C_1 + (T-1)\lambda \tag{7-13}$$

式中　　C_1——运行成本的初始值,即第一年的运行成本;

　　　　T——设备使用年数。

T年内年均运行费用为

$$\bar{C}_T = C_1 + \frac{T-1}{2}\lambda \tag{7-14}$$

设备的购置费分摊值为$\dfrac{K_0-L}{T}$,K_0为设备原始价值。

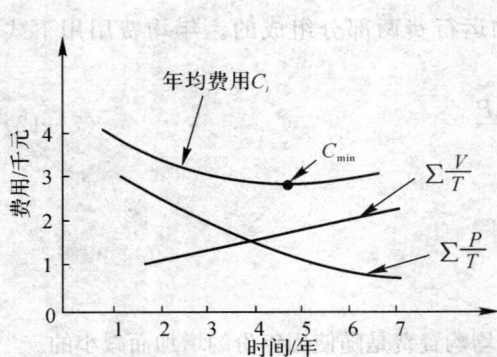

图7-3　年均费用曲线

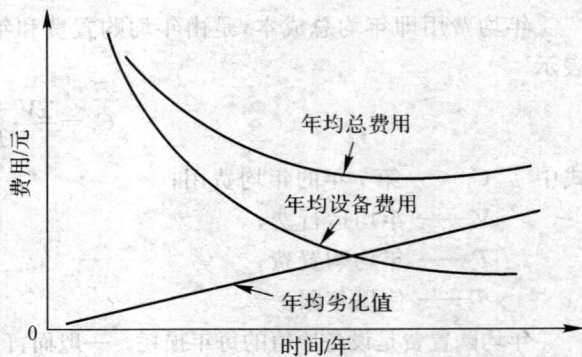

图7-4　最佳经济寿命

设备年均总费用(AC)的计算公式为

$$AC = \frac{K_0-L}{T} + C_1 + \frac{T-1}{2}\lambda \tag{7-15}$$

可用求极值的方法,找出设备的经济寿命。

令

$$\frac{\mathrm{d}(AC)}{\mathrm{d}T} = 0$$

则经济寿命(T_E):

$$T_E = \sqrt{\frac{2(K_0-L)}{\lambda}} \tag{7-16}$$

例7-4　某设备原始价值$K_0 = 8\,000$元,$L = 800$元,年劣化值$\lambda = 300$元,问设备经济寿命是多少?

解　由式(7-16)可得设备经济寿命为

$$T_E = \sqrt{\frac{2(8\,000-800)}{300}} = 7\text{ 年}$$

例 7-4 的计算没有考虑各年费用的时间因素,实际运算中费用的时间因素还是应该计算进去的。如果考虑利息因素,设 $i = 10\%$,则计算结果见表 7-5。

表 7-5　利率 10% 时的设备各年平均总费用

项目名 时间/年	(1) 当年 劣化值/元	(2) 现值 系数	(3) 劣化值 现值/元	(4) 累计劣化 值现值/元	(5) 资金回 收系数	(6) 年均 劣化值/元	(7) 年均设备 费用/元	(8) 年均 总费用/元
1	320	0.909 1	290.9	290.9	1.1	320	8 800	9 120
2	640	0.826 4	528.9	819.8	0.576	472.36	4 609.5	5 081.86
3	960	0.751 3	721.2	1 514.0	0.402	619.65	3 216.9	3 836.55
4	1 280	0.683 0	874.2	2 415.2	0.315	761.92	2 523.8	3 285.72
5	1 600	0.620 9	993.4	3 408.6	0.267	912.82	2 142.4	3 055.22
6	1 920	0.564 5	1 083.8	4 492.4	0.229	1 031.5	1 836.9	2 802.2
7	2 240	0.513 2	1 149.6	5 642.0	0.205	1 158.9	1 643.3	2 802.2
8	2 560	0.466 5	1 194.2	6 836.2	0.187	1 281.38	1 499.5	2 780.88
9	2 880	0.424 1	1 221.4	8 057.6	0.173	1 399.1	1 389.1	2 788.2
10	3 200	0.385 5	1 233.6	9 291.2	0.162	1 512.14	1 302	2 814.14

注:表中横栏的意义如下:

第(1)栏为 $\lambda T = 320T$,T 表示年限。

第(2)栏为 $i = 10\%$ 的现值系数 $(P/F, i, n)$。

第(3)栏表示每年劣化值的现值,即(3) = (1)×(2)。

第(4)栏表示累计劣化值现值。

第(5)栏为 $i = 10\%$ 的投资回收系数 $(A/P, i, n)$。

第(6)栏为设备使用到 T 年的逐年平均劣化值,其值为(6) = (4)×(5)。

第(7)栏表示设备使用到 T 年的逐年平均设备费用,其值为 K_0 ×(5)。

第(8)栏表示设备使用到 T 年的逐年平均总费用,其值为(8) = (6)+(7)。

根据上面的计算结果,将考虑利息和不考虑利息的计算数据汇总见表 7-6,由表可知考虑利息的计算结果更符合实际。

表 7-6　当 $i = 0$ 和 $i = 10\%$ 时年平均劣化值和年平均设备费用

费用/元 时间/年	年均劣化值		年均设备费用		年均总费用	
	$i = 0$	$i = 10\%$	$i = 0$	$i = 10\%$	$i = 0$	$i = 10\%$
1	320	320	8 000	8 800	8 320	9 120
2	480	472.36	4 000	4 609.5	4 480	5 081.86
3	640	619.65	2 667	3 216.9	3 307	3 836.55
4	800	761.92	2 000	2 523.8	2 800	3 285.72
5	960	912.82	1 600	2 142.4	2 560	3 055.22
6	1 120	1 031.5	1 333	1 836.9	2 453	2 868.4
7	1 280	1 158.92	1 143	1 643.3	2 423*	2 802.2
8	1 440	1 281.38	1 000	1 499.5	2 440	2 780.88*
9	1 600	1 399.32	889	1 389.1	2 489	2 788.2
10	1 760	1 512.14	800	1 302	2 560	2 814.14

注:"*"表示最低费用。

三、综合磨损的更新决策

前面讨论的计算经济寿命确定设备更新时机的更新决策方法,适用于设备在使用期内不发生技术上过时和陈旧,没有更好的新型设备出现的情况,即有形磨损的更新决策。在技术不断进步的条件下,由于第二类无形磨损的作用,很可能当设备使用年限尚未达到计算经济寿命时,就已出现工作效率更高和经济效果更好的设备。这时就要比较在继续使用旧设备和购置新设备这两种方案中,哪一种方案在经济上更为有利。

1.年费用比较法

年费用比较法是从原有旧设备的现状出发,分别计算旧设备再使用一年的总费用和备选新设备在其预计的经济寿命期内的年均费用,并进行比较,根据年费用最小原则决定是否应该更新设备。

(1)旧设备年总费用的计算。旧设备再使用一年的总费用为

$$AC_0 = V_{00} - V_{01} + \frac{V_{00} + V_{01}}{2}i + \Delta C \qquad (7-17)$$

式中　AC_0——旧设备下一年运行的总费用;

$\qquad V_{00}$——旧设备决策时可出售的价值;

$\qquad V_{01}$——旧设备一年后可出售的价值;

$\qquad \Delta C$——旧设备继续使用一年在运行费用方面的损失(即使用新设备相对使用旧设备的运行成本的节约额和销售收入的增加额);

$\qquad i$——基准收益率;

$\qquad \dfrac{V_{00} + V_{01}}{2}$——旧设备资金占用费用。

(2)新设备年均总费用的计算。新设备年均总费用为

$$AC_n = \frac{T-1}{2}\lambda + \frac{K_n - L}{T} + \frac{K_n + L}{2}i \qquad (7-18)$$

式中　AC_n——新设备年均费用;

$\qquad T$——新设备的经济寿命。

当劣化值 λ 不易求得时,可根据经验决定新设备的合理使用年数 T,则有

$$AC_n = \frac{2(K_n - L)}{T} + \frac{K_n + L}{2}i - \frac{K_n - L}{T^2} \qquad (7-19)$$

例 7-5　已知旧设备现在出售价值 7 700 元,一年以后出售价值为 6 600 元,旧设备下一年运行费用损失为 10 010 元。新设备价格 K_n=41 800 元,估计合理的使用年数 T=15 年,到期残值 L=3 700 元,i=10%。试做出决策。

解　由式(7-17)和式(7-19),得

$$AC_0 = 7\,700 - 6\,600 + \frac{7\,700 + 6\,600}{2} \times 10\% + 10\,010 =$$

$$1\,100 + 715 + 10\,010 = 11\,825 \text{ 元}$$

$$AC_n = \frac{2 \times (41\,800 - 3\,700)}{15} + \frac{(41\,800 + 3\,700) \times 10\%}{2} - \frac{41\,800 - 3\,700}{15^2} = 7\,186 \text{ 元}$$

$$AC_0 - AC_n = 11\,825 - 7\,186 = 4\,639 \text{ 元}$$

因此,更新方案每年可节约费用 4 639 元。

　　2.设备折旧方法

　　企业设备折旧方法一般采用平均年限法。企业专用车队的客、货运汽车,大型设备,可以采用工作量法。在国民经济中具有重要地位、技术进步快的电子生产企业、船舶工业企业、生产"母机"的机械企业、飞机制造企业、汽车制造企业、化工生产等企业和医药生产企业以及其他经财政部批准的特殊行业的企业,其机器设备可以采用双倍余额递减法或年数总和法。

　　工业企业固定资产分类折旧年限表见表 7-7。

表 7-7　工业企业固定资产分类折旧年限表

一、通用设备部分

通用设备分类	折旧年限
1.机械设备	10 ～ 14 年
2.动力设备	11 ～ 18 年
3.传导设备	15 ～ 28 年
4.运输设备	6 ～ 12 年
5.自动化控制及仪器仪表	
自动化、半自动化控制设备	8 ～ 12 年
电子计算机	4 ～ 10 年
通用测试仪器设备	7 ～ 12 年
6.工业炉窑	7 ～ 13 年
7.工具及其他生产用具	9 ～ 14 年
8.非生产用设备及器具设备工具	18 ～ 22 年
电视机、复印机、文字处理机	5 ～ 8 年

二、专用设备部分

专用设备分类	折旧年限
9.冶金工业专用设备	9 ～ 15 年
10.电力工业专用设备	
发电及供热设备	12 ～ 20 年
输电线路	30 ～ 35 年
配电线路	14 ～ 16 年
变电配电设备	18 ～ 22 年
核能发电设备	20 ～ 25 年
11.机械工业专用设备	8 ～ 12 年
12.石油工业专用设备	8 ～ 14 年
13.化工、医药工业专用设备	7 ～ 14 年
14.电子仪表电信工业专用设备	5 ～ 10 年
15.建材工业专用设备	6 ～ 12 年

续　表

通用设备分类	折旧年限
16.纺织、轻工专用设备	8～14 年
17.矿山、煤炭及森工专用设备	7～15 年
18.造船工业专用设备	15～22 年
19.核工业专用设备	20～25 年
20.公用事业企业专用设备 　自来水 　燃气	 15～25 年 16～25 年

注:据《(1992)财工字第 574 号》(1992 年 12 月 30 日)

(1)平均年限法(直线折旧法):其特点是在设备折旧期限内平均分摊设备价值。计算公式为

$$年折旧额 = \frac{设备原值 - 设备净残值}{设备折旧年限} \qquad (7-20)$$

$$年折旧率 = \frac{1 - 预计净残值率}{折旧年限} \qquad (7-21)$$

(2)工作量法:按照行驶里程计算折旧时,

$$单位里程折旧额 = \frac{原值 \times (1 - 预计净残值率)}{总行驶里程} \qquad (7-22)$$

按照工作小时计算折旧时,

$$每工作小时折旧额 = \frac{原值 \times (1 - 预计净残值率)}{总工作小时} \qquad (7-23)$$

(3)加速折旧方法:

1)双倍余额递减法。这种方法是把折旧划分为两个阶段,分别采用不同的方法计算折旧。在第一阶段,以设备的净值作为计算年折旧额的基数。其折旧率为平均年限法的两倍,故称之为双倍余额递减法。它的折旧率虽然固定不变,但由于设备的净值是逐年递减的,故年折旧额是逐年减少的。其计算公式为

$$年折旧率 = \frac{2}{折旧年限} \times 100\% \qquad (7-24)$$

$$年折旧额 = 固定资产年初账面净值 \times 年折旧率 \qquad (7-25)$$

在第二阶段,即在固定资产折旧年限到期前两年内,将固定资产净值扣除预计净残值后的净额平均摊销。其计算公式为

$$年折旧额 = (固定资产账面净值 - 预计净残值)/2 \qquad (7-26)$$

2)年数总和法。这种方法是用来计算折旧的设备价值不变,而折旧率是一个随着使用年数而变化的递减系数。其计算公式为

$$年折旧率 = \frac{折旧年限 - 已使用年数}{折旧年限 \times (折旧年限 + 1) \div 2} \times 100\% \qquad (7-27)$$

$$年折旧额 = (固定资产原值 - 预计净残值) \times 年折旧率 \qquad (7-28)$$

折旧方法和折旧年限一经确定,不得随意变更。需要变更的,须在变更年度之前由企业提出申请,报主管财政机关批准。

企业按照规定提取的设备折旧,计入成本费用,不得冲减资本金。

第四节　设备技术改造的技术经济评价

设备的技术改造也称为设备的现代化改装,是指应用现代科学技术成就和先进经验,改变现有设备的结构,装上或更换新部件、新装置、新附件,以补偿设备的有形磨损和无形磨损。通过技术改造,可以改善原有设备的技术性能,增加设备的功能,使之达到或局部达到新设备的技术水平。

一、设备技术改造的特点

设备技术改造较之更新和修理,有着自己独特的优势。其特点如下:

(1)针对性强。企业设备的技术改造,一般是由设备使用单位与设备管理部门配合,共同确定技术方案,进行设计、制造。这种做法有利于充分发挥设备使用单位熟悉生产要求和设备实际情况的长处,使设备技术改造密切结合企业生产的实际需要,所获得的技术性能往往比选用同类新设备具有更强的针对性和适用性。

(2)经济性好。设备技术改造可以充分利用原有设备的基础部件,比采用设备更新的方案节省时间和费用。此外,进行设备技术改造还可替代设备进口,节约外汇,取得良好的经济效益。

(3)现实性强。一个国家所拥有的某种设备总量,总是远大于年产这种设备的能力。我国金属切削机床的拥有量为 400 万台,全国年产量为 15 万 ～ 20 万台,即使每年生产的新机床设备全部用于更新,需要 20 年才能轮完一遍。可见单靠设备更新这种方式显然难以满足企业发展生产的要求。因此,采用设备技术改造具有很强的现实性。

因此可知,应用先进的科学技术成果对原有设备进行技术改造,并不是一种权宜之计,而是与设备更新同等重要的补偿设备无形磨损并提高装备技术水平的重要途径。

二、设备技术改造的方向性

一种设备从构思、设计、研制到成批生产,一般要经历较长的时间。随着技术进步的加快,这个周期在不断地缩短。例如,在发达国家大约 5 ～ 10 年,近期更有加速的趋势。企业要按照这个周期更换掉所有的陈旧设备是不可能的。应用新技术改造陈旧设备,可以解决这个问题,并收到良好的经济效益和社会效益。技术改造的方向有以下几个方面:

(1)运用节能技术可以用来改造工业炉窑,主要包括优化设计、改造炉型结构。采用新型保温耐火材料改造炉衬,采用先进的燃烧技术和燃烧装置改造燃烧系统,以及应用微机控制炉窑等。技术改造对节能降耗作用十分显著。

(2)运用新工艺、新材料、新技术。在机床上采用静压、数显、数控、仿型、程控、微处理机和机械手等技术和装置,以提高设备精度、性能、效率和耐久性。

(3)提高设备自动化和半自动化水平,建立流水生产线。

(4)在现有设备上进行改装使之可靠性提高。

(5)改善设备的技术安全和环境保护条件。

设备现代化改装中要尽可能结合设备大修理进行改造,以缩短停机时间,降低费用和工时消耗。

三、设备技术改造应用实例

经济发达国家非常重视技术改造。美国通用汽车公司当年为扩大轻便轿车的生产,与机床制造工厂合作,对生产线上原有金属切削机床的 1/3 进行技术改造,结果没有购买一台新机床就满足了扩大轿车生产的需要。日本三菱汽车公司改装 4030 型发动机缸体加工线,新购设备 13 台,占全线机床总数的 25%,对原有的设备进行技术改造,完全实现了日产量从 1 000 台提高到 4 500 台的生产要求。

大连石化公司采用新技术、新工艺、新设备改造了 27 套老装置,使企业设备水平达到国际先进水平,生产的无铅汽油立足国际市场,使企业创汇大幅增长。

四、设备技术改造的技术经济评价

1. 最低总成本法

设备现代化改装是广义设备更新的一种方式,因此,研究设备技术改造的经济性应与设备更新的其他方法相比较。在一般情况下,与设备技术改造并存的可行方案有如下几种:

(1)旧设备原封不动地继续使用。

(2)设备大修理。

(3)同型号更换。

(4)用效率更高、结构更好的新设备更新旧设备。

决策就是从中选择总成本最小的方案。在决策过程中可运用以下计算式计算出各种方案的最低费用额,并从中选取最佳方案。

各方案总成本的计算公式如下:

(1)当继续使用旧设备时,

$$C_{Zo} = \frac{1}{\beta} \sum_{j=1}^{n} C_{oj}(P/F, i, n) \tag{7-29}$$

(2)当旧设备大修理时,

$$C_{Zr} = \frac{1}{\beta_r} \left[R + \sum_{j=1}^{n} C_{rj}(P/F, i, n) \right] \tag{7-30}$$

(3)当旧设备技术改造时,

$$C_{Zm} = \frac{1}{\beta_m} \left[K_m + \sum_{j=1}^{n} C_{mj}(P/F, i, n) \right] \tag{7-31}$$

(4)当原型更换时,

$$C_{Zn} = \frac{1}{\beta_n} \left[K_n + \sum_{j=1}^{n} C_{nj}(P/F, i, n) \right] - L \tag{7-32}$$

(5)当技术更新时,

$$C_{Ze} = \frac{1}{\beta_e} \left[K_e + \sum_{j=1}^{n} C_{ej}(P/F, i, n) \right] \tag{7-33}$$

式中　$(P/F, i, n)$——现值系数;

　　β——生产率系数,等于该方案生产率与原型更换设备生产率之比;

j——设备使用年限，$j=1,2,\cdots,n$。

上述诸式中各参数、符号的含义，见表 7-8。

表 7-8　总成本比较法的参数、符号

参数 ＼ 符号 ＼ 方案	继续使用 旧设备	旧设备 大修理	旧设备 技术改造	原型更新	技术更新
旧设备残值				L	L
新增投资		R	K_m	K_n	K_e
生产率系数	β_o	β_r	β_m	β_n	β_e
第 j 年使用费用	C_{oj}	C_{rj}	C_{mj}	C_{nj}	C_{ej}
第 i 年总成本	C_{Zo}	C_{Zr}	C_{Zm}	C_{Zn}	C_{Ze}

现举例加以说明。

例 7-6　各方案分项费用的资料数据见表 7-9，试分析各方案的可行性。

表 7-9　各方案的分项费用

序号	可行方案	基本 投资 / 元	劳动生产率 提高系数	各年年经营费用 / 元								
				1	2	3	4	5	6	7	8	9
1	旧设备继续使用	$K_0=0$	$\beta_0=0.7$	250	300	350	400	450	500	530	700	910
2	用相同结构新设备更换	$K_n=1\,330$	$\beta_n=1$	25	53	105	160	210	270	340	420	510
3	用高效率新设备更新	$K'_m=1\,625$	$\beta'_m=1.3$	20	50	100	150	200	260	320	380	450
4	旧设备现代化改装	$K_n=1\,200$	$\beta_n=1.25$	30	55	110	170	220	280	360	450	540
5	旧设备大修理	$K_r=700$	$\beta_r=0.98$	30	100	175	250	320	400	480	610	720
6	旧设备在更换年份余值			150								

解　根据式（7-29）～ 式（7-33）计算得各方案逐年费用总额，见表 7-10。

表 7-10　各种方案的逐年费用总额

时间 / 年 ＼ 各方案 C_Z 值	C_{Zo}	C_{Zr}	C_{Zm}	C_{Zn}	C_{Ze}
1	330.7*	771	982.2	1 125.3	1 184.3
2	697.9*	828.4 ·	1 019.2	1 168.6	1 239.4
3	1 095.0	973.2*	1 089.8	1 239.2	1 331.9
4	1 515.0	1 160.2*	1 189.7	1 332.8	1 459.25
5	1 952.8	1 413.5	1 309.5*	1 445.7	1 610.35
6	2 402.8	1 670.7	1 450.7*	1 579.4	1 788.1
7	2 844.2	1 956.2	1 618.6*	1 729.8	1 993.2
8	3 384.2	2 292.4	1 831.0*	1 894.2	2 326.6
9	4 034.2	2 659.7	2 073.0	2 053.3*	2 487.4

注："*"为该年份各方案中总成本最低者。

从计算结果可知,如果设备只考虑使用 2 年,以继续使用旧设备方案最佳;如果打算用 3～4 年,最佳方案是对原设备进行一次大修理;如果设备要使用 5 年以上,最佳方案是设备技术改造;如果使用期在 8 年以上,则采用技术更新方案。

2. 技术改造效果系数法

设备技术改造与设备更新相比,其经济效益的高低可用设备技术改造效果系数来判断。

设备技术改造方案在经济上更为合理的条件是

$$R_i + K_m + S_e < K_n \alpha\beta + S_a \tag{7-34}$$

对式(7-34)进行变换,整理后得

$$E_m = 1 - \frac{R_i + K_m + S_e}{K_n \alpha\beta + S_a} \tag{7-35}$$

式中　　E_m——技术改造效果系数;

　　　　R_i——与技术改造同时进行的第 i 次设备大修理费用;

　　　　K_m——设备技术改造投资;

　　　　K_n——新设备的价值;

　　　　β——生产率修正系数,其值等于技术改造后设备的生产率与新设备第一个使用周期的生产率之比;

　　　　α——生产周期缩短系数,其值等于经技术改造后设备的大修理周期与新设备第一个使用周期之比;

　　　　S_e——使用成本损失,其值等于使用经技术改造后的设备加工单位产品成本与使用新设备加工单位产品成本差值与技术改造后设备的大修理周期产量乘积;

　　　　S_a——折旧损失,其值等于旧设备的账面净值与其转让处理价之差。

计算的结果,若改造效果系数 $E_m > 0$,则技术改造方案经济合理;若 $E_m < 0$,则更新方案更经济。

例 7-7　某工具制造厂的一台花键磨床已使用多年,精度下降,性能落后,现有更新与技术改造两个方案供选择,其数据如下:

更新方案:进口设备 K_n=123 万元,折旧损失 S_a=15 000 元,加工单位产品成本 92.5 元。

改造方案:技术改造投资 6 000 元,同期大修费用 3 000 元,生产率为进口设备的 75%,生产周期缩短系数为 5/7,改造后的大修周期内产量 2 295 件,单位产品加工成本 3.76 元。

解　由已知条件可得

$$S_e = 2\,295 \times (3.76 - 92.5) = -203\,658 \text{ 元}$$

将上式数据代入式(7-35)得

$$E_m = 1 - \frac{R_i + K_m + S_e}{K_n \alpha\beta + S_a} = 1 - \frac{3\,000 + 6\,000 - 203\,658}{1\,230\,000 \times 5/7 \times 0.75 + 15\,000} = 1.289$$

$E_m > 0$,且 $E_m > 1$,可见选择技术改造方案更佳。

3. 追加投资回收期法

设备现代化改装与更新、大修理的经济性比较可运用投资回收期指标来进行。各方案的投资、成本及年生产率等参数见表 7-11。

表 7 - 11　比较设备技术改造经济性所用参数

指标名称	方　案		
	大修理	现代化改装	更换
基本投资	K_r	K_m	K_n
设备年生产率 /(件 / 年)	q_r	q_m	q_n
单位产品成本 /(元 / 件)	C_r	C_m	C_n

在多数情况下,设备现代化改装与更换、大修理之间有下列关系:

$$K_r < K_m < K_n$$
$$C_r > C_m > C_n$$
$$q_r < q_m < q_n$$

因此,当考虑设备更新方案时可根据下列标准进行决策:

(1) 当 $K_r/q_r > K_m/q_m$,且 $C_r > C_m$ 时,现代化改装方案具有较好的经济效果,不仅经营费用有节约,基本投资也有节约,但这种情况较少。

(2) 当 $K_r/q_r < K_m/q_m$,且 $C_r > C_m$ 时,可用追加投资回收期指标进行决策。投资回收期 T 的计算公式为

$$T = \frac{K_m/q_m - K_r/q_r}{C_r - C_m} \tag{7-36}$$

如果 T 小于企业或部门规定的年数,则选择现代化改装方案。

(3) 当 $K_m/q_m > K_n/q_n$,且 $C_m > C_n$ 时,设备更换优于技术改造方案,但这种情况较少。

(4) 当 $K_m/q_m < K_n/q_n$,且 $C_m > C_n$ 时,可用追加投资回收期指标进行决策。此时的 T 为

$$T = \frac{K_n/q_n - K_m/q_m}{C_m - C_n} \tag{7-37}$$

如果 T 小于企业或部门规定的年数,则选择更新方案。

4. 价值分析法

价值分析法是应用价值工程分析方法进行设备投资决策。它首先对设备进行功能分析,功能评价,确定各项功能的重要程度,以及各设备方案的功能系数。接着分析设备为获得该项功能所支付的成本,计算成本系数。最后利用价值公式计算出各设备方案的价值系数,价值系数最高的方案为最优方案。现举例说明如下。

例 7-8　某工厂需要一台磨削长度为 3 ~ 8 m 的龙门式导轨磨床。要求机床性能良好、精度稳定、操作方便、安全可靠。

解　分析计算如下:

(1) 更新方案:购买 MM52125A 精密龙门式导轨磨床。技术改造方案:利用该厂原有的工作台为 13 m 的 B2025 龙门刨床进行技术改造,改成 MB2025 磨床。

(2) 经组织专家作价值分析法评价,两个方案的部件功能重要度与功能满足度评分结果见表 7 - 12。

(3) 求功能系数。

$$功能系数 = \frac{该方案功能满足度得分}{功能重要度总评分}$$

表 7 – 12 部件功能重要度与功能满足度评分结果

名称 序号	部件名称	功　能	重要度 评分	满足度评分		说　明
				MM52125A （新购）	MB2025 （技改）	
1	主磨头 F_1	（1）磨削主导轨面 （2）磨削斜导轨面	50 10	50 10	45 0	MB 磨削粗糙度比 MM 差一级 MB 无此项功能
2	垂直 磨头 F_2	（1）磨削侧导轨面 （2）磨削燕尾导 轨面	30 10	30 10	25 0	MB 磨削粗糙度比 MM 差一级 MB 无此项功能
3	工作台及 床身 F_3	（1）安装工作 （2）将电机的旋转 运动变为工作台的直 线运动 （3）获得工件运动 的高精度	60 25 25	25 25 25	60 20 20	MM 最大工件长 4 m； MB 为 10.7 m 即主运动的平稳性 即部件的几何精度
…	…	…	…	…	…	…
7	冷却装置 F_7	（1）冷却工件 （2）分离铁屑 （3）冷却温度控制	13 5 2	13 5 2	11 5 0	MM 能同时冷却工作台 MB 无此项功能
8	合计		$\Sigma F = 362$	$\Sigma F_{新} = 327$	$\Sigma F_{改} = 284$	

1) 当选择新购 MM52125A 方案时：

$$F_{新} = \frac{327}{362} \times 100\% = 90.33\%$$

2) 当选择技术改造 MB2025 方案时：

$$F_{改} = \frac{284}{362} \times 100\% = 78.45\%$$

（4）求各方案成本。

1) 更新方案：$\qquad\qquad K_n = 45$ 万元

2) 技改方案：$\qquad\qquad K_m = 31.19$ 万元

（5）求价值系数（V）。

$$价值系数 = \frac{功能系数}{成本系数}$$

即

$$V = \frac{F}{C}$$

1) 更新方案：

$$V_n = \frac{F_n}{C_n} = \frac{90.33}{45} = 2.007$$

2) 技改方案：

$$V_m = \frac{F_m}{C_m} = \frac{78.45}{31.19} = 2.515$$

(6)成本降低率。

$$成本降低率 = \frac{C_n - C_m}{C_n} \times 100\% = \frac{45 - 31.19}{45} \times 100\% = 29.3\%$$

(7)结论:技改方案的价值系数较更新方案更高一些,且成本较更新方案降低29.3%,选择技改方案。

第五节　设备租赁的技术经济评价

租赁是企业取得设备的方式之一。由于设备的大型化、精密化、电子化等原因,设备的价格越来越昂贵,租赁则可以解决用户的资金来源问题。同时,由于科学技术迅速发展,设备更新的速度也普遍加快,租赁设备也可以避免因技术和设备过时所承担的风险。

租赁分为融资租赁与经营租赁。融资租赁是由出租方融通资金为承租方提供所需设备,承租方分期向出租方交付租金,并享有设备使用权,租赁期满承租方可留购、续租或退回出租方。融资租赁适用于高价设备。经营租赁是指当用户需要短期使用设备时,可向租赁公司短期租赁设备,并由租赁公司提供维修等售后服务,经营租赁非常适合高科技设备。

一、设备租赁的优点

设备租赁具有以下优点:

(1)在资金短缺情况下取得设备。企业在资金短缺情况下若需要更新设备,只需按期交付租金便可得到所需的设备。这使得企业可以抓住时机,利用租赁公司的融资能力,引进设备。

(2)融资的便利。银行一般要求企业有足够的信用或是有抵押品才愿意贷款给企业,而通过租赁的渠道可由租赁公司融资设备货款。

(3)避免技术落后的风险。承租方可将过时落后的设备退租并换租新型设备,租赁公司由于设备利用率高,以及承租方需求的多层次,也能够很好地回避此类风险。

(4)避免通货膨胀造成的损失。按租赁合同确定的租金在租期内不因通货膨胀而上涨,承租方可以避免该项损失。

二、租赁与自有资金购买比较

对于承租方来说,确定租赁还是购买设备,应当将租赁成本和购买成本加以比较,选择成本较低的方案,这里的租赁成本不仅包括租金的支付,而且包括在租赁设备期间维持设备正常状态所必须开支的生产运转费用及维修费。购买成本不仅包括设备货款,还包括使用设备所发生的运转费及维修费。

例 7-9　设某胶片厂需要一台压延机,设备货价185 000元,使用寿命为10年,预计设备残值为5 000元,压延机每年运营费用25 000元,各种维修费用8 000元,若向租赁公司租用,每年租金25 500元,试问租赁与购买哪个方案更经济?(折现率 $i_0 = 10\%$)

解　由已知条件得租赁成本现值为

$$25\,500(P/A,10\%,10)+25\,000(P/A,10\%,10)+8\,000(P/A,10\%,10)=359\,460\text{ 元}$$

购买成本现值为

$$185\,000+25\,000(P/A,10\%,10)+8\,000(P/A,10\%,10)-$$
$$5\,000(P/A,10\%,10)=385\,844\text{ 元}$$

可见租赁设备更经济。

三、租赁与贷款资金购买比较

当承租人决定要添置设备而又没有足够的资金时,可以考虑租赁或是向银行贷款购买设备。租赁需要租金,而贷款需要支付利息和本金,可比较两种方案的成本,从中选择最经济的一种方案。

例 7 - 10 某企业决定添置一套新设备。如果采用租赁方式,每年末需支付等额租金 140 105 元,如果贷款购买则需 450 000 元,贷款利率 10%,借款期 4 年,设备寿命期 4 年,无残值。试计算两方案的成本。

解 由已知条件:

租赁方案:每年租金 140 105 元。

贷款方案:每年偿还本息

$$A=(A/P,10\%,4)\times 450\,000=141\,956\text{ 元}$$

比较这两种方案的成本,得出租赁方案可节约成本 1 851 元。

四、租赁价格构成

租赁合同一旦签订,承租人便开始支付所需费用。

1. 租赁保证金

为了确认租赁合同并保证其执行,承租人必须先交纳租赁保证金,当合同结束时,保证金退还给承租人。保证金通常为合同金额的 5%,通常应在合同签订后 30 日内支付保证金。

2. 担保费

出租人一般要求承租人请担保人对此租赁交易进行担保,一旦承租人因财务问题付不起租金,由担保人代为支付。承租人需要付给担保人一定的担保费。

3. 租金

租金是签订租赁合同的一项重要内容。租金的影响因素很多,包括设备价格、融资利息及费用、税金、运费、费用支付时间,等等。

五、租金的计算

1. 附加率法

附加率法是在租赁资产的设备货价上再加一个特定的比率来计算租金。计算公式为

$$R=PV(1+ni)/n+PV\cdot r \tag{7-38}$$

式中　　R——每期租金;

　　　　PV——设备货价;

　　　　n——付租次数;

　　　　i——折现率;

r——附加率。

例 7-11 中国租赁公司出租一项设备资产,设备货价为 50 万元,租期为 10 年,每年末支付租金,折现率 8%,附加率 4%,求每期租金。

解 由式(7-38)可知

$$R = 50 \times (1 + 10 \times 8\%)/10 + 50 \times 4\% = 11 \text{ 万元}$$

2. 租赁率法

租赁率法计算租金的公式为

$$R = PV \times (1 + i)/n \tag{7-39}$$

式中,i 为租赁率。

思考题七

7-1 何谓设备的有形磨损、无形磨损,各有何特点?举例说明。对设备磨损的补偿形式有哪些?

7-2 设备大修理的允许费用界限的影响因素有哪些?

7-3 设备更新对象有哪几类?

7-4 设备寿命有几种,各自的定义如何?

7-5 若某设备原始价格为 12 000 元,再生产价值为 80 000 元,此时大修理费用 2 000元。试问该设备遭受何种磨损,磨损度为多少?

7-6 某设备原始价格为 8 000 元,可用 5 年,其他数据见表 7-13。试求:

① 不考虑资金时间价值时的设备经济寿命。

② 若考虑资金的时间价值($i_0 = 10\%$),其经济寿命变化如何。

表 7-13 某设备各年发生的费用 单位:元

数值名 \ 设备使用年限/年	1	2	3	4	5
运行成本初始值	600	600	600	600	600
运行成本劣化值		200	400	600	800
年末残值	5 500	4 500	3 500	2 500	1 000

7-7 某工厂拟更换一台新设备。新设备可使产量增加,成本降低;更新第一年收入增加额为 2 000 元,直接工资的节约为 9 000 元,间接工资的节约为 1 300 元,材料损耗减少额为 280元,维修费节约为 400 元,但使用新设备动力消耗比旧设备多 330 元。假设新设备的预计使用年数为 15 年,使用过程中线性劣化,新设备价值为 76 000 元,估计 15 年后处理价为 3 000 元。旧设备现在出售价格为 2 500 元,一年后出售价格为 2 000 元。当年利率 $i = 10\%$ 时,试判断用新设备更换旧设备是否经济。

7-8 某厂生产的设备 $K = 10 000$ 元,第一年维持费 6 000 元,以后每年增加 600 元,$L = 0$。试求其经济寿命。

参 考 文 献

[1] 胡先荣.现代企业设备管理[M].2版.北京:机械工业出版社,2001.

[2] 陈学楚.现代维修理论[M].北京:国防工业出版社,2003.

[3] 周红,甘茂治.绿色维修总论[M].北京:国防工业出版社,2008.

[4] 沈亮安.适应市场经济要求,建立设备管理新体制[J].中国设备管理,1996(5):2.

[5] 赵维印.新时期企业设备管理重新定位分析[J].设备管理通讯,2005(11):7.

[6] 赵维印.论设备工程行为模式构成[J].设备管理通讯,2008(1):2.

[7] 李葆文.现代设备资产管理[M].北京:机械工业出版社,2006.

[8] 李葆文.设备管理新思维新模式[M].3版.北京:机械工业出版社,2010.

[9] 傅家骥,仝允桓.工业技术经济学[M].北京:清华大学出版社,1996.

[10] 徐杨光,胡先荣.设备技术经济学[M].南京:河海大学出版社,1991.

[11] 罗云,张俊迈,吴奕亮.设备寿命周期费用方法及其应用[M].北京:海洋出版社,1992.

[12] 章国栋,等.系统可靠性与维修性的分析设计[M].北京:北京航空航天大学出版社,1990.

[13] 肖智军.6S活动实践[M].广州:广东经济出版社,2005.

[14] 陈福军.运营管理[M].大连:东北财经大学出版社,2002.

[15] 中国设备管理协会秘书处.设备管理知识题解[M].北京:燕山出版社,1991.

[16] 张正祥.工业工程基础[M].北京:高等教育出版社,2006.